JN123633

公認心理師基礎用語集 改訂第3版

よくわかる国試対策キーワード

松本真理子　永田雅子　編
MATSUMOTO MARIKO　NAGATA MASAKO

遠見書房

はじめに

本書は，2018年8月に発刊した『公認心理師基礎用語集117』の増補改訂版である『公認心理師基礎用語集―増補改訂版』（2019年）をこの度，再度の全面改訂版として発刊するものです。改訂の背景には，本書が発刊以来大変に好評であり，多くの皆様にご利用いただいていることがあります。より一層の良書にすべく今回の全面改訂第3版となりました。

平成29（2017）年9月16日，国家資格である公認心理師法が公布されました。翌平成30（2018）年9月には第1回資格試験が実施され，50,000名を超える公認心理師が誕生するのも間近な状況です。初版となる用語集は，法律の公布から初回試験までの期間が短く，受験される方々にとって，少しでもお役に立てるキーワード集があれば，という思いから急遽刊行に至ったものです。

公認心理師試験も回数を重ねるごとに，次第に試験傾向も明らかになってきたかと思います。基本はブループリントのキーワードを中心に勉強することであると思いますが，公認心理師資格が広い領域を網羅する職種であることから，試験問題も幅広い知識を要求されるものとなっています。本書は，こうした傾向に対応し，また公認心理師として業務する上で，最低限知っておきたい基礎知識をコンパクトにまとめ，効率的に勉強できるものとなっております。通勤の往復の道すがら勉強できるようにハンディサイズとするなど，各所に工夫を凝らしております。

本書の特徴は以下となっております。特に今回，1）と4）を重点的に新規改訂しております。

1）ブループリントに挙げられた項目で重要であると考えられる項目に加え，最低限，知っておきたいキーワードを網羅。これらは本文や表中で**太字**として解説され，各頁端にⓀにキーワードとして残し，さらに，巻末にキーワード索引をつけています。

2）基礎知識の習得を目的として，コンパクトな解説を心がけています。詳細な知識については，キーワードを中心に，参考図書等によって補足してください。
3）巻末に公認心理師法を掲載しています。重要な法律ですので必ず目を通しておいてください。
4）覚えたおきたい人名索引（英語表記）と心理学用語の略語（英語表記）索引を巻末につけています。試験においても公認心理師業務においても重要ですので覚えておいてください。
5）文中には，関連するページを（→① 1）のように記載し，合わせて学習できるようにしています。

本書が，試験対策のみでなく将来心の専門家として活躍する皆様にとって，役に立つ基礎知識を習得する機会となるのであれば，編者として望外の喜びです。

最後に２度目の全面改訂にも惜しみなくご協力いただいた執筆者皆様と，改訂版の刊行にご理解ご尽力いただきました遠見書房 山内俊介社長に心より感謝申し上げます。

令和４年　春　**編　　者**

目　　次

目　次

⑮心理支援

⑯健康・医療

⑰福祉

⑱教育・学校

⑲司法・犯罪

⑳産業・組織

目　次

公認心理師基礎用語集　改訂第３版

1：公認心理師の役割

公認心理師法（平成27年）の第2条では，**公認心理師の定義**として「『公認心理師』とは，第28条の登録を受け，公認心理師の名称を用いて，保健医療，福祉，教育その他の分野において，心理学に関する専門的知識及び技術をもって，次に掲げる行為を行うことを業とする者をいう」とされている。そして，「次」にあたる公認心理師の役割は，「1．心理に関する支援を要する者の心理状態を観察し，その結果を分析すること。2．心理に関する支援を要する者に対し，その心理に関する相談に応じ，助言，指導その他の援助を行うこと。3．心理に関する支援を要する者の関係者に対し，その相談に応じ，助言，指導その他の援助を行うこと。4．心の健康に関する知識の普及を図るための教育及び情報の提供を行うこと」とされている。すなわち，公認心理師は，公認心理師法の目的に掲げてあるように「国民の心の健康の保持増進」を行う専門職なのである。

公認心理師の業務は，まず第一に，心の問題を抱えている人を理解し，その相談に応じて援助を行うのである。この業務は従来の心理に関する相談業務において中心的な内容とされてきたものである。

この法ではさらに，対象となる人（クライエント／要支援者）の関係者に対しても同様の業務を行うとされている。この関係者とは，クライエントの家族だけではない。医療機関での医師や看護師，教職員・保育現場での教師や保育士，産業領域での職場の同僚や上長などのほか，福祉領域や司法領域で関わる人々，地域でともに関わる人など，非常に広い範囲が含まれ，いわゆる多職種連携および地域連携も業務とされているのである。

さらに，4番目の業務として，心の問題を抱えた人やその関係者への対応だけではなく，国民全般の心の健康に関しての教育や情報を提供することとされている。すなわち，心理教育等を通したより積極的な心の健康増進の業務が期待されているといえよう。

なお，この公認心理師資格は，これらの業務は誰が行っても構わないが「公認心理師」の名称を用いることはできないという，いわゆる「**名称独占**」の資格である。

（川瀬正裕）

2：法的義務・倫理

Ⓚ 信用失墜行為の禁止、多重関係の禁止、倫理的ジレンマ

公認心理師法第40条～43条には，公認心理師としての義務に関する主要な内容が述べられている。第40条には「**信用失墜行為の禁止**」として，「公認心理師は，公認心理師の信用を傷つけるような行為をしてはならない」とされている。失墜行為とは，公認心理師であることを利用した犯罪行為や社会的信用を失うような行為，多重関係などを指す。たとえば，心理支援を要する相手に対して，その相談内容をもとに脅す，業務上ではないが犯罪を犯す，などがあてはまる。失墜行為があると，社会的信用が低減されて，業務の遂行が困難になったり，この資格を持って業務を行う人々に不利益を与えることとなってしまう。

また，多重関係とは，公認心理師と要支援者の関係以外の関係を持つことを意味し，日本公認心理師協会の倫理綱領（2020）においても禁止されている（**多重関係の禁止**）。たとえば，クライエントと個人的な会食をする，クライエントから勤め先の情報を聴きだして株取引を行う，支援の場において何らかの勧誘を行う，などである。また，単位認定者である大学教員と支援者という多重関係も含まれるが，実際には避けきれないこともあり得る。日本臨床心理士会の倫理綱領（2009）には，他の専門家がすぐに紹介できないような場合には，その問題点などを十分に理解して対処するとともに，そのことを利用者に説明した上で，利用者の自己決定を尊重することとされている。

第41条には，秘密保持についての義務が述べられており，その義務は「公認心理師でなくなった後においても，同様とする」と述べられている（→①３）。第42条には，「保健医療，福祉，教育などが密接な連携の下で総合的かつ適切に提供されるよう」関係者との連携を保つこととし，さらに要支援者に当該の問題に係わる主治医がいる場合は，その指示に従うこととされている。このように積極的に他職種との連携を図る姿勢を求められているが，第41条の秘密保持との関係については倫理的ジレンマも生じやすく，慎重に判断することが必要と言えよう。**倫理的ジレンマ**とは，適切な支援の根拠となる指針が複数あるような場合に生じるジレンマのこと

表① 2-1　公認心理師の法的義務と罰則および行政処分

公認心理師の法的義務	罰則	行政上の処分
信用失墜行為の禁止（40条）	なし	登録の取り消し，又は期間を定めて公認心理師の名称及びその名称中における心理師という文字の使用の停止（32条2項）
秘密保持義務（41条）	1年以下の懲役又は30万円以下の罰金(46条) ただし，告訴されなければ処罰はない	
医師，教員らとの連携義務（42条1項）	なし	なし
要支援者に当該支援に係る医師の指示を受ける義務（42条2項）	なし	登録の取り消し，又は期間を定めて公認心理師の名称及びその名称中における心理師という文字の使用の停止（32条2項）
資質向上の義務(43条)	なし	なし
名称の使用制限(44条及び32条2項の該当者)	30万円以下の罰金（49条2号）	なし

を言う。たとえば，要支援者の自己決定は尊重するべきであるが，客観的にみてその決定が妥当かどうかが疑われる場合に，対応については葛藤が存在することとなる。これらは，多職種連携など複数の専門家が係わる場合のそれぞれの専門性からの意見の相違などの場合も相当する。第43条では，これらの業務を行う公認心理師は，常に知識や技能などの資質の向上の責務について触れている（→② 1）。

国民の心理的状態は環境の変化や社会の変化によって常に変容して，新たな課題が生じてくる。そして，支援についての知見や技法も進化していくため，研鑽の姿勢は持ち続けることが必要である。その姿勢があってこその信用となるとも言えよう。表① 2-1 に公認心理師の法的義務と罰則などについてまとめて示しておく。

（川瀬正裕）

3：情報の適切な扱い

公認心理師はクライエントから得られた情報について秘密保持義務を遵守すべきであるが関係機関との連携においては必要な情報を専門家と共有することがある。そのため情報の取り扱いについては説明を行い，クライエントから同意を得ておく必要がある。

秘密保持義務：公認心理師は公認心理師法（第 41 条）において，秘密保持義務が規定されており，正当な理由がなく，その業務に関して知り得たクライエントの秘密を漏らしてはいけない決まりとなっている。さらに，公認心理師でなくなった後についても，秘密保持義務は課せられている。公認心理師は心理業務を行う中で，クライエントに関する個人情報を多く取り扱うことになる。こうした個人情報については個人情報保護法に基づいて適正に取り扱うべきである。**個人情報保護法**を含む個人情報に関連する法律を**個人情報保護法関連 5 法**と呼ぶ。その中には，行政機関の保有する個人情報の保護に関する法律，独立行政法人等の保有する個人情報の保護に関する法律，情報公開・個人情報保護審査会設置法，そして行政機関の保有する個人情報の保護に関する法律等の施行に伴う関係法律の整備等に関する法律が含まれている。公認心理師もこうした法律に則り，情報を適切に取り扱う必要がある。例えば，個人情報を取り扱う業者は，情報漏洩のリスクを回避し，個人データの安全管理のために適切な措置を講じなければならないとされている（個人情報保護法第 20 条）。紙媒体の資料については鍵のかかる場所に保管すること，パソコン等での管理はファイルにパスワードを設定する，限定された人だけがアクセスできるようにするといった安全管理措置が示されている。また，情報漏洩の観点からもメールやウェブ上でのやりとりについて最大限の注意が必要である。クライエントの情報を事例検討などで扱う際には，個人が特定されないように加工するなど，カウンセリングや心理検査等で，クライエントの個人情報を取り扱うことが多く存在する公認心理師は，**業務に関する記録の適切な保管**を慎重に行い，場所や記載方法についても常に意識し，徹底管理しておく必要がある（→⑥２）。

Ⓚ 秘密保持義務、個人情報保護法、個人情報保護法関連5法、業務に関する記録の適切な保管、関係機関との連携、専門家間の情報共有、プライバシーの保護、関係機関との連携、インフォームド・コンセント

関係機関との連携：一方で，公認心理師には，多職種連携，地域連携のように要支援者に対して支援を行う関係者との連携も義務付けられており，クライエントの利益のためには，保健医療・福祉・教育などの職種の異なる**専門家間の情報共有**が必要となる。さらに，所属機関内でのケース・カンファレンスを行う際にも，情報共有が行なわれることになる。これは，クライエントの個人的な情報を第三者に話すこととなり，**プライバシーの保護**に反することになってしまう。そのため，クライエントに関する情報を第三者に提供する場合は，提供内容と伝える相手，目的および対象についてクライエントに説明し同意を得ること（インフォームド・コンセント）が必須である。すなわち第三者に伝える場合，事前にクライエントとどういった必要性があるのかを共有した上で，よく話し合うことが重要となる。たとえ，クライエントの親族やきょうだいであったとしても，クライエントの同意がなく情報を開示することは，秘密保持違反となり得る。ただし，裁判や司法手続きのほか，法手続きに基づく場合や，自殺や虐待など人命にかかわる非常事態などの場合にはクライエントの同意なく，情報を開示する場合もある。

インフォームド・コンセント：公認心理師はクライエントとの関係を開始するにあたって，カウンセリングの基本的なルールや目的，情報の取り扱いについて説明を行い，クライエントがそれらを理解，納得した上で同意を得るインフォームド・コンセントを行う必要がある。具体的には同意書等で双方が内容を共有し，同意が得られた場合には署名を求める形式があり，クライエントの権利を尊重するインフォームド・コンセント（説明と同意）を得ておくことがトラブルを防止するためにも重要である。

（三谷真優）

Ⓚ 秘密保持義務、個人情報保護法、個人情報保護法関連5法、業務に関する記録の適切な保管、関係機関との連携、専門家間の情報共有、プライバシーの保護、関係機関との連携、インフォームド・コンセント

4：多職種連携・地域連携

公認心理師の業務の中には多職種連携および地域連携が義務付けられており，保健医療領域，教育領域，福祉領域等その他の分野の**関係者との連携**は必須である。保健医療領域では，医師，看護師，ソーシャルワーカーなどの医療スタッフと公認心理師が連携して要支援者を援助するチーム医療（→⑯4）が実施されている。例えば，医療領域ではアドバンス・ケア・プランニング（ACP→⑯4）が推奨され，患者本人がどのような治療や医療的ケアを受けたいかについて，医療・ケアチームが本人や家族と繰り返し話し合いを行い，患者自身の意思決定を支えている。教育領域では，スクールカウンセラー（→⑱4）は教職員や家庭等との連携を行うことが求められ，文部科学省（2015）は「チームとしての学校（チーム学校→⑱4)」のあり方を答申している。福祉領域では，高齢化社会に伴い「住まい・医療・介護・予防・生活支援」の５つのサービスを一体的となって提供する地域包括ケアシステム（→⑰8）の構築が進められており，保健師，社会福祉士，ケアマネージャーとの連携があげられる。

コンサルテーション：ある専門家が異なる職種の専門家に対して行う助言や支援のことであり，多職種連携においては専門性の異なる複数の者が，要支援者の問題状況を検討し，より良い援助のあり方について話し合うプロセスをさす。各々の専門性を活かすことで，要支援者とその家族に対して総合的にかつ適切な援助ができる点に意義がある。また，公認心理師は各自の専門的能力を発揮しつつ，複数の分野との連携に際してチーム内の力動をアセスメントする視点も必要である。

注意の水準：心理療法の判断や結果については心理師の自己責任で行うため，自らの専門的能力の限界（**自己責任と自分の限界**）を見極める必要がある。その基準を**注意の水準**と呼ぶ。心理師自身とクライエントを守るためにも，自身の専門的能力の範囲外や所属組織では十分に対応できないと判断した場合は，他機関や他の専門家に紹介する**リファー**も重要な姿勢である。

（三谷真優）

Ⓚ 関係者との連携、コンサルテーション、注意の水準、自己責任と自分の限界、リファー

1：公認心理師の資質向上

Ⓚ 資質向上の責務、心理職の成長モデル、スーパービジョン、コンピテンシー、生涯学習、公認心理師自身のメンタルケア、感情労働

公認心理師は資格を取得した後も，自己研鑽や相互研鑽を行い，専門家として**資質向上の責務**が課せられている。

心理職の成長モデル：ストルテンバーグ Stoltenberg, C. D. とデルワース Delworth, U.（1987）は統合的発達モデルを提唱し，心理職の３つの発達段階とその段階に応じたスーパーバイザー（上級者）の指導方法，つまり各段階に必要な**スーパービジョン**（SV）の在り方を提案した。ローンスタット Rønnestad, M.H. とスコウホルト Skovholt, T.M.（2003）は訓練前の素人的な援助を行う第１期から，臨床経験 20 年以上の熟練した専門家となる第６期に分けた心理職の成長モデルを提示している。心理職は**生涯学習**を行い，知識及び技能学習を向上させ，成長が可能であることが示されている。

コンピテンシー：欧米では心理職の職業的発達に必要な知識や経験，価値観など心理職が持つべきコンピテンシー（技能）をモデルとして示し，このモデルに基づいた訓練が広がってきている。このモデルは，心理の専門家としての姿勢，反省的実践，科学的知識，治療関係，倫理観などを含む基盤コンピテンシー，心理アセスメントや介入，コンサルテーションといった実際の技能にかかわる機能コンピテンシー，教育や訓練，博士課程修了後の SV といった訓練と実践の水準である職業的発達の３次元から成る。これらのコンピテンシーの中でも，自分自身の能力と技能を見定め，振り返りや修正を行うといった反省的実践が重要視されており，教育分析や SV を活用することで効果的に行うことができる。

公認心理師自身のメンタルケア：対人援助職の多くは，仕事の一部として組織的に望ましい感情になるように自らを調整する心理的過程（Zapf, 2002）である**感情労働**（Hochschild, 1983）を行っており，肉体労働，頭脳労働に次ぐ第三の労働ともいわれている。感情労働にはネガティブな感情でも作り笑いをするような「表層演技」と，自分の心自体を変化させ，役割になりきろうとするような「深層演技」がある。感情の不一致が心理的健康（抑うつ）に関連する指摘や，感情労働が対人援助職のバーンアウトの影響要因となっており，自身のケアも行っていく必要がある。（三谷真優）

1：心理学・臨床心理学の歴史

近代心理学は，生物学，医学，精神物理学などの影響を受け，19 世紀後半頃に成立した。特にヴント Wunt, W.（1832-1920）による世界最初の心理学実験室開設（1879 年ライプチッヒ大学）が象徴的な出来事とされている。ヴントは，内観法を用いて心的世界を探究する実験的研究（生理学的心理学）を開拓しただけでなく，民族精神や文化の問題も軽視せずに民族心理学の研究として位置づけていた。また彼は世界中から集まった学生を指導して心理学の普及に力を尽くした。アメリカのティチェナー Titchener, E. B.（1867-1927）は意識を**要素主義**的観点から研究し，**構成主義**の立場をとった。要素主義とは，心や心理現象などの複雑な事象を単純な構成要素に分解し説明しようとする信念である。アメリカで教師経験のあるウィトマー Witmer, L.（1867-1956）もヴントのもとに留学した後，母国に心理クリニックを設立し（1896 年），それは臨床心理学の主要な起源となった。

行動主義：20 世紀になると，ヴント流の心理学を乗り越えようとする動きが現れた。1910 年代には，心的機能を重視する**機能主義**やロシアの生理学者パブロフ Pavlov, I. P.（1849-1936）の影響をうけ，ワトソン Watson, J. B.（1878-1958）がいわゆる行動主義宣言を行った（1913 年）。行動主義（behaviorism）は，意識とそれに伴う主観的言語を排する姿勢を打ち出し，客観主義，S-R 主義，環境主義がその特徴である。1930 年代になると第二世代の行動主義者が登場した（**新行動主義**）。S-S 理論を提唱したトールマン Talman, E. C.（1886-1959）や，S-O-R 理論を提唱したハル Hull, C. L.（1884-1952），スキナー Skinner, B. F.（1904-1990）などが代表的な人物である。

ゲシュタルト心理学：同じく 1910 年代には，ドイツにおいてヴェルトハイマー Werthheimer, M.（1880-1943）は「運動視に関する実験的研究」を発表し（1912 年），ゲシュタルト心理学が始まった（ゲシュタルトは形態を意味する）。ヴェルトハイマーは実験現象学的手法を取り入れ仮現運動の研究や群化の法則の発見などを通じて，全体性質は構成要素の総和以上の意味を持つことを示した（実験現象学的手法の成果としてはほかにルビンの図と地の反転図形などがある）。成果としては他に，ケーラー Köhler,

Ⓚ 要素主義、構成主義、行動主義、機能主義、新行動主義、ゲシュタルト心理学、精神分析、フロイト、ブロイアー、自我心理学、個人心理学、分析心理学、認知心理学、人間性心理学、マズロー、コミュニティ心理学

W.（1887-1967）はチンパンジーを用いた研究で，課題の全体構造を把握することが課題解決につながる洞察をもたらすことを明らかにした。レヴィン Levin, K.（1890-1947）は，この考え方を人間の集団に応用し，アメリカ亡命後にグループ・ダイナミクス（集団力学）を生み出した。

精神分析：精神分析（→⑮1）が力を持ち出したのも1910年代であった。精神分析は**フロイト** Freud, S.（1856-1939）と**ブロイアー** Breuer, J.（1842-1925）による『ヒステリー研究』（1885年）がその端緒であったが当初は注目を集めていなかった。フロイトは，神経症の治療を催眠を用いて行うフランスの神経学者で医師のシャルコー Charcot, J. -M.（1825-1893）に師事したものの，催眠を見限り自由連想法や夢の分析を開発し理論構築を行った。フロイトの考えを比較的忠実に展開したのが，娘のアンナ Freud, A.（1895-1982）やエリクソン Erikson, E. H.（1902-1994）である（**自我心理学**派）。**個人心理学**を創始したアドラー Adler, A.（1870-1937）や**分析心理学**を創始したユング Jung, C. G.（1875-1961）など，独自の心理学を発展させていった人々も一時期フロイトと関係を持っていた。

認知心理学：20世紀後半になると，認知心理学が勃興した。1940年代の情報理論や電子計算機研究の展開を受け，ミラー Miller, G. A.（1920-2012）の「不思議な数7±2」などの論文を経てナイサー Neisser, U.（1928-2012）の著書『認知心理学』（1967年）によって領域として確立された。こうした動向は認知療法や認知行動療法の基盤となった。また認知心理学は，脳を中心とした神経系の機能や構造を解明しようとする神経学，生理学的な領域と結びつき，認知神経科学としても展開していった。

人間性心理学：1960年代には臨床心理学において，20世紀前半に優勢であった行動主義と精神分析と異なる新たな潮流として，**マズロー** Maslow, A. H.（1908-1970）らによって第三勢力（third force）とも呼ばれる人間性心理学（→⑮2）が提唱された。なお，1950～60年代にかけては，第二次世界大戦等の傷病兵の精神障害への治療者の不足や地域精神医療の展開，公民権運動などを背景に，クリニック内だけでなく地域にも働きかけていく動きが生まれ，1965年のボストン会議にて**コミュニティ心理学**が提唱されることになった（植村，2012）。　（中田友貴・サトウタツヤ）

Ⓚ 要素主義，構成主義，行動主義，機能主義，新行動主義，ゲシュタルト心理学，精神分析，フロイト，ブロイアー，自我心理学，個人心理学，分析心理学，認知心理学，人間性心理学，マズロー，コミュニティ心理学

1：臨床心理学のアプローチ

臨床心理学には複数の理論が併存しており，それぞれの理論には，特有の問題の捉え方，援助的関わり方（アプローチ）がある。ここでは，代表的なものとして，精神力動的アプローチ，認知行動アプローチ，人間性アプローチ，の３つを取り上げる（表④ 1-1）。

精神力動的アプローチ：19 世紀末にフロイト Freud, S. が確立した精神分析，および，後継者たちによって修正・発展した理論と援助法である。「精神力動」とは，心の中で意識・無意識のさまざまな心理的力が作用しあい，その諸力が葛藤し，妥協形成することで人間の行動や心理現象が生じると考える観点である。このアプローチでは，内的，もしくは，対人間の心理的な力の相互作用を重視し，面接関係で生じる転移・逆転移に基づいてクライエントの無意識的動機づけを明らかにすることが介入の目的となる。当初，フロイトは，ヒステリー状態を示す女性患者の治療経験をもとに，性的な願望と罪悪感の葛藤を描き出し，その葛藤の意識化を試みた。こうしたフロイトの治療法は，当時，人道的な治療の対象とはならなかったヒステリー患者に対する心理療法として大きな意味を持ち，現在の対話による

表④ 1-1　臨床心理学の代表的なアプローチ（斎藤，2018 を改変）

	精神力動的アプローチ	認知行動アプローチ	人間性アプローチ
目標	意識と無意識の有益な交流を促進する	行動・認知に働きかけ，思い込みから自由になる	主観的世界を重視し，自己実現傾向を促進する
理論	精神分析学，対象関係論，分析心理学，個人心理学など	学習理論，情報理論など	自己理論，システム理論など
方法	自由連想，転移解釈，夢分析など	暴露療法，認知的再構成法，マインドフルネス瞑想法など	傾聴，共感的理解，質問技法など
人物	フロイト Freud, S.，アドラー Adler, A.，ユング Jung, C.G.，クライン Klein, M.，ウィニコット Winnicott, D.，サリバン Sullivan, H.S. など	ワトソン Watson, J.B.，ウォルピ Wolpe, J.，スキナー Skinner, B.F.，ベック Beck, A.，エリス Ellis, A. など	ロジャーズ Rogers, C.R.，パールズ Perls, F.，ジェンドリン Gendlin, E. など

援助（心理療法・カウンセリング）が発展する礎になった（→⑮１）。

認知行動アプローチ：個人の行動と認知に焦点を当て，その問題を合理的に解決するための自己理解とセルフコントロール力を高めることを目指す構造化された援助法である。精神力動的アプローチが無意識という目に見えない心理過程を理論化するのに対し，認知行動アプローチは，科学的・実証的な心理学の知見に基づいた理論を構成し，介入方法が体系的であることが特徴的である。認知行動アプローチには，行動療法と認知療法の２つの源流がある。1950 年代にウォルピ Wolpe, J. やスキナー Skinner, B. F. らによって確立された行動療法は,「条件づけ理論」を中心とした学習理論に基づいている。不安や恐怖といった問題行動は，不適切に学習されたものと捉え，問題行動の消去，または，より適応的な行動を再学習することによって治療がなされると考える。認知療法は，それまでの学習理論で扱ってこられなかった人間の「認知過程」を重視した心理療法で, 1970 年代にエリス Ellis, A. が論理療法, ベック Beck, A.T. が認知療法を提唱している。ベックは，抑うつ患者にみられる非機能的思考（認知の歪み）を同定し，認知，感情，行動，身体反応の相互作用から認知的の歪みを修正する治療法を確立した。これら２つの源流に対し，1990 年からマインドフルネス認知療法，アクセプタンス&コミットメントセラピー，弁証法的行動療法といった第３世代の認知行動アプローチも登場している。これら新世代の認知行動アプローチは，行動や認知の問題を除去するだけではなく，より効果的な行動レパートリーを構築することを目指し，体験的で間接的な変容方法を用いることが特徴である（熊野，2012 →⑮３）。

人間性アプローチ：1960 年代にマズロー Maslow, A. H. らよって提唱された人間性心理学に基づく理論・援助法であり，来談者中心療法，ゲシュタルト療法，フォーカシング，動機づけ面接法などが含まれる。なかでも，ロジャーズ Rogers, C. の来談者中心療法は有名である。ロジャーズは，それまで主流だった精神分析や行動療法が，技法中心，もしくは，専門家中心であったと批判し，来談者を中心にした心理療法の必要性を訴えた。人間性心理学では，人間は一人ひとりが成長と自己実現に向かう可能性を持った存在であるという肯定的な人間理解のもとに理論仮説が築かれている。

来談者中心療法では人の潜在力と主体的能力を尊重し，クライエントの自己実現傾向を促進する治療者の態度（「無条件の肯定的尊重」「共感的理解」「自己一致」）が重要であると指摘した。ロジャーズが示した治療者の態度は，わが国の臨床心理学アプローチの基本的態度として広く行き渡っている（→⑮２）。

また，近年では，**ナラティヴ・アプローチ**や**社会構成主義**といった，心理現象を個人内に生じる心的過程ではなく,「社会的文脈（コンテキスト）」や「関係性」の中で理解しようとするアプローチも生まれている。ナラティヴ・アプローチは，クライエントの語りのなかの「支配的な物語」を見出し，それを脱構築することで「もう一つの物語」が生成されることが介入の目的となる。社会構成主義は，ガーゲン Gergen, K. J. によって提唱された「人は生きている現実をコミュニケーションによって積極的に構成する」という認識論である。これらの考え方では，クライエントとカウンセラーの語りには，文化的背景，社会的常識がすべて社会的産物して存在しており，相互の語りや関係性がクライエントの現実を形作っていくと捉えることが特徴である（→⑮５）。

（杉岡正典）

2：支援モデル

公認心理師養成カリキュラムの基本的立場として，以下の２つのモデルがある。

生物心理社会モデル（bio-psycho-social model）：エンゲル Engel, G. L.（1977）により提唱され，表④ 2-1 の３次元からクラエイントの抱える問題を統合的に理解する考え方である。このモデルは，精神現象を説明する上で生物学（または心理学）一辺倒の教条主義をとらないため，心理職がチーム医療や社会連携を行う際の基本的枠組みを提供している。

科学者－実践家モデル（scientist-practitioner model）：実践家としての支援活動に加え，科学者としての研究・啓発活動を行う臨床家養成を目指した大学院教育のモデルである。1947 年に APA（American Psychological Association；米国心理学会）にて提言されて以降，現在でも米国における臨床心理士養成の基本モデルになっている。日本の大学院教育においても「科学者－実践家モデル」の理想が掲げられることが多い。このモデルは，**EBA**（Evidence Based Approach；エビデンスに基づくアプローチ）や**多元的アプローチ**（→⑮ 11）と相性がよく，科学性と実践性を併せ持つ専門家を養成する上で重要なモデルとなっている。

上記２つのモデルは，エビデンスに基づく医療（EBM）とも密接な関係がある。斎藤（2018）によれば，EBM とは，90 年代初頭から米国で普及したパラダイムであり，「個々の患者のケアにおける意思決定のために，最新かつ最良のエビデンスを，一貫性をもって，明示的に，思慮深く用いること」と定義される。EBM の手順は，表④ 2-2 の５つのステップとして定式化されている。　（杉岡正典）

表④ 2-1　生物心理社会モデル

生物学的要因	遺伝，脳，生理学など
心理学的要因	性格，発達，心理力動など
社会的要因	社会，文化，経済的背景など

表④ 2-2　EBM の５つのステップ

Step 1	疑問点の抽出と定式化，患者との対話
Step 2	疑問に関する信頼性の高い情報の検索・収集
Step 3	得られた情報の批判的吟味
Step 4	得られた情報の患者への適応
Step 5	これまでの実践の評価

1：研究倫理

医療の研究倫理：人を対象とする研究については，医療領域から倫理原則が呈示されており，心理職も遵守すべきものとなっている。

- **ヘルシンキ宣言**：第二次世界大戦やアメリカで行われた人体実験の反省より生じたニュルンベルク綱領を受けて，1964 年世界医師会で採択された「ヒトを対象とする医学研究の倫理的原則」で周到な計画，自由意思による同意，患者の利益やプライバシーの保護などが定められている。
- **ベルモント・レポート**：アメリカで作られた生命倫理原則であり，臨床研究の参加者を保護するためのガイドラインとして，「人格の尊重」「利益（無害であると同時に，予測されうる利益を最大化し，予想されうる危害を最小化すること）」「研究対象者の選択の『公平』」の３つが基本原則。また，一般的な原則の適用は，インフォームド・コンセント（→①３），リスク対利益の評価，および研究対象者の選択といった必要条件を考慮されておく必要があるとされた。
- **リスボン宣言**：1981 年に世界医師会で採択「患者の権利に関する世界医師会リスボン宣言」。良質の医療を受ける権利など 11 の原則が定められた。

心理学の研究倫理：米国心理学会による倫理コード（American Psychological Association, 2002）が出され，**「善行と不悪行」「誠実と責任」「統合性」「公正」「人の権利と尊厳に対する敬意」の５つの基本原則**が示された。近年，再現性の問題である QRP（Questionable research practices）が指摘されるようになり，研究者にとって都合の良い結果のみを報告する cherry picking や，予測していなかった結果をはじめから予測していたように報告する HARKing（Hypothesizing after results are known），検定結果を確認してからデータの分析・方法・結果に変更を加える p-hacking などが問題視されるようになっている。

研究倫理審査：すべての研究は実施前に所属している機関の研究倫理委員会（あるいは倫理審査委員会）の承認を得るべきとされており，特に人を対象とする（個人を特定できる由来の材料およびデータに関する研究を含む）臨床研究については厚生労働省が「臨床研究における倫理指針」を提示している。また近年，研究は発表を行う際には**利益相反**（COI; Conflict of Interest）の情報開示が求められるようになった。（永田雅子）

Ⓚ 医療の研究倫理、ヘルシンキ宣言、ベルモント・レポート、リスボン宣言、心理学の研究倫理、「善行と不悪行」「誠実と責任」「統合性」「公正」「人の権利と尊厳に対する敬意」の５つの基本原則、研究倫理審査、利益相反

2：量的研究

心理学の研究法のうち，分析や結果を数量で記述するものを量的研究と呼ぶ。量的研究は客観的な視点から因果関係を明らかにすることができるため，**実証的検証法**に適している。実証的検証法とは，人間の行動や心に関する法則が現実に存在するかどうかを客観的方法を用いて検証する方法である。量的研究の研究手法には，実験法，調査法，および検査法が用いられる。

実験法：独立変数（原因）を操作し，従属変数（結果）の変化を見ることで因果関係を明らかにする手法である（→⑥ 1）。より良い実験のためには，従属変数に影響を与えるその他の変数（剰余変数）を統制する必要がある。例えば，課題に取り組む時間の統一，課題の提示順序による影響を行って椅子にするための提示順序のランダム化，参加者を実験群と統制群とにランダムに配分する無作為配分などが統制の方法として用いられる。

調査法（質問紙法）：心的特性を測定する項目から構成される心理尺度を用いる方法である。コストがかからず多くの回答が一度に得られるが，回答が言語能力に依存するとともに，意図的に歪められる可能性があること，項目文の適切性に関するワーディングの問題や，前の項目がその後の回答に影響を与えるキャリーオーバー効果の問題を考える必要がある。また，一度の調査で得られた結果は因果関係ではなく相関関係を示している場合が多いため，結果の解釈にあたっては注意が必要である。

検査法：心理検査を用いて知能や性格などを測定する方法である。検査法は研究の変数測定に用いられるだけでなく，教育や臨床における診断・評価の方法としても利用されている。ここで，世の中には数多くの心理検査と呼ばれるものがあるが，科学的な検査とは，多くの被検査から収集した膨大な資料等の客観的根拠に基づいて信頼性と妥当性とが一定程度認められているものを指す。したがって，検査を用いる際には，その理論的背景や科学的根拠を確認する必要がある。

（二宮有輝）

3：質的研究

心理学の研究手法のうち，数量化しにくい内容的，記述的なデータを扱い，分析や結果も言語的，概念的に記述する研究を質的研究と呼ぶ。質的研究はデータから探索的に仮説を組み立てる仮説生成型研究に適している。

事例研究：心理職が働く現場では何らかの心理的問題を抱えた個人や集団への支援や介入を行う。これらの臨床事例から新たな仮説や理論の構築を試みる研究を事例研究と呼ぶが，これは質的研究の一つである。事例研究を行う際は，その事例が理論やモデルを提案する上で重要な典型例であるのか，あるいは特殊なケースであるのかといった位置づけを示す必要がある。また，問題形成の経緯や対処，経過を示し，どのような介入が効果をもたらしたのかを明確にする必要がある。加えて，単に経過を報告するのみではなく，経過の中で立てられた仮説や理論，介入方法を示すことに加え，それが一つの事例で有効であっただけでなく，類似した他の事例を理解する上でも有効であることを示さなければならない（下山，2011）。

面接法：心理学研究では個人の語りなどの質的なデータを収集する方法として，対象者と対面して話し合い観察する面接法が用いられる。面接法は，あらかじめ質問内容や順序が決められている構造化面接，質問内容は大枠で決まっているが，状況によって質問の順番や仕方などを柔軟に変化させる半構造化面接，対象者に自由に語ってもらう非構造化面接に分けられる。また，1対1の個人面接だけでなく，対象者が複数の集団面接が用いられる場合もある。面接法では，言語反応の内容だけでなく，声のトーンや表情といった非言語的な情報が得られることが利点の一つとして挙げられる。

（二宮有輝）

4：観察法

観察法（observation method）とは，観察者が研究対象を第三者的立場から観察し，その結果を記録し分析する方法の総称である。観察法の問題点として，寛大化エラー（より肯定的に行動を見る傾向）や中心化傾向エラー（極端を避け行動を中庸に評価しようとする傾向）といった，観察者の「観察に歪みをもたらす心理傾向」の影響が指摘されている（中澤，2005）。そのため観察法では，その正確さや信頼性を高めるために，さまざまな観察の手続きが検討されてきた。

時間見本法：観察対象の行動を，特定の時刻，または一定の時間間隔で観察・記録する方法。

場面見本法：観察対象となる行動が繰り返し現れそうな場面や状況を選択しておき，その場面で生じた行動を集中的に観察する方法。

行動目録法：観察対象となる行動のカテゴリーを作成し，その行動が起こるたびにチェックを行う方法。

これらの観察法は，記録が比較的容易に行える半面，設定した時間や場面・カテゴリーに属さない行動を見逃してしまうという難点がある。

日誌法：観察対象者の日常生活の行動や気づいたことを，日誌に記録していく方法。

行動描写法：観察対象目標となる行動を全て具体的に記録する方法。

これらの観察法は，時間や場面の制約がないため，親と子や，教師と生徒など，観察が継続的に可能な関係者間で行うことができれば，豊富な厚みのあるデータが採取できる。その半面，全ての行動を正確に観察・記録しにくいという難点もある。

（町　岳）

5：統計法

量的研究においては，研究計画に即した研究対象からランダムに標本を抽出し，量的なデータを収集する。データを収集する前に，作業仮説をどのような統計的手法によって検証するかを定めておくことが，科学的な仮説検証のためには欠かせない。

多変量解析：標本が複数個の変数によって特徴づけられる場合，それらの変数間の相互関連を分析する統計的手法を総称して多変量解析と呼ぶ（柳井，1986）。たとえば，ストレス指標の分散が，うつ傾向得点の分散と，内向性得点の分散によって説明することができれば，これらの変数間の関係性を統計的に記述することが可能となる。研究者が着目する，外的基準の分散を説明するための変数（うつ傾向得点,内向性得点）を「独立変数」や「説明変数」とよび，外的基準（ストレス指標）を「従属変数」や「基準変数」と呼ぶ。従属変数の分散を，複数の独立変数の分散で説明するための分析を**重回帰分析**と呼ぶ。ただし，分析に用いられている独立変数以外で従属変数の変動要因となる変数，すなわち「剰余変数」を研究者が統制する必要がある。重回帰分析では，従属変数について，いくつかのカテゴリに分かれていることを表す「離散変数」ではなく，連続的に値が変化する「連続変数」であることを仮定する。また説明関係の精度（確からしさ）を表す指標として**重相関係数**が，説明力の高さを示す指標として「決定係数」がある。

「男性／女性」「実験群／対照群」のように，複数個の質的に異なる属性がクロスした集団間で，ある外的基準の変数に有意な差がみられるかを検討することも，多変量解析によって行うことができる。調査参加者の属性（独立変数）がカテゴリに分かれており,カテゴリ間で従属変数の平均値差を検討する分析手法が**分散分析**である。分散分析は，独立変数がすべて離散変数である場合の重回帰分析である。

マルチレベル分析：調査対象が学校や病院などで，多施設にわたる場合，施設独自の要因で従属変数の分散が説明できる場合がある。たとえば，調査対象の中の特定の学校に属する生徒だけが，他の生徒に比べて自尊感情得点が低いといった場合である。この場合，生徒が第一階層，学校が第二階層という形で，階層化されたサンプル抽出が行われる。この点を考慮に入れた分析が**マルチレベル分析**であり，従属変数の変動要因をより精緻に説明することができる。

メタ分析：これから行おうとする研究について，過去に複数の研究事例がある場合，それらの研究事例群でどれほどの大きさのサンプルが用いられ，差の絶対的な量，すなわち「効果量」がみられるかを俯瞰することができる。このような統計的アプローチにより，同じ研究テーマを扱った研究群を統合して解釈しようとする分析がメタ分析である。

因子分析：ここまで，作業仮説で独立変数が仮定される場合の多変量解析について述べたが，仮定されない場合も研究対象となりうる。複数の変数の分散が，観測されていない少数の説明変数の分散によって統一的に説明されるという分析モデルを因子分析と呼ぶ。因子分析では，説明変数が観測されておらず，潜在的に仮定される「潜在変数」であると考える。たとえば高校の教科の成績を分析する場合，これらの成績がいくつかの潜在変数によって説明される，といった分析モデルを考え，潜在変数の個数を変えながら探索的に因子構造を検討する。類似の分析手法に「**主成分分析**」があるが，これは変数間の関係性を，少数の潜在的従属変数としての主成分にまとめる手法である。また，潜在変数間の関係性について，説明関係をモデル化して検討するための分析手法として，**構造方程式モデリング**がある。

テスト理論：尺度の開発や使用に関わる理論体系。質問紙調査や心理検査の分析は，テスト理論に基づき，測定のもっともらしさを検討することが求められる。特に測定の正確さを表す「信頼性」と，測定したい概念が正しく測れているかを表す「妥当性」の検討が必要である。

（光永悠彦）

6：統計基礎知識

K 尺度水準、記述統計、代表値、散布度、度数分布、相関係数、推測統計、点推定、仮説検定、両側／片側検定、標本分布、確率分布、ノンパラメトリック検定

尺度水準：心理学の研究では，ある特徴をもった個体に対し，何らかのルールに基づいて，数値を振り，データ化することがある。そのようなルールを「尺度」と呼ぶ。尺度は表す内容に応じて尺度水準に分類され，

1）名義尺度＝数値の違いが，個体の具体的特徴の違いのみを表しているもの（例：郵便番号），

2）順序尺度＝数値の大小関係が順序のみを表現しており，数値の間隔が具体的特徴の隔たりの大きさを反映していないもの（例：マラソンの順位），

3）間隔尺度＝数値の間隔が具体的特徴の隔たりを反映しているが，原点が定まっていないもの（例：温度），

4）比尺度＝数値の間隔が具体的特徴の隔たりと対応し，原点も定まっているもの（例：長さ）（石井，2014）。

記述統計：量的研究では，データの代表的なあらましを表す数値を求めることで，全体的傾向を簡潔に記述する「記述統計」とよばれるアプローチがある。最も簡潔なのは，全体的傾向として中心にあたる数値を一つだけ報告する方法である。この値を**代表値**とよび，「平均値」「中央値」「最頻値」がある。また全体の中心から各調査参加者がどれだけ隔たっているかを総体的に示す値を**散布度**と呼ぶ。散布度には「標準偏差」「分散」「四分位範囲」などがある。さらに，データをいくつかの階級に区切り，各階級に何人が入るかを，データの分布，すなわち**度数分布**として表現することもできる。また，複数の変数間でともなって変わる量がどの程度であるかを示す値として**相関係数**がある。

推測統計：記述統計とは別に，着目する研究対象全体を仮想的に「母集団」ととらえ，研究者がそこから「標本」を抽出し，母集団における傾向を標本のデータから推測するという，「推測統計」と呼ぶアプローチもある。ここから，標本から得られた平均値（標本平均）を元に，母集団における平均値（母平均）がいくつであるかを推定する（**点推定**），またはある一定の幅をもたせて推定する（区間推定）といった考えが生まれる。

仮説検定：標本から得られた代表値や計算された統計量が，その値よりも極端な値となる確率がどの程度小さいかによって，有意な差かどうかを判断するアプローチを**仮説検定**と呼ぶ。たとえば母平均が０であるという「帰無仮説」をたて，これが正しいとしたとき，得られた標本平均以上に極端な値をとる確率が非常に小さい（たとえば0.05，この研究者によって定められた確率を「危険率」と呼ぶ）場合，帰無仮説が誤りであったと考えて「母平均は０ではない」という「対立仮説」を採択し,「平均値に（０とは）有意差がある」と結論付ける。そうでないならば，偶然生じた偏りであると判断して帰無仮説を保持する。このとき，帰無仮説が正しいのに誤って帰無仮説を棄却する確率が，危険率だけ考えられる。このような誤りを「第一種の過誤」と呼ぶ。逆に，対立仮設が正しいのに帰無仮説を保持する誤りを「第二種の過誤」と呼ぶ。対立仮説は,（A）母平均が０ではない，（B）母平均が０より大きい（小さい），という２通りが考えられるが，前者を**両側検定**，後者を**片側検定**と呼ぶ。両側検定は差の方向性を考慮していない一方で，片側検定では考慮している。また，検定の結果が有意となり，母平均が０ではないという対立仮説を採択した場合であっても，その結果のみを根拠にして，母平均が著しく０からかけ離れているというように，平均値差の大きさを評価し，結論付けることはできない。

仮説検定を行うには，標本平均などの統計量の分布，すなわち**標本分布**が理論的にどのように分布するかに関する知見が必要であり，通常，それが**確率分布**として与えられている。しかし，データによっては外れ値の影響を受ける場合があり，平均以外の代表値を用いて，母集団において特定の確率分布によらない分析手法群を用いる場合がある。これらを総称して**ノンパラメトリック検定**と呼ぶ。

（光永悠彦）

Ⓚ 尺度水準、記述統計、代表値、散布度、度数分布、相関係数、推測統計、点推定、仮説検定、両側／片側検定、標本分布、確率分布、ノンパラメトリック検定

1：計画の立案

実験法とは，ある変数を操作し，その結果，別の変数に変化が生じるかを測定することで，それらの間の因果関係を明らかにする研究手法である。操作する変数を独立変数，影響を受けると想定される変数を従属変数という。その際，実験者の意図しない変数（剰余変数）によって結果が影響されないよう，さまざまな方法を用いて，できうる限りの統制を行う。

実験計画の立案に先立ち，検討したい事項に関する文献研究を行い，これまで明らかにされていることとそうでないことを整理する。その上で，学問上意義があり，かつ，実験で検証可能である問い，すなわち，**リサーチ・クエスチョン**を設定する。このリサーチ・クエスチョンに対して想定される予測や見込みを示すのが仮説である。これらを検証するにあたり，最も適した実験計画を立案する。

実験には，実験条件ごとに別の実験参加者を割り当てる参加者間実験計画と，全ての実験条件を全ての実験参加者に実施する参加者内実験計画とがある。参加者内実験計画では，複数の条件を同一実験参加者が経験することになるため，条件提示の順序が剰余変数として作用する可能性がある（例えば，キャリーオーバー効果）。これを統制するために，課題の提示順序をランダム化したり，カウンターバランス（提示順序を変えた複数の群に分割する）の手続きを行う。また，参加者間実験計画では，実験参加者を条件に割り当てる時点で剰余変数が生じないよう無作為配置を行ったり，各条件の実験参加者が均質となるようあらかじめマッチングする手続きが行われる。実験計画を立てる際には，**データ収集**後の分析計画も併せて検討しておくことが重要である。なお，臨床現場での治療や介入の効果を検討する場合など，完全に条件や剰余変数を統制することが困難な場合もある。その際には，できる限り独立変数の効果を評価できるように工夫した準実験デザインを採用することもある（南風原，2011）。

（山内星子）

2：研究の手続き

実験法によるデータ収集を行う際には，剰余変数を統制するため，実験環境を常に一定に保つ。また，実験者効果（無意識に実験者の仮説が支持されるようなふるまいをしてしまう効果）にも配慮し，どの実験参加者に対しても同様の手続きが行われるようマニュアルの整備，実験者の訓練を行う。その上で，以下の手続きおよび配慮が必要となる（日本心理学会，2011）。

インフォームド・コンセント：実験参加者に対して，これから参加する実験の目的や手続き，参加することによって被る可能性のある利益，不利益，実験不参加の選択が可能であること等を説明し，同意を得る過程を指す（→①３）。

ディセプション／デブリーフィング：実験の目的上，実験前に真の目的を伝えられない場合がある。その際，事前には虚偽の目的を伝えることをディセプションと呼ぶ。実験手続きの中に一部でもディセプションが含まれる場合には，実験が終わったのち，デブリーフィングを行う。デブリーフィングとは，実験の真の目的を伝えるとともに，ディセプションを行った理由を説明し，実験参加者の疑念や不安に対処することである。また，真の目的を伝えた上で，データ使用の許可を得ることも重要である。

また，実験には調査法，観察法，検査法，面接法の手続きが併用されることもある。調査法や検査法によって得られたデータをもとに実験参加者の選択や条件割り当てを行ったり，従属変数の測定に観察法，検査法，面接法の手法が用いられることもある。なお，観察を用いた実験は，自然観察法（→⑤４）とは異なり，要因を操作し，その影響を観察することを指す。観察法や面接法を用いて従属変数を評定する場合，実験参加者が割り当てられている条件を評定者に知らせない手続きがとられることもある。

これらの手続きを経て得られたデータをローデータとよび，欠損や不備を整えた上で，統計的手法を用いた**分析**を行う。

（山内星子）

3：報告書の作成

心理学における学術論文等の報告書は，問題と目的，方法，結果，考察に分けて作成するのが基本である。

1）問題と目的：これまでの研究の流れ，その中から導かれる問題点，リサーチ・クエスチョン，仮説等を述べる。

2）方法：実験参加者の人数や属性，手続き，実験に用いた刺激や装置，提示方法等について記述する。その際，再現性を確保するため，報告書を読んだだけで実験が再現可能なように，具体的に不足なく記載する。剰余変数の統制のために行った手続きも詳細に報告する。加えて，実験に際して行った倫理的配慮や，研究倫理審査の結果に関しても，方法内に記載しておくことが求められる。

3）**結果**：実験によって得られたデータやそれらに対する統計的分析結果（→⑤5）を報告する。データの種類や結果に応じて適宜統計量や有意確率を記載し，結果が読み取りやすいような図や表を用いる。方法において収集することを示したデータについては漏れなく報告する。期待に反した結果や，不都合な結果を故意に隠してはならない（APA, 2019）。

4）**考察**：結果に基づき，仮説との関連から解釈を述べる。実験で得られた新たな知見を明示し，これまでの研究との整合性や相違点，限界，今後の展望についても議論する。仮説とは異なる結果が得られた際には，先行研究の結果と比較しながら，その理由について考察する。

なお，学術論文や学会発表資料，その他どのような報告書においても，先行研究の知見や図表を掲載する際には必ず引用元を明示しなければならない。文中で引用した文献は，報告書末尾の**引用文献**のリストに掲載する。**引用方法**については，学術雑誌や報告書ごとに細かなルールが設定されているため，投稿規定や手引きを参照する。

（山内星子）

Ⓚ 結果、考察、引用文献、引用方法

1：感覚

あらゆる生活体は感覚器を通じて生活体内部および外部の状態を把握する。感覚には外受容感覚，固有感覚，内受容感覚に大別できる。外受容感覚とは，生活体外部の情報を検出するための感覚（視覚，聴覚，嗅覚，味覚，皮膚感覚（触覚を含む））である。固有感覚とは，紡錘細胞などによる生活体の位置，運動の状態を検出するための感覚である。内受容感覚とは，生活体内部（内蔵や血管）の状態を検出するための感覚である。特に，受容器が特定部位に限られる感覚（視覚，聴覚，嗅覚，味覚，前庭感覚）を特殊感覚と呼ぶ。

感覚器：上述の各感覚に対し，刺激を検出するための受容器が独自に存在し，各受容器には最も効率的となる刺激を適刺激という。例えば視覚では受容器が網膜，感覚器が眼にあたり適刺激は光である。また，聴覚では受容器が蝸牛，感覚器が耳にあたり適刺激は音である。

深部感覚（固有感覚）：身体の深部にあたる皮膚と内臓の間に生じる，位置，運動の状態，身体にかかる重力や抵抗などを検出する感覚である。**自己受容感覚**や固有感覚と呼ばれる。

体性感覚：外受容である触覚と上述の深部感覚の総称であり，内臓感覚は含まない。

多感覚統合：生体は生体外部・内部の感覚器を（五感・固有受容覚・前庭覚など）通じて複数のモダリティから絶えず入力を受けている。このように各感覚器を経由して入力される複数の感覚信号を統合することを多感覚統合と呼ぶ。視聴覚統合の例としてマガーク効果がある。さらにこのような感覚間の統合が適切にできない場合には不適応行動が生じる可能性がある。感覚統合訓練では同時に複数のモダリティの感覚刺激を与え，その刺激に対す適切なフィードバックを与えることにより感覚統合を促し，適応状態を向上させることを目的とする。

（平井真洋）

2：知覚

知覚とは，生活体が感覚受容器を通じて自己の内部・外部の状態を捉える働きおよびその過程をさす。感覚は受容体による信号の受容・検出過程であるのに対し，知覚は高次の情報処理過程を指す。知覚は例えば，入力対象の明るさや色，音ピッチといった**低次知覚**に関する処理と空間（運動・奥行き），物体，シーンなどの**高次知覚**に関する処理に分類されている。

- **知覚の可塑性**：特定の外部刺激の継続的な入力により知覚が変容する過程をさす。例えば，逆さ眼鏡と呼ばれる網膜に入力される外界像をプリズムにより反転させる眼鏡を装着すると，装着後数日は外界が倒立して見えるものの，その後は外界が正立する。
- **系列位置効果**：実験参加者に単語を逐次提示した後に自由再生させた場合，提示された刺激の最初と最後の刺激の再生が，刺激中央で提示された場合よりも多い効果をさす。最初の部分の記憶再生が優れているのは首位効果，刺激リストの最後の部分の記憶再生が優れるのは親近性効果とされ，それぞれ異なるメカニズムであるとされている。
- **選択的注意**：日常生活では複数の感覚器へ絶えず大量の信号が環境より入力される。しかしながら，脳は一度に処理可能な情報量に制限があるため，選択的注意により必要な情報を取捨選択し，必要な情報に集中する必要がある。このような環境における無関係な刺激を無視し，関連する刺激へ注意を向ける過程を選択的注意という。
- **運動知覚**：空間内における要素の速度と方向を検出する過程であり一次運動，二次運動がある。一次運動は，輝度の時空間変化により知覚される運動であり，二次運動は，コントラストなど輝度や運動エネルギーの増加によらない他の特性により定義される運動である。神経科学の研究によれば，V5 野が運動知覚を担うことが知られている。
- **錯視**：入力される刺激の物理量（例：長さ）と知覚される内容に乖離が生じる現象。錯視の例として，ミュラー・リヤー錯視などの幾何的錯視が知られている。
- **心理物理学**：感覚入力された刺激の物理的量とそれに伴う主観量の対応関係を実験的に明らかにする研究分野。
- **知覚弁別**：感覚入力された２つの刺激の差異を検出すること。その差異を検出できる最小の２つの刺激の差を弁別閾という。

（平井真洋）

3：乳児を対象とした実験

言語的な教示が通じない乳児を対象とした知覚・認知能力を調べる方法は古くより開発されており，以下の手法が主流である。しかしながら近年では乳児の脳活動をさまざまな脳機能計測手法（脳波，脳磁図，光トポグラフィー）により乳児の認知・知覚特性を明らかにすることが可能となりつつある。

選好注視法：ファンツ Fantz, R. L. により提示された乳児の自発的な注視行動を利用した，乳児の弁別能力を調べる実験的手法である（Fantz, 1964)。方法は２つの視覚刺激を画面の左右に同時に対提示し，もしどちらかの画面に提示された視覚刺激を統計的に有意に長く見た（もう一方は短く）場合には２つの視覚刺激を弁別していたと解釈する。通常の調査研究では，弁別特性を明らかにしたい刺激特徴量を操作した２つの刺激を用い，画面左右に提示された刺激に対する注視時間を比較する。これまでの研究により，コントラスト，複雑な図形，顔，運動，数，他者の行為などに関する乳児の知覚弁別能力が明らかにされている。

馴化（じゅんか）・脱馴化法：乳児へ同一の視覚刺激を繰り返し提示すると，刺激に対する注視時間が試行数を重ねることにより減少するが，それとは異なる新奇な視覚刺激への注視時間が回復する。このように刺激の提示による注視時間の減少を馴化とよび，異なる新奇な視覚提示による注視時間の増加を脱馴化と呼ぶ。このような脱馴化が見られた場合，２つの視覚刺激を弁別したとみなす。

期待違反法：ある事象を提示したあと，その事象から想定される状況とは異なる場面（不自然な事象）を提示した場合，注視時間が増加する。例えば，おもちゃが１つ画面上に提示され，それが箱で覆われ，２つ目の玩具が箱に入る状況を提示する。この場合，箱が取り除かれると２つの玩具が提示されるはずが１つしか提示されない場合，注視時間が増大する。このような不自然な事象に対する注視時間の変化を指標として，乳児の物理的，数，重力，物体永続性などの知識を調べる研究が進展してきた。

（平井真洋）

4：記憶

記憶のプロセス（図⑦ 4-1）は，次の３段階で捉えられる。

- **記銘（符号化）**：情報を取り入れる段階。
- **保持（貯蔵）**：情報を蓄えておく段階。
- **想起（検索）**：必要に応じて情報を取り出す段階。

記憶に関する代表的なモデルとして，**二重貯蔵モデル**（図⑦ 4-2）がある（Atkinson, R. C. et al., 1968）。

- 感覚登録器：外界からの情報がモダリティごとに取り入れられる。
- 短期貯蔵庫：感覚登録器内の情報のうち，注意が向けられたものが転送される。ここに蓄えられている情報を**短期記憶**という。
- 長期貯蔵庫：短期貯蔵庫内の情報のうちリハーサル（復唱）を多くなされたものが転送される。ここに蓄えられている情報を**長期記憶**という。なお，長期記憶は図⑦ 4-3 のように区分できる（Squire, 1992）。

短期記憶と**長期記憶**の主な違いは表⑦ 4-3 のようにまとめられる。なお，二重貯蔵モデルによって，刺激の呈示位置によって記憶成績が異なる**系列**

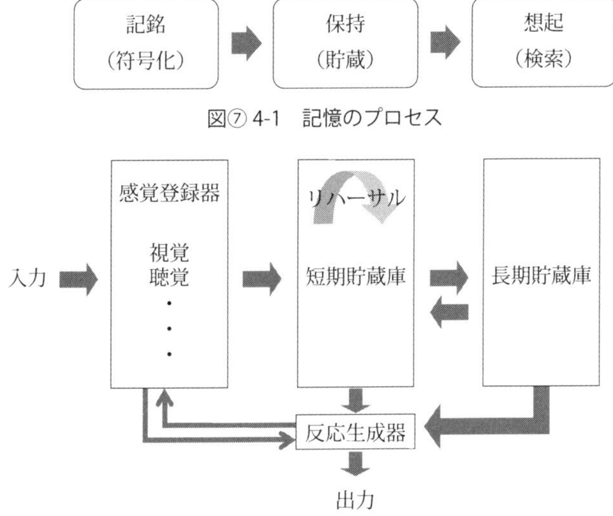

図⑦ 4-1　記憶のプロセス

図⑦ 4-2　二重貯蔵モデル

Ⓚ 記銘（符号化）、保持（貯蔵）、想起（検索）、二重貯蔵モデル、短期記憶、長期記憶、宣言的記憶、非宣言的記憶、系列位置効果、ワーキングメモリ（作業記憶）

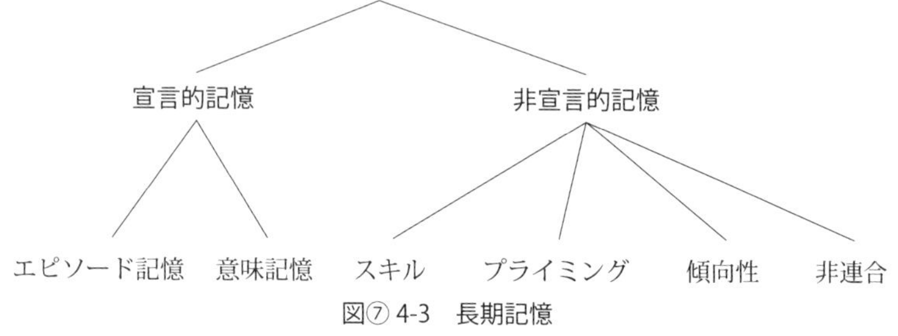

図⑦ 4-3　長期記憶

表⑦ 4-3　短期記憶と長期記憶の違い

	短期貯蔵庫	長期貯蔵庫
保持時間	リハーサルをやめると 15-30 秒	リハーサルなしで永続的
容量限界	7 ± 2チャンク	なし

位置効果（初頭効果と新近効果がある）を統一的に説明することができる。

- 初頭効果：系列の最初の方で呈示された項目の記憶成績がよいこと。短期貯蔵庫内でリハーサルを多く受けて長期貯蔵庫に入る確率が高くなることによって生じる。
- 新近効果：系列の後の方で呈示された項目の記憶成績がよいこと。短期貯蔵庫から直接出力できるために生じる。

ワーキングメモリ（作業記憶）モデル（Baddeley, A. D., 1986）は，短期貯蔵庫と長期貯蔵庫を仮定する二重貯蔵モデルの枠組みを継承しつつ，特に短期貯蔵庫について精緻化したものと捉えることができる。具体的には，短期貯蔵庫では単に情報を貯蔵するだけではなく，さまざまな認知処理が行われると仮定している。　（清河幸子）

5：思考／推論

推論は演繹的推論と帰納的推論に分けて捉えられる。

演繹的推論：一般的知識から個々の事例を導く推論様式。演繹的推論には以下の２つのタイプがある。

- 定言的三段論法：２つの前提から１つの結論を導く。
- 条件文推論:「もしｐならばｑ」という形をとる文を用いて，それが成り立つかどうか判断する。

  条件文推論における誤りには以下の２つのタイプがある。

- 前件否定の誤謬:「もしｐならばｑ」のときに「not ｐ ならば not ｑ」が成り立つと考える。
- 後件肯定の誤謬:「もしｐならばｑ」のときに「ｑならばｐ」が成り立つと考える。

条件文推論の代表的な課題として４枚カード問題（ウェイソン Wason, P. C. の選択課題）があるが，同型であっても題材によって正解率が異なることが示されてきている。この主題題材効果を説明する説として以下のものがある。

- 記憶手がかり説：推論の際に具体的な知識が用いられているという説。
- 実用的推論スキーマ説：「義務（…するならば～しなければならない）」や「許可（…するなら～してもよい）」のようなスキーマを用いた推論が行われているという説。

帰納的推論：個々の事例をもとに一般的な知識を導く推論様式。帰納的推論は，事例収集，仮説形成，仮説検証の３つの段階で捉えることができる。代表的な課題としては 2-4-6 課題がある。ウェイソン（1960）は，この課題を用いて，人々には自説を支持する事例を収集し，反する事例を無視する傾向，すなわち**確証バイアス**があることを示している。

（清河幸子）

6：思考／問題解決

問題解決とは何らかの要求が満たされていない初期状態からそれが満たされた目標状態へと状態を推移させるために，具体的な手続きである操作子を適用していく過程として捉えられる。

問題解決の方法には以下の２つがある。

- **アルゴリズム**：正しく適用しさえすれば必ず正解に到達できる。ただし，適用することが困難であったり，適用コストが高い場合が多い。
- **ヒューリスティック**：多くの場合に正解に到達できるが，常にそうだとは限らない。ただし，それを適用コストが低い場合が多い。

　ヒューリスティックの例としては以下のものがある。

- 手段－目標分析：目標状態との差が最も小さくなる操作子を選ぶ方略。
- 代表性ヒューリスティック：ある事象の生起確率をその事象が属する集団において最も典型的な事象との類似度をもとに判断する方略。類似度が高いほど，その事象が生じる確率が高いと判断する。
- 利用可能性ヒューリスティック：ある事象に対する評価をその事象の思い出しやすさをもとに判断する方略。思い出しやすいほど，生起しやすいと判断したり，有名であると判断する。
- 係留と調整ヒューリスティック：利用可能な値を出発点として，調整する形で値の推定を行う方略である。

（清河幸子）

1：条件づけ

刻印づけ：ローレンツ Lorenz, K. は，カモやアヒルなどの生れたばかりのヒナが動くものに追従する経験をすることで，それに対する追従が半永久的に続くことを報告し，これを**刻印づけ**（刷り込み；imprinting）と呼んだ。この現象は，追従を生後のある一定の期間に経験することで生じるものの，その期間を過ぎると生じなくなってしまう。こういった生後間もない時期における学習である**初期学習**が生じる生後わずかな時期は，**臨界期**と呼ばれる。哺乳類の場合には，初期学習の生じる期間はより長期にわたるとされ，これを**敏感期**と呼ぶ。

古典的条件づけ：研究者として有名なのが，パブロフ Pavlov, I. P. である。パブロフは，イヌにエサを与える際に，同時にベルを鳴らすことを繰り返し，その結果，イヌはベルを鳴らすだけで，唾液を分泌するようになった。このように，中性刺激（ベルの音）と無条件刺激（エサ）を繰り返し提示する**対提示強化**を行うことで，中性刺激が条件反応（唾液の分泌）を促す条件刺激に変わることをさす。このように形成された条件刺激を無条件刺激と位置づけ，新たな条件づけを行うことを**二次条件づけ**と呼ぶ。対提示強化を行わずに条件刺激のみを与え続けると条件反応が消えていく過程は，**消去**と呼ばれる。古典的条件づけのメカニズムを用いて，恐怖感情，嫌悪感情を条件づける**恐怖条件づけ**，**嫌悪条件づけ**も存在する。他にも古典的条件づけに関するものとしては，ガルシア Garcia, J. らのラットへの味覚嫌悪学習が有名である。これは，ある食物を摂取したのちに内蔵不快感（例えば吐き気）が生じると，その食物への嫌悪反応を学習するというものである。なお，動物の種類によって連合が形成されやすい刺激が異なることが知られており，これを学習の生物的制約と呼び，ラットにおいては味覚の刺激がそれにあたる。

オペラント条件づけ：代表的な研究者はスキナー Skinner, B. F. である。スキナーはスキナーボックスと呼ばれる実験装置を用いて，ハトやラットを対象に研究を行った。ボックス内にあるレバーを押すことで，エサが与えられる仕組みになっており，動物がレバーを押してエサを手に入れると，

Ⓚ 刻印づけ、初期学習、臨界期、敏感期、古典的条件づけ、対提示強化、二次条件づけ、消去、恐怖条件づけ、嫌悪条件づけ、オペラント条件づけ、強化、報酬、罰、三項随伴性、ABC分析、生得的解発機構

表⑧ 1-1　正の強化，正の罰，負の強化，負の罰の説明と例

	強化	罰
正	行動に随伴して与えることでその行動が増加 例：頑張って勉強したら小遣いを与える	行動に随伴して与えることでその行動が減少 例：いたずらをしたら怒る
負	行動に随伴して除去することでその行動が増加 例：頑張って勉強した日はお手伝いを免除する	行動に随伴して除去することでその行動が減少 例:いたずらをした日はおやつを抜きにする

レバーを押す頻度が高まっていった。つまり，特定の自発的な行動（オペラント行動）に随伴して刺激を与えると，その行動の生起頻度が変化することが確かめられた。刺激によって行動が増加する「**強化**」（この場合の刺激を**報酬**と呼ぶ），行動が減少する「**罰**」と，刺激を与えるのか（正），もともとあった刺激を除去するのか（負）とのかけあわせから4種類が想定できる（表⑧ 1-1）。オペラント条件づけは，動物に芸を教える際にも応用されている（山内・春木，2001）。オペラント条件づけを基礎としたものに**三項随伴性**があり，行動療法において**ABC分析**と呼ばれている。これは，一連の行動を「先行刺激（Antecedents）」「行動（Behavior）」「結果（Consequences）」に分け，それぞれの関係の中から人の行動パターンを捉えようとするものである。

生得的解発機構：動物には，経験をせずとも生まれつき有している行動（生得的行動）も存在する。本能行動に関して，ティンバーゲン Tinbergen, N. はイトヨという魚のオスの闘争行動について調べている。調査の結果，なわばりに侵入してきたイトヨのオスの腹部の赤さが刺激となって，闘争行動を引き起こすことが解明された。このように，特定の刺激に対して特定の行動が生起するメカニズムは，生得的解発機構と呼ばれる。

（梅本貴豊）

Ⓚ 刻印づけ、初期学習、臨界期、敏感期、古典的条件づけ、対提示、強化、二次条件づけ、消去、恐怖条件づけ、嫌悪条件づけ、オペラント条件づけ、強化、報酬、罰、三項随伴性、ＡＢＣ分析、生得的解発機構

2：学習

Ⓚ 逃避学習、回避学習、般化、弁別、転移、実験神経症、馴化、脱馴化、学習の生物学的制約、潜在学習、洞察、社会的学習、観察学習（モデリング）、自己効力感、学習性無力感

心理学において「学習」とは，経験によって生じる比較的永続的な行動変化と定義される。したがって，練習によって運動や演奏に関するスキルを身に着けることや，経験を通して特定の人物・事物に対する感情を形成することも学習と呼ばれる。

逃避学習／回避学習：自身にとって，有害な嫌悪刺激が提示されている状況から逃れる反応を獲得することを逃避学習という。また嫌悪刺激の出現を予告する刺激のもとで，嫌悪刺激の出現を妨げる反応を獲得することを回避学習という。例えば，２つの区画が柵で区切られており，今いる区画では電気ショックを受けるものの，電気ショックに先行して提示されるブザーが鳴っている間に柵を越えて隣の区画に移れば電気ショックを避けられる条件下で柵を越えるという行動を獲得することなどが回避学習の例として挙げられる。

般化／弁別／転移：ある刺激に結びついた反応が，別の類似した刺激によっても生じることは般化と呼ばれる。例えば，ある波長の音を条件刺激として古典的条件づけを行うと，その音のみでなくその音に類似した波長の音に対しても条件反射が生じる。逆に，異なる特徴をもつ複数の刺激のそれぞれに別の反応が対応して結びつくことを弁別という。パブロフ Pavlov, I. P. によるイヌを対象にした実験では，弁別すべき２つの刺激の類似性が非常に高い状況で条件づけを反復的にくり返した。その結果，学習成績が低下して弁別が示されなくなるとともに，それまでおとなしかったイヌが台の上で鳴き声をあげて暴れたり，装置の一部をかみ切ったりするなどの行動がみられた。このように，弁別の困難な条件づけを続けると，**実験神経症**と呼ばれる行動の混乱が生じる。また，技能学習において，ある学習の効果が類似した学習場面に波及することは転移という。例として，スケートのできる人はスキーの上達も早いと考えられる。

馴化（じゅんか）／脱馴化：同一刺激の反復的な提示に伴い，当初みられた生得的な反応が減少することを馴化（じゅんか）という。近所の工事の騒音に当初は毎回驚いていたものの，次第に慣れて気にならなくなることは馴化の一例である。馴

化が生じた後に別の刺激を提示すると，馴化された反応が回復する脱馴化が生じる（→⑦３）。

学習の生物学的制約：学習の成立過程を考えるうえで，どのような刺激と行動との関係は学習されやすく，逆にどのような関係は学習されにくいのかという点には動物の種差がみられる。このように，動物の生物学的な特質に依存して学習が制約を受けることは，学習の生物学的制約と呼ばれる。

潜在学習／洞察：学習の成立のためには，必ずしも条件づけられている生体自身の反応が直接強化される必要はない。トールマン Tolman, E. C. らの実験は，ネズミが迷路を走る際に，報酬のない期間においても認知地図の学習が潜在的に進行すること（潜在学習）を示した。またケーラー Köhler, W. は，チンパンジーに「２本の短い棒をつなぎ合わせて長い棒を製作し，１本の棒では届かない距離にあるえさを引き寄せる」という問題解決を行わせた。チンパンジーは，はじめに既存の行動レパートリーの中からいろいろな行動を次々に試みる試行錯誤をしたあと，突然課題を解決した。このように，問題解決場面においてその状況を新たな見方によって再構成することで，新しい解決の糸口が見つかることを**洞察**という。

観察学習／自己効力感：バンデューラ Bandura, A. の**社会的学習**に関する理論では，他者（モデル）の行動を観察することで学習が生じる**観察学習（モデリング）**が提唱された。バンデューラらのボボ人形を用いた有名な実験では，攻撃行動を対象にして観察学習の存在を示した。バンデューラの理論はその後，生体の認知的な機能により焦点を当て，特にある行動について「自分は遂行できる」という認知を指す概念である自己効力感の重要性を強調した。自己効力感という概念の意義についてはその後多くの実証的研究が明らかにしているが，自己効力感が高い人は，困難な状況においてもそれを挑戦的なものとして捉え，粘り強く取り組み，高いパフォーマンスを発揮することが明らかになっている。自己効力感の形成要因としては，遂行行動の達成（自分で実際にある行動を達成し，成功すること），代理的経験（自分以外の他者がある行動を達成する様子を観察すること），言語的説得（ある行動の達成可能性について他者から説得を受けること），

Ⓚ 逃避学習、回避学習、般化、弁別、転移、実験神経症、馴化、脱馴化、学習の生物学的制約、潜在学習、洞察、社会的学習、観察学習（モデリング）、自己効力感、学習性無力感

表⑧ 2-1　代表的な学習理論の概要

学習理論	代表的な研究者	内容
古典的条件づけ（レスポンデント条件づけ）	パブロフ Pavlov, I. P.	無条件刺激と条件刺激を対提示することで，条件刺激に対して条件反応が獲得される
道具的条件づけ（オペラント条件づけ）	スキナー Skinner, B. F.	行動に対して強化子を受ける経験を繰り返すうちに，行為者は行動と強化子の間に随伴性を感知し，行動の出現頻度が変化する
観察学習（モデリング）	バンデューラ Bandura, A.	他の個体（モデル）の行動を観察することによって成立する学習

生理的・情動的状態（行動に付随する生理的な反応を自分で自覚すること）の 4 つが挙げられる。

学習性無力感：セリグマン Seligman, M. E. P. らは，イヌに逃避不可能な電気ショックを何度か与えると，その後逃避可能な状況に置かれたとしても，逃避行動の学習が著しく妨害されることを示した。この現象は学習性無力感と呼ばれ，その後多くの異なる動物種でも同様の結果が見出された。学習性無力感の考え方によれば，生体は不快な刺激を自身で予測・統制できない状況におかれることで，不快な刺激に対する予測不可能性と統制不可能性を学習し，その結果として無気力になるとされた。

（解良優基）

Ⓚ 逃避学習，回避学習，般化，弁別，転移，実験神経症，馴化，脱馴化，学習の生物学的制約，潜在学習，洞察，社会的学習，観察学習（モデリング），自己効力感，学習性無力感

3：言語理論

言語理論とは，言語の構造などを理解するための仮説や方法論である。言語の構造は，形式（音韻，形態，統語），内容（意味），使用（語用）からなる。これらの諸側面にわたって言語学の分野が設けられている。言語音の，実際に表出された音ではなく，抽象的な単位である音素を対象とするのが**音韻論**である。例えば，アナウンサーの「学校が」の発音は，最初の「が」と２つ目の「が」で異なるが，音素としては同一と捉える。**形態論**は，「宝＋石」で「宝石」など，単語の構造を対象とする。

統語論：単語や形態素がどのような規則に従って並んでいるのか，つまり文がどのような構造をもっているのかという問題を対象とする。例えば，「日本語の基本的語順は，主語（S）－目的語（O）－述語（V）であるが，述語は最後におくという点を除き比較的自由である」などである。

意味論：単語・形態素，文が表す意味を対象とする。

語用論：言語表現とそれを用いる使用者と文脈との関係を研究する。自閉スペクトラム症では語用的側面の発達が遅れ，ことばを字義通りに解釈し，ことばの裏の意味を理解することが困難であることが知られている。

認知言語学：言語とは人間が環境世界をどのように把握しているかという「認知」の仕方を映していると考える。つまり，言語は文化と個々人の環境を反映したものであり，認知機能の発達と共に人間はあらゆる周りの人間の刺激を受けることで言語を「習得」していくとする（例えば，「お花見」の花が桜であることを最初子どもは理解していない）。

社会言語学：不完全な言語であるピジン（pidgin；異言語間の意思疎通のために自然に発生した混合言語）から完全な言語体系をもったクレオール（creole；次の世代で母語言語になったもの）が発生することが知られているが，これは言語の生得性を支持する例である。

（土屋美智子）

4：言語発達

言語発達は生物学的・生得的な要因と環境的・経験的要因およびこれらの相互作用によっていると考えられる。言語の発達については，生得説，社会・相互作用説，認知説，学習説などさまざまな仮説や理論が展開されている（表⑧ 4-1）。

子どもの**言語獲得**過程では，生後２～３カ月頃には**クーイング**と呼ばれる独特の音声や笑い声を表出し，６カ月前後の**喃語**期を経て，１歳頃に初語が出現し**一語期**を迎える。２歳前後から，２語を続けて発することができる**二語期**を迎える。幼児では，いったん３語発話が出現すると４語，５語あるいはそれ以上の発話をするようになり，これを**多語期**と呼ぶ。

また，１歳６カ月を過ぎ，産出語彙が 50 ～ 100 語を超えた頃，爆発的に語彙が増加する。語彙の学習の説明には，認知的制約論と社会語用論の２つの主な説がある（表⑧ 4-2）。

サピア・ウォーフ仮説（言語相対性仮説）：ある言語を母語とする人の認識・思考はその言語に影響を受ける可能性を示唆したが，批判も多い。

（土屋美智子）

表⑧ 4-1　言語発達に関する説

説	研究者	概要
生得説	チョムスキー Chomsky, N.	・子どもが短期間に母語の複雑な文法獲得が可能なのは，子どもは生まれながらに**言語獲得装置**（LAD）という特別な装置を備えているから。 ・**生成文法**ではあらゆる言語に共通の文法である**普遍文法**（UG）を仮定する。
社会・相互作用説	ブルーナー Bruner, J. S.	・子どもが LAD を持っていても，実際にことばを使えるようになるには，**言語獲得支援システム**（LASS）として大人とのコミュニケーションが必要。

表⑧ 4-2　語彙学習に関する主な説

説	研究者	概要
認知的制約論	マークマン Markman, E. M.	子どもは事物全体制約，カテゴリー制約，相互排他性の３つの原理を使用して，効率よく語の意味を推測
社会語用論	トマセロ Tomasello, M.	**共同注意**（→⑫３）の成立と他者意図の理解を重視

Ⓚ 言語獲得、クーイング、喃語、一語期、二語期、多語期、言語獲得装置、生成文法、普遍文法、言語獲得支援システム、認知的制約論、社会語用論、サピア・ウォーフ仮説（言語相対性仮説）

5：言語障害

🅚 失語症、ブローカ失語、ウェルニッケ失語、ディスレクシア（読字障害）、吃音

主な言語障害は，

1）聴こえの障害：聴覚障害。

2）言語の障害：失語症，言語発達障害。

3）話し言葉の障害：構音障害，吃音，音声障害。

この3つに大きく分類される。なお 2）に高次脳機能障害，3）に嚥下障害を含める考え方もある。

失語症：脳血管障害や事故などにより，大脳の言語領域が損傷され，いったん獲得された言語能力（理解と表出）が障害されるものである。意識障害，認知症などの全般的知能低下や失行，失認，構音障害，無言症など，他の機能障害によって二次的に生じているものではない（大森ら，2018)。失語症は，程度の差はあるが4つの言語モダリティの全て，すなわち聞いて理解する（聴覚的理解)，読んで理解する（読解)，話す，書く能力が障害される。古典分類では失語症は8つに分類され，その代表的なものが19世紀に最初の症例報告をした医師の名をつけた**ブローカ失語**と**ウェルニッケ失語**である（表⑧ 5-1，図⑧ 5-1)。

言語発達障害：言語発達が同年齢の子どもに比して遅れ，日常生活などに支障をきたす状態を指し，原因として知的能力障害や自閉スペクトラム症，**ディスレクシア（読字障害）**などがある。ディスレクシアは，知的に遅れはないが先天性に読字困難を示す限局性学習症（LD）の一種である。

表⑧ 5-1　ブローカ（Broca）失語とウェルニッケ（Wernicke）失語

	言語理解	言語表出	病巣
ブローカ失語	発話に比較し，言語理解は保たれる（正常ではない）	流暢性が障害され，たどたどしい話し方	ブローカ野と中心前回下部とその周辺
ウェルニッケ失語	発話に比較し，聴覚的理解力が低下	一見，発話は流暢音や語の誤りが特徴（例えば，みかん⇒みたん，るめれこ，りんご，など）	ウェルニッケ野とその周辺

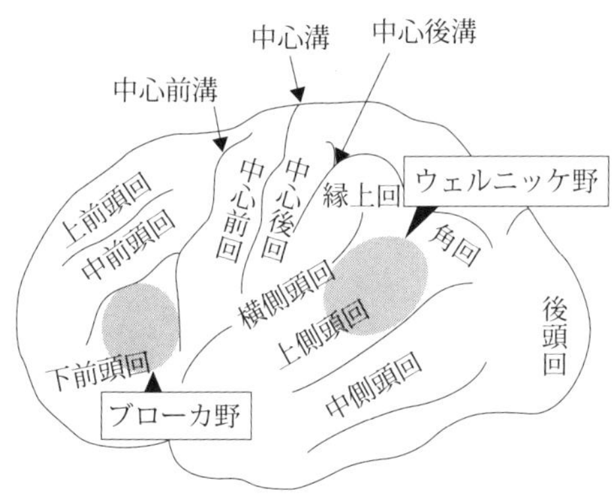

図⑧ 5-1　ブローカ野とウェルニッケ野

脳の機能障害が推測されるが「怠けている」などと誤解され，二次的問題が生じやすい。

吃音：主として幼児期に発症する，語頭音の繰り返し，ブロックなどによる発話の流暢性の障害である。男児に多い。持続すると，流暢性の障害から二次的に随伴症状，工夫・回避，心理的問題などが発生し，問題が多岐にわたることも多い。

現在，日本では，幼児期の指導・訓練法として「環境調整法」や「リッカム・プログラム」が選択されることが多い。また，年齢が高くなってくると「流暢性形成法」，「吃音緩和法」，「統合法」などの言語訓練，認知行動療法などの心理面への対応などの様々な指導・訓練が行われる。「環境調整法」とは家庭や幼稚園・保育園，学校などで子どもを取り囲む吃音の持続・進展に作用すると考えられる環境的要因を調整するものである。「リッカム・プログラム」はオペラント学習の原理を用いて発話行動を変容させる訓練法である。言語聴覚士などの吃音の専門家は非常に不足しているが，吃音の発症から 1 年以上，あるいは 4 歳を超えている場合は，評価，助言，指導・訓練を受けることが推奨される。

（土屋美智子）

1：感情喚起

感情喚起の古典的理論としては，表情論（感情の進化的起源を仮定：Darwin, C., 1872），末梢起源説（ジェームズ－ランゲ説，「悲しいから泣くのではない，泣くから悲しい」というさまざまな身体的反応が脳にフィードバックされ，主観的情感が生起すると仮定［James, W., 1884; Lange, C. G., 1885］），中枢起源説（キャノン－バード説，「悲しいから泣く」という視床および視床下部が主観的情感を生起すると仮定［Cannon, W.B., 1927; Bard, P., 1928］），および情動二要因説（シャクター－シンガー説，生理的覚醒と認知ラベルの２要因［Schachter, S. & Singer, J., 1962］）がある。

近年も感情喚起に関しては，さまざまな感情の理論が仮定され，それらを支持する脳神経学的基盤研究も盛んに行われており，**扁桃体**，**視床下部**，**島皮質**，**前頭前野腹内側部**などを中心にさまざまな感情の神経生理学的機序の仮定がある。

その代表的なものとして意思決定において情動的な身体反応が重要な信号を提供するという**ソマティック・マーカー仮説**があり，扁桃体が感情反応の起点および身体反応を変化させる機能を担い，体性感覚野と島皮質で

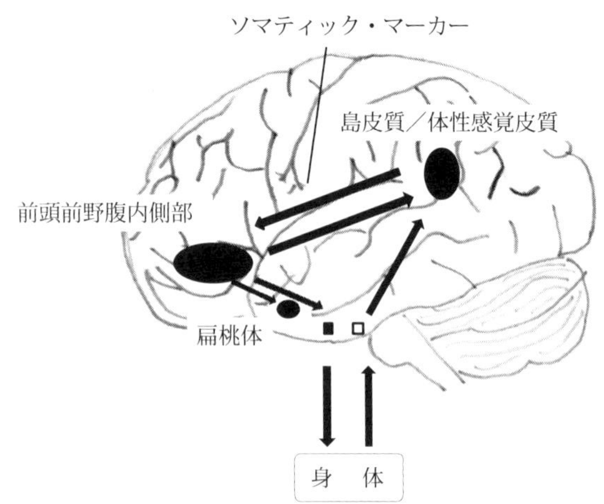

図⑨ 1-1　ダマシオ Damasio, A. R. による感情喚起の機序

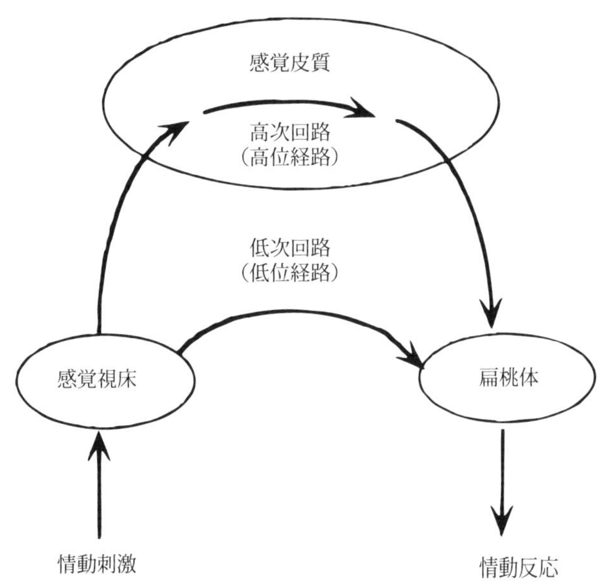

図⑨ 1-2　ルドゥー LeDoux, J. による扁桃体への低位経路と高位経路

身体反応をモニターしており，その処理において前頭前野腹内側部が過去の経験や文脈に基づいて扁桃体の活動を調整する重要な役割を担っているとされている（Damasio, A. R., 1994；図⑨ 1-1）。なお，前頭前野腹内側部の損傷によって，感情制御の障害など人格変化を来したフィネアス・ゲージ Phineas P. Gage の例が有名である。また，ソマティック・マーカー仮説に基づく意思決定過程を想定し，前頭葉眼窩部や前頭前野腹内側部周辺領域における機能を評価する神経心理学検査として開発されたものが，アイオワ・ギャンブリング課題（Iowa Gambling Task）である。

さらに，迅速に生じる皮質下（大脳辺縁系）の**低次回路**（低位経路）と，高次認知処理が介在して，より複雑な情動の生起に関わる皮質経由の回路である**高次回路**（高位経路）の２経路が注目されている（LeDoux, J., 1996；図⑨ 1-2）。

（小海宏之）

2：感情が行動に及ぼす影響

Ⓚ 感情、認知的評価、感情状態、感情体験、感情表出、感情特性、タイプA行動パターン、動機づけ、感情制御、アレキシサイミア（失感情症）

脳内に入力された感覚情報は，過去の感情体験の記憶や体内環境情報に応じて，生命維持の観点から重要性を判断する情報処理が行われる。これが感覚入力に対する認知的評価の過程であり，この内的な過程にもとづき感情状態が生成され，内的な感情体験，外的な感情表出が生じる。このように**感情**には，一般的に環境刺激に対する**認知的評価**，**感情状態**，**感情体験**，**感情表出**の４つの位相があるとされている。また，感情は情動行動や，情動性自律反応などにより表出される。しかし，人では，道徳観などに従う表示規則により表出が調整される。

感情特性とは，ある特定の感情をどの程度，頻繁にあるいは強く体験するかに関する個人差である。例えばスピールバーガー Spielberger, C. D.（1966）による状態不安と特性不安や，ワトソン Watson, D.（2002）らによる肯定的感情特性と否定的感情特性のほか，フリードマン Friedman, M.（1959）らによる**タイプＡ行動パターン**（虚血性心疾患を生じやすい行動パターンとして提唱され，時間切迫感，焦燥感，他者に対する攻撃性などを特性とする）などの概念がある。**動機づけ**の理論としては，マレー Murray, E. J.（1964）による社会的欲求理論，マズロー Maslow, A. H.（1954）による欲求階層説（生理的欲求，安全・防衛の欲求，所属と愛情の欲求，自尊・承認の欲求，自己実現の欲求）などや，アトキンソン Atkinson, J. W.（1957）による期待価値理論（達成動機の高さは，達成に対する接近傾向と回避傾向の差によって決まる），ロッター Rotter, J. B.（1966）らによるローカス・オブ・コントロール（行動が生起する可能性や，その行動をすることで強化が受けられる期待と強化の価値を併せたものによって予測できる）などがある。**感情制御**とは，自らの感情を対象とした自己統制であり，ラザルス Lazarus, R. S.（1984） らの心理的ストレスモデル，グロス Gross, J. J.（1998）のプロセスモデル，サロウェイ Salovey, P.（1990）らの感情知性（→⑫３）などの理論が有名である。また，自動的な感情制御が機能しない疾患として，双極性障害やうつ病（→㉒５，６），**アレキシサイミア**（**失感情症**）（→⑯２）などがある。

（小海宏之）

3：感情理論

感情の定義は研究者によって異なるが，オートニー Ortony, A.（1988）らは，「感情とは，人が心的過程の中で行うさまざまな情報処理のうち，人，物，出来事，環境についてする評価的な反応である」としている。また，感情理論としては，感情喚起の古典的理論のほか（→⑨１），次のような理論がある。

精神力動理論：フロイト Freud, S.（1930）による精神分析において，力学的な因果関係の仮定から人の精神現象や行動を理解しようとすることをいう。なお，感情は理性的思考や行動を妨げるという感情有害説の立場をとっている。

基本情動論（表情フィードバック仮説）：トムキンス Tomkins, S. S.（1962），エクマン Ekman, P.（1972），イザード Izard, C. E.（1971）によって提唱された顔面の表情筋の反応が，脳にフィードバックされ感情経験に影響するという考え方である。

認知的評価理論：アーノルド Arnord, M. B.（1960）による，刺激と反応の間には認知的評価が介在するという説であり，感情有用説の立場をとっている。なお，ラザルス Lazarus, R. S.（1966）も同様に認知・評価を重視している。

感情優先説：ザイアンス Zajonc, R. B.（1980）による単純接触効果を根拠とし，感情は自動的に生じ認知的評価を必要としないとする立場であり，後にラザルス－ザイアンス論争を引き起こしている。

次元論：ラッセル Russell, J. A.（1980）による，感情は快－不快，覚醒－睡眠の２次元で構成される感情空間上に円環状に存在し，各感情の違いは感情空間上にベクトルの違いで表しうる連続的なものであるとする**円環モデル**を提唱している。

構成主義理論：エイブリル Averill, J. R.（1980）やシェーラー Scherer, K. R.（1992）による感情は生理学的に説明できるものではなく，社会的な役割によって規定されるとする立場である。

感情ネットワークモデル：バウアー Bower, G. H.（1981）による感情はそれに伴う自律神経反応，表現行動，言語ラベル，出来事などがリンクし，ネットワークを構成しているとする考え方である。その一例としての**気分一致効果**とは，記銘時や想起時に気分の種類と一致した出来事や材料の記憶の方が，その時の気分の種類に一致しない記憶よりも優れる現象のことである。

（小海宏之）

Ⓚ 精神力動理論、基本情動論、認知的評価理論、感情優先説、次元論、円環モデル、構成主義理論、感情ネットワークモデル、気分一致効果

4：人格の概念・形成過程

Ⓚ パーソナリティ、一貫性論争（人間－状況論争）、相互作用論、パーソナリティの形成過程、生得説、経験説、気質、性格、人格、輻輳説、遺伝子・環境相関、遺伝子・環境交互作用、平均水準安定性、順位安定性

パーソナリティの定義と類義語：パーソナリティの統一的定義は存在しないが，現在ではおおむね「個人の持続的で独自の感情・思考・行動パターンに寄与する心理的特質」として理解されている（Cervone, D. & Pervin, L. A., 2016）。

一貫性論争：レヴィン Levin, K. の場理論の公式 B = f(P, E) に表現されるように，行動は人間（パーソナリティなど）と状況の関数と見なすことができる。しかし，ミシェル Mischel, W. によってパーソナリティ検査得点と行動の相関および行動の通状況的一貫性の低さが指摘されたことを契機に，行動の規定要因として状況を重視する状況論とパーソナリティ概念を擁護する立場の間で**一貫性論争（人間－状況論争）**が生じた。この論争はパーソナリティ，状況の概念の精緻化をもたらすとともに，行動の予測におけるパーソナリティと状況の相互作用，行動－パーソナリティ－状況間の双方向的影響に注目する**相互作用論**が普及した。また，認知，感情などの内的過程を重視する**社会的認知論**が普及した。

パーソナリティの形成過程：個人差の形成過程については，遺伝要因を

表⑨ 4-1　主なパーソナリティの定義

オールポート Allport, G. W.	環境への独自の適応を決定する個人内の動的な心身システム
アイゼンク Eysenck, H. J.	遺伝と環境によって決定される，生物の実際のまたは潜在的な行動パターンの総体
ファンダー Funder, D. C.	個人の思考・感情・行動の特徴的なパターンと，その背後にある隠された，あるいは隠されていない心理的メカニズム

表⑨ 4-2　パーソナリティの類義語

気質	temperament の訳語。強い生物学的基盤が想定され，情動に関する特徴を指す場合が多い
性格	character の訳語。パーソナリティと同義だが，特に成人の社会的・道徳的側面の強い特徴を指して用いられる場合がある
人格	personality の訳語。ただし，日本語の人格には「人格者」のように価値判断が含まれるため，近年では「パーソナリティ」に置き換えられる傾向にある

表⑨ 4-3　社会的認知の側面をもつ主なパーソナリティ理論

ケリー Kelly, G. A. のパーソナル・コンストラクト理論	人が事象を解釈する際に用いるさまざまな構成概念の差異をパーソナリティと考え，役割構成レパートリーテスト（Rep テスト）により測定する
ロッター Rotter, J. B. の社会的学習理論	行動を，強化が得られるという期待と強化の価値（強化値）の関数と考える，期待－価値モデルのひとつ。期待と強化値は，主に社会的文脈により学習される。自分の行動が強化される一般的期待の個人差を統制の所在と呼んだ
ミシェルの認知－感情パーソナリティシステム（CAPS）	状況ごとにさまざまな認知－感情ユニット（期待，信念，感情，長期的目標など）が活性化することで行動が生じる。この活性化パターンは個人内で安定しているため，状況ごとの行動のプロフィールの個人差（行動指紋）が生じる

重視する**生得説**，環境要因を重視する**経験説**，遺伝要因と環境要因の両方を重視するシュテルン Stern, W. の**輻輳説**が提案されてきた。双生児や養子家族を対象とする行動遺伝学的研究では，自己報告に基づくパーソナリティの遺伝率は 50％前後であること，同一家庭のきょうだいが共有している環境（共有環境）よりも共有していない環境（非共有環境）の影響が大きいこと，**遺伝子・環境相関**や**遺伝子・環境交互作用**の存在などが明らかにされている。

パーソナリティの連続性と変化には，**平均水準安定性**と**順位安定性**の 2 種類がある。前者は発達に応じて年齢集団の平均が変化しない程度，後者は発達に応じて年齢集団内の順位が変化しない程度をいう。パーソナリティは総じていずれの安定性も高いものの，情緒安定性，誠実性（勤勉性），調和性は発達に応じて平均的に高くなる傾向がある（成熟原理）。

（山形伸二）

Ⓚ パーソナリティ、一貫性論争（人間‐状況論争）、相互作用論、パーソナリティの形成過程、生得説、経験説、気質、性格、人格、輻輳説、遺伝子・環境相関、遺伝子・環境交互作用、平均水準安定性、順位安定性

5：人格の類型・特性

類型論と特性論

パーソナリティの捉え方には**類型論**と**特性論**がある。前者は，一定の観点から典型を複数想定し，どの典型と類似しているかによってパーソナリティを理解する（表⑨ 5-1）。後者は，パーソナリティの要素として量的差異を表すことのできる特性を考え，その高低によってパーソナリティを理解する（表⑨ 5-2）。複数の特性のプロフィールを類型化することも可能であり，YG 性格検査はその例である（12 特性，5類型）。

さまざまなパーソナリティ研究のアプローチ

パーソナリティ研究の主要なアプローチを表⑨ 5-3 に示す。

表⑨ 5-1　主な類型論

ガレノス Galenos	多血質，胆汁質，憂鬱質（黒胆汁質），粘液質の４類型。ヒポクラテス Hippocrates の四体液質を発展させた
クレッチマー Kretschmer, E.	分裂気質，循環気質，粘着気質の３類型。それぞれ細身型，肥満型，闘士型の体格と関連するとされた
シェルドン Sheldon, W.	大脳緊張型，内蔵緊張型，身体緊張型の３類型。それぞれ外胚葉型，内胚葉型，中胚葉型の体格と関連するとされた
ユング Jung, C.	２つの基本類型（外向型・内向型）と４つの心的機能（思考・感情・感覚・直観）の組み合わせにより８類型を考えた

表⑨ 5-3　パーソナリティ研究の主要なアプローチ

語彙アプローチ	重要なパーソナリティは言語に反映されていると考え（語彙仮説），特性語の因子分析によりパーソナリティ特性の構造を明らかにする（５因子モデルなど）
生物学的 アプローチ	生物学的観点からのパーソナリティ理解を試みる（アイゼンクなど）
人間性心理学的 アプローチ	人間を全体として捉え，個人の主体性や独自性，自己実現の能力を重視する。自己概念と体験の一致により建設的パーソナリティの変化が生じるとしたロジャーズ Rogers, C. R.，欲求階層説を唱えたマズロー Maslow, A. H. など
ナラティヴ・ アプローチ	自己や人生についての物語（ライフストーリー）を重視する。パーソナリティを気質的特性，固有の適応（目標など），ナラティブ・アイデンティティの３つのレベルで捉えたマクアダムズ McAdams, D. P. など

表⑨ 5-2　主な特性論

オルポート Allport, G. W.	個人に固有の**個別特性**と個人間で比較可能な**共通特性**を区別し，共通特性と心理生物学的要因のプロフィールである**心誌（サイコグラフ）**を作成した
キャッテル Cattell, R. B.	主に辞書から抽出したパーソナリティを表す特性語の因子分析結果に基づき，16 の根源特性によりパーソナリティを測定する 16PF を開発した
5 因子モデル（ビッグファイブ）	特性語の因子分析では，英語圏を中心に一貫して５つの因子が抽出されたことから，NEO-PI-R 人格検査は，神経症傾向，外向性，経験への開放性，調和性，誠実性（勤勉性）の５特性によりパーソナリティを測定する
６因子（HEXACO）モデル	英語圏以外のさまざまな国における特性語の因子分析では６因子が抽出されたことから，この６因子（正直さ－謙虚さ，情動性，外向性，調和性，誠実性（勤勉性），経験への開放性）を測定する質問紙 HEXACO-PI-R が開発された
アイゼンク Eysenck, H. J.	生物学的知見を基に，外向性，神経症傾向，後に精神病質傾向の３特性を提案し，EPQ（アイゼンク性格質問紙）をはじめ複数の質問紙を開発した
グレイ Gray, J. A.	アイゼンクの理論を発展させて強化感受性理論を提唱し，外向性と神経症傾向は，報酬への感受性である行動賦活系（BAS）と罰への感受性である行動抑制系（BIS）の個人差の組み合わせで表現されると考えた。この他，闘争－逃走－凍結系という概念を提案した
クロニンジャー Cloninger, C. R.	神経伝達物質と気質が関連すると考え，４つの気質（新奇性探求，損害回避，報酬依存，固執）と，成人に特徴的な３つの性格（自己志向性，協調性，自己超越性）によりパーソナリティを測定する TCI-R（改訂版気質性格目録）を開発した

（山形伸二）

Ⓚ 類型論、特性論、語彙アプローチ、心誌（サイコグラフ）、5因子モデル（ビッグファイブ）

1：神経細胞の構造・神経伝達物質・末梢神経系

Ⓚ 中枢神経系、神経細胞（ニューロン）、神経膠細胞（グリア細胞）、髄鞘（ミエリン鞘）、脳脊髄液、神経伝達物質、シナプス、末梢神経系

神経細胞の構造

脳を構成する**中枢神経系**の最小構成単位が，**神経細胞（ニューロン）**であり，脳全体の細胞数の10%を占め，1,000億個以上が存在すると考えられており，細胞体，樹状突起，軸索（神経線維）で構成されている（図⑩1-1）。それ以外の90%を占める**神経膠細胞（グリア細胞）**には，星状膠細胞（アストログリア），稀突起膠細胞（オリゴデンドログリア），小膠細胞（ミクログリア）などがあり，神経成長因子や栄養因子などを分泌しニューロンの維持や再生に関与している。末梢神経系の軸索（神経線維）は，シュワン細胞が取り巻きシュワン鞘を形成しており，何重にも巻きついた鞘を，**髄鞘（ミエリン鞘）**といい，ミエリン鞘に取り巻かれている神経線維が有髄神経線維である。一方，ミエリン鞘を形成していない，シュワン鞘にだけ取り巻かれている神経線維が，無髄神経線維である。そして，細胞体の反対側から一本の軸索が延び，細胞膜興奮による活動電位（興奮の伝導）は，くびれであるランビエ絞輪を絶縁体である髄鞘（ミエリン鞘）の跳躍伝導により伝達され，枝分かれした軸索が他のニューロンとシナプス結合を構成する。興奮伝導には，両側伝導（神経線維の一点に発生した活動電位は両方向性に伝導する），絶縁伝導（ある神経線維が興奮しても，隣接する他の神経線維には関わらない），不減衰伝導（神経線維の直径が一定のときには，興奮の強さと伝導速度はどこでも一定である）の3つの原則がある。

なお，脳は3種の髄膜（硬膜，くも膜，軟膜）で保護されている。また，**脳脊髄液**には，脳および脊髄を外部の衝撃から保護するとともに，頭蓋内を流れる血流量の変化に対して脳の容積を一定に保たせる働きがある。脳脊髄液は，頭蓋内では脳室内とくも膜下腔に，脊柱管内では脊髄くも膜下腔に存在し，相互交通している透明な水様の液体である。さらに，脳脊髄液圧の上昇や脳脊髄液の組成の変化は，脳外科や神経内科における突発性正常圧水頭症や多発性硬化症などの疾患の検査所見として重要である。

神経伝達物質

シナプスの出力側の細胞膜（シナプス前膜）と入力側の細胞膜（シナプス後膜）の間にはシナプス間隙という空間があり，興奮は空間を化学物質（神経伝達物質）によってシナプス伝達される（図⑩ 1-1）。また,興奮が出力側の神経終末（シナプス小頭）に伝わると，神経終末が脱分極し，そこにあるシナプス小胞が移動してシナプス前膜の活性化部分に融合する。そして，シナプス小胞の中にあった神経伝達物質がシナプス間隙に放出され，シナプス後膜にある受容体に受け止められると，入力側の神経細胞に電位変化が生じ，シナプス後電位が発生する。シナプスには，大きく分けてシナプス後膜を脱分極させる興奮性シナプスと過分極させる抑制性シナプスとがある。興奮性神経伝達物質には，ドパミン，アセチルコリン，ノルアドレナリン，アドレナリン，セロトニン，グルタミン酸，アスパラギン酸などがあり，抑制性神経伝達物質には，γ－アミノ酪酸（GABA），グリシン，オピオイド類などがある。

また，興奮性神経伝達物質は，それぞれ次のような働きを主に担っている。ドパミンは，アドレナリン，ノルアドレナリンの前駆体でもあり，中枢作用は報酬や運動の調節に関与しており，薬物乱用，パーキンソン病や統合失調症の病因にも関与している。アセチルコリンの中枢での主な役割

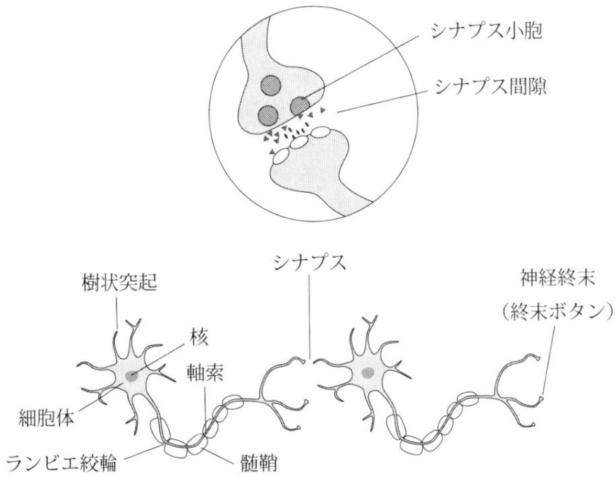

図⑩ 1-1　神経細胞

Ⓚ 中枢神経系、末梢神経系、神経細胞（ニューロン）、神経膠細胞（グリア細胞）、髄鞘（ミエリン鞘）、脳脊髄液、神経伝達物質、シナプス、

は覚醒，注意，学習，記憶の調節に関与しており，アルツハイマー病者では，とくに新皮質と海馬で減少して学習や記憶障害に影響している。また，自律神経系の副交感神経に関与している。ノルアドレナリンは，自律神経系の主要な伝達物質であり，中枢での役割は覚醒，食欲や気分の調節に関与している。アドレナリンは，末梢では副腎髄質で産生され，格闘－逃避反応を起こすために，自律神経系の交感神経に関与している。セロトニンの中枢での主な役割は，情報処理，体温，血圧，睡眠，疼痛，攻撃性，気分，性行動，内分泌の調節に関与しており，末梢作用は満腹感の仲介に関与している。グルタミン酸は，中枢神経系での主要な興奮伝達物質であり，神経の可塑性，学習と記憶に関与している。アスパラギン酸は，グルタミン酸と酷似しているが，より軽度に作用する興奮伝達物質である。

一方，抑制性神経伝達物質は，それぞれ次のような働きを主に担っている。γ－アミノ酪酸（GABA）は，中枢神経系での主要な抑制性のアミノ酸であり，過度の作用は鎮静，抗不安や抗けいれん作用などが生じる。グリシンは，抑制性アミノ酸の一つである。オピオイド類の生理的な役割は疼痛認知，ストレス機構，呼吸調節，温度調節，身体依存などに関与している。

末梢神経系

神経線維は中枢神経以外では神経線維束を作り，これが**末梢神経**である。末梢神経は神経内膜鞘，神経内膜，神経周膜，神経上膜などの結合組織性被膜で幾重にも取り囲まれており，これらの被膜中には血管が分布していて，神経線維束の栄養をつかさどっている。また，末梢神経系は，皮膚などで感知した情報を中枢神経へ伝達する役割と中枢神経からの指令を末端へ伝える役割があり，解剖学的には，脳に出入りする 12 対の脳神経系（Ⅰ嗅神経，Ⅱ視神経，Ⅲ動眼神経，Ⅳ滑車神経，Ⅴ三叉神経，Ⅵ外転神経，Ⅶ顔面神経，Ⅷ内耳神経，Ⅸ舌咽神経，Ⅹ迷走神経，XI 副神経，XII 舌下神経；主な機能は表⑩ 1-1）と，脊髄に出入りする 31 対の脊髄神経系がある。また，機能別では，体性神経（自覚でき，意思によってコントロールできる知覚神経や運動神経など）と自律神経（意思とは無関係に働くようにみえる神経であり，心臓，肺，血管などの内臓の働きを司る）がある。自律

Ⓚ 中枢神経系、末梢神経系、神経細胞（ニューロン）、神経膠細胞（グリア細胞）、髄鞘（ミエリン鞘）、脳脊髄液、神経伝達物質、シナプス、

表⑩ 1-1　脳神経系の種類と主な機能

神経の番号	神経名	機能
Ⅰ	嗅神経	嗅覚
Ⅱ	視神経	視覚
Ⅲ	動眼神経	眼球運動，瞳孔の縮小
Ⅳ	滑車神経	眼球運動
Ⅴ	三叉神経	咀嚼筋，鼓膜の緊張，頭部の感覚
Ⅵ	外転神経	眼球運動
Ⅶ	顔面神経	顔面表情筋の緊張，味覚，唾液腺，涙腺
Ⅷ	内耳神経	聴覚，平衡感覚
Ⅸ	舌咽神経	味覚，唾液腺，嚥下運動，内臓感覚
Ⅹ	迷走神経	味覚，嚥下運動，内臓感覚に対する副交感支配
Ⅺ	副神経	頭と肩の運動
Ⅻ	舌下神経	舌の運動

神経には，交感神経（ノルアドレナリンが作用して活動時に働く）と副交感神経（アセチルコリンが作用して，リラックス時に働く）が，二重支配（ほとんどの臓器は，この２つの神経でコントロールされている）および拮抗支配（２つの神経は，１つの臓器に対して亢進または抑制という逆の作用をもっている）によって，バランスを保ちながら健康を維持する機能がある。

（小海宏之）

2：脳神経系の機能

中枢神経系は，大脳，脳幹，小脳，脊髄で構成される。また，大脳は，終脳である大脳半球（前頭葉，側頭葉，頭頂葉，後頭葉），大脳基底核，大脳辺縁系，間脳で構成され，脳幹は，中脳，後脳（橋），髄脳で構成され，小脳は，後脳である小脳で構成される。また，ほとんどの右手利き成人は左大脳半球に言語機能が存在し，言語の優位性から左大脳半球を優位半球，右大脳半球を非優位半球と呼び，左右の大脳半球は，脳梁でつながっている。

中枢神経系の主な**機能局在**には（主な機能局在を〈　〉内に示す），前頭葉〈実行機能，概念化〉，前頭前野〈ワーキングメモリー〉，一次運動野〈随意運動〉，運動前野〈協調運動〉，ブローカ野〈運動言語〉など，側頭葉〈文脈理解〉，ウェルニッケ野〈感覚言語〉など，頭頂葉〈視空間認知機能〉，一次体性感覚野〈体性感覚〉，縁上回〈読字〉，角回〈書字〉など，後頭葉〈視覚認知〉，紡錘状回〈相貌認知〉など，大脳基底核（線条体：被殻・尾状核〈手続き記憶〉，淡蒼球〈動機づけ〉，視床下核〈運動調節〉など），大脳辺縁系（側坐核〈報酬，快感〉，乳頭体〈情動記憶〉，扁桃体〈怒りや恐怖などの情動中枢〉，海馬〈記憶中枢〉など），間脳（視床〈嗅覚以外の感覚の中継機能〉，視床下部〈体温調節，睡眠，性行動，摂食行動など自律神経機能の中枢〉，松果体〈**サーカディアンリズム**〉など），脳幹（中脳（黒質，大脳脚）〈運動調節〉，後脳（橋）〈脳神経系の伝達の中枢，覚醒の中枢で睡眠にも関わる〉，髄脳（延髄）〈心臓・血管運動・呼吸・嚥下など生命維持機能の中枢〉，小脳〈平衡機能，知覚と運動機能の統合〉などがある（図⑩ 2-1，2-2）。

（小海宏之）

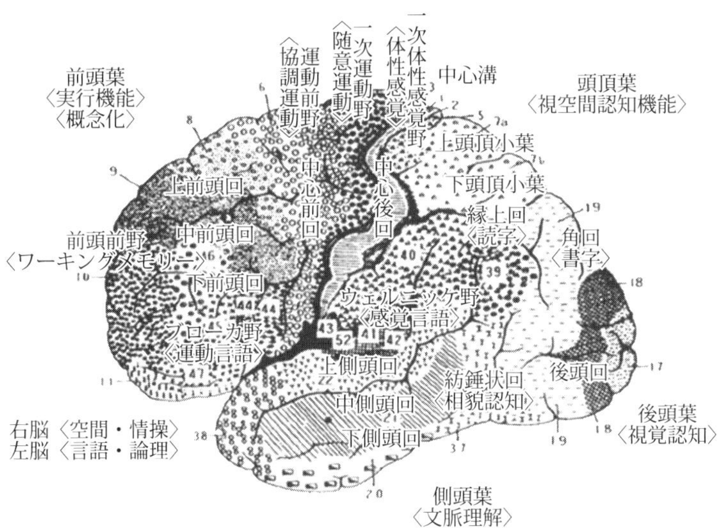

図⑩ 2-1　大脳の外側面と主な機能局在

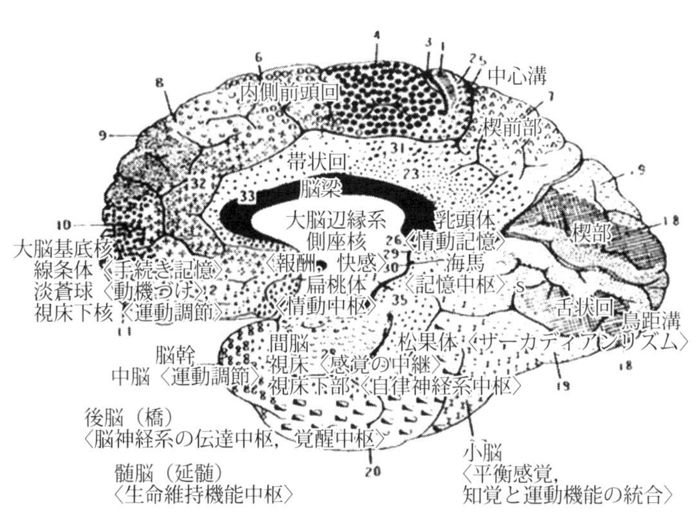

図⑩ 2-2　大脳の内側面と主な機能局在

3：高次脳機能の生理学的反応機序と脳機能の測定

Ⓚ 注意、記憶、知覚、感情、脳機能の生理学的指標、自律神経系指標、皮膚電位図、筋電図、心電図、電気生理学的指標、脳波、事象関連電位、脳磁図、機能的脳画像の指標

意識は,生理学的には覚醒状態と同義であり,脳幹網様体賦活系が重要な役割を担う。**注意**は，意識と関連し，脳幹網様体，視床，大脳基底核，大脳皮質が関与している。**記憶**には,関与するPapez回路（内側辺縁系回路）とYakovlev回路（外側辺縁系回路）がある。**知覚**は,末梢の感覚器での情報が一次性求心性ニューロンにより脊髄に入り，脊髄後角で二次性求心性ニューロンにシナプス伝達後，前交連で交叉し，対側の視床に連絡後，頭頂葉の体性感覚野に至る。**感情**は，扁桃体，視床下部，島皮質，前頭前野腹内側部などが中心的な役割を担う。

脳機能の生理学的指標：自律神経系指標としては，交感神経系の亢進を,体温の上昇，脈波（心拍数・心拍量の増加），血圧の上昇，**皮膚電位図**（発汗），**筋電図**（骨格筋の緊張亢進），**心電図**（血管拡張）で測定する。**電気生理学的指標**としては，**脳波**（ニューロンの総和的な電気的活動を測定），**事象関連電位**（外的刺激を負荷した際の高次の情報処理過程を反映する電位変化を測定）,**脳磁図**（ニューロンの電気活動に伴う微弱な磁場変化を測定）などがある。なお，成人の正常な**脳波**は，覚醒時にα波（8～13 Hz）が後頭部優位に出現し,開眼時に抑制される。また,乳児期はδ波（0.5～3 Hz），幼児期はθ波（4～7 Hz）が優位に出現するが，10～12歳で成人に近づく。さらに，ノンレム睡眠時は，stage 1でα波減少，低振幅・不規則な徐波（α波を基準としてそれよりも周波数の遅い波形），stage 2で頭頂部鋭波，睡眠紡錘波（12～14 Hzが律動的に連続して出現する，紡錘形の脳波），stage 3でδ波が20～50%出現し，stage 4でδ波が50%以上となる。また，レム睡眠時は，θ波が優位に出現し，筋緊張低下，感覚入力減少がみられ，レム睡眠時に覚醒させると夢がよく報告される（表⑩ 3-1）。

機能的脳画像の指標：ニューロンの活動が亢進すると，酸素や糖代謝の消費量が上昇し，結果的に局所脳血流量が増加することを利用し，放射性同位元素を用いて局所脳血流量や糖代謝の変化を測定するのが，脳血流シンチ（SPECT）とポジトロン断層撮像法（PET）である。機能的磁気共鳴

表⑩ 3-1　正常な脳波

安静覚醒時の成人：8 ～ 13 Hz の α 波が後頭部優位に出現 α 波は開眼により抑制		
乳児期：δ 波，幼児期：θ 波，10 ～ 12 歳：成人に近づく		
睡眠脳波	ノンレム睡眠	第 1 段階：α 波減少，低振幅・不規則な徐波 第 2 段階：頭頂部鋭波，睡眠紡錘波 第 3 段階：δ 波が 20 ～ 50% 第 4 段階：δ 波 50%以上
	レム睡眠	θ 波，筋緊張低下，感覚入力減少 覚醒すると 80%は夢を報告

画像（fMRI）は，局所脳血流量の変化を磁場を用いて測定する。近赤外線分光法（光トポグラフィー：NIRS）は，大脳皮質の脳血流量の変化を測定する。

なお，機能的脳画像ではないが，脳画像として，コンピュータ断層撮像（CT）は，放射線被曝があることや，骨に囲まれた部位でアーチファクトが出やすい欠点はあるが，撮像時間が比較的に短時間であるために患者の負担が比較的に小さく，心臓ペースメーカーなど金属が体内にある患者にも施行可能であるため頭部外傷や脳内出血，くも膜下出血などの評価によく使用される。磁気共鳴画像（MRI）は，撮像時間が長い，心臓ペースメーカーなど金属が体内にある患者は検査禁忌，体動アーチファクトが入りやすい欠点はあるが，X線被曝がない，コントラスト分解能が良い，生化学的情報が得られるため脳梗塞や脳萎縮の評価によく使用される。磁気共鳴血管画像（MRA）は，血管病変とくに脳動脈瘤の評価によく使用される。

（小海宏之）

4：高次脳機能障害と必要な支援

Ⓚ 高次脳機能障害、神経心理学的検査、高次脳機能障害の原因、失語、失行、失認、記憶障害、注意障害、遂行機能障害、社会的行動障害、高次脳機能障害者の支援、認知リハビリテーション、生活訓練、就労移行支援

学術用語としての**高次脳機能障害**とは，一般に大脳の器質的病因により，失語，失行，失認など比較的局在の明確な大脳の巣症状，注意障害，記憶障害などの欠落症状，判断・問題解決能力の障害，行動異常などを呈する状態像とされている。一方，行政用語としての高次脳機能障害は，2001年より開始された厚生労働省による「高次脳機能障害支援モデル事業」において定義された診断基準であり,「脳の器質的病変の原因となる事故による受傷や疾病の発症の事実が確認されている」および「現在，日常生活または生活に制約があり，その主たる原因が記憶障害，注意障害，遂行機能障害，社会的行動障害などの認知障害である」（ただし，先天性疾患，周産期の脳損傷，発達障害，および認知症などの進行性疾患を原因とする場合は除外する）とされている。

なお，記憶障害はウェクスラー記憶検査改訂版（WMS-R）やリバーミード行動記憶検査（RBMT）など，注意障害は標準注意検査法（CAT）・標準意欲評価法（CAS），行動性無視検査（BIT）など，遂行機能障害は遂行機能障害症候群の行動評価（BADS），標準高次動作性検査（SPTA）などの**神経心理学的検査**で客観的に評価できるが（→⑭ 10），社会的行動障害は前頭葉機能検査で一定の評価はできるが，後述の依存性・退行，感情・欲求コントロールの低下，対人技能の拙劣などを客観的に評価するのは困難なのが現状である。

高次脳機能障害の原因：巣症状である失語，失行，失認などは，成人では脳梗塞，脳内出血，くも膜下出血などの脳血管障害によるものが多く，小児では頭部外傷によるものが多く，その他，脳腫瘍，脳炎，てんかんなど脳に損傷をきたす疾患はいずれもが原因となり得る。また,**失語**（→⑧ 5）では，左前頭葉ブローカ野損傷（運動性失語），左側頭葉ウェルニッケ野損傷（感覚失語），縁上回および弓状束損傷（伝導失語），左前頭葉背外側および前頭葉内側補足運動野損傷（超皮質性運動失語），左側頭葉から後頭葉損傷や，左前頭葉損傷（超皮質性感覚失語）などが責任病巣となることが多く，**失行**は，中心領域損傷（肢節運動失行），頭頂葉損傷（観念運動性

失行），頭頂後頭葉移行部損傷（観念性失行），その他，脳梁損傷（拮抗失行），対側の補足運動野・前部帯状回，および脳梁損傷（道具の強迫的使用現象）などが責任病巣となることが多く，**失認**では，後頭側頭葉損傷（物体失認），紡錘状回損傷（相貌失認），両側または右側頭後頭葉内側部損傷（街並失認），左後頭葉損傷（色彩失認）などが責任病巣となることが多い。さらに，**記憶障害**では，ビタミンB1欠乏によるウェルニッケ脳症や視床損傷など（間脳性健忘），アルツハイマー病，単純ヘルペス脳炎後遺症など（側頭葉性健忘），前交通動脈破裂によるくも膜下出血後遺症など（前頭基底部健忘）が責任病巣となることが多く，**注意障害**では，注意は通常，全般性と方向性に大別され，前者は，さらに焦点性，持続性，選択性，転換性，分配性の要素に分けられ，脳血管障害や脳挫傷（要素が重複した注意障害），頭頂葉損傷（選択性または転換性注意障害），前頭葉損傷（転換性または分配性注意障害），右頭頂葉損傷（方向性注意障害：左半側空間無視）が責任病巣となることが多く，**遂行機能障害**（①意思あるいは目標の設定，②計画の立案，③目的ある行動もしくは計画の実行，④効果的に行動するなどの要素を含む機能の障害）や**社会的行動障害**（依存性・退行，感情・欲求コントロールの低下，対人技能の拙劣，固執性，意欲・発動性の低下，反社会的行動などが主症状）では，前頭葉損傷が責任病巣となることが多い。

高次脳機能障害者の支援：標準的リハビリテーション・プログラムは，発症・受傷からの相対的な期間と目標によって，①医学的リハビリテーション（**認知リハビリテーション**：機能的アプローチ・代償的アプローチ・環境調整的アプローチ，心理カウンセリング：心理教育・心理療法，薬物療法，外科的治療など），②**生活訓練**（障害受容と代償手段の獲得を課題とした直接的な訓練，環境調整など），③**就労移行支援**（職場準備，就労マッチング，職場定着支援など）を段階的に行う。

（小海宏之）

1：集団意識・集団行動

個人が自己や他者をどのように知覚・判断し，どのように感じているかのプロセスを個人内過程といい，個人が他者から影響を受けたり，集団や社会の一員であることによってどのように感じ行動するかのプロセスを集団過程という。集団過程においては，次のようなさまざまな集団現象が生じる。

- **社会的促進**：他者の存在によって，ある課題のパフォーマンスが高まる現象をさす。
- **社会的抑制**：他者の存在によって，ある課題のパフォーマンスが低下する現象をさす。
  社会的促進／抑制は，他者の存在が生理的な覚醒水準を高め，行動レパートリーの上位にある行動が生起しやすくなる結果，生じると考えられている（Zajonc, R. B., 1965）。
- **社会的ジレンマ**：個人の利益の追求が集団全体にとってマイナスの帰結を招く状況をさす。各人が協力または非協力を選択できる状況において，個人にとっては非協力を選択した方が望ましい結果が得られる一方で，全員が非協力を選択した結果は全員が協力を選択した結果よりも望ましくないものとなる場合に社会的ジレンマが生じる。

また，集団過程・集団現象に関連する概念として，次のものがあげられる。

- **社会的アイデンティティ**：自分を所属集団と同一化し，自分自身を集団の一部として自覚し行動する傾向をさす。これは内集団への協力を促進する一方で，内集団を外集団よりも優位に立たせようとする内集団ひいきの原因となる（Tajfel, H. & Turner, J. C., 1979）。
- **社会的（ソーシャル）ネットワーク**：人と人とのつながりであり，関係性の集合としてのネットワークをさす。また，つながりのことを紐帯とよび，ネットワーク分析では人と人とのつながり方（人間関係の構造）から人間行動を理解しようとするアプローチを取る。
- **集団規範**：集団内の大多数の成員（メンバー）が共有する判断の枠組みや思考様式をさす。集団成員として期待される行動の標準を示すもので，集団内での行動選択の基準となる（多元的無知とも関連）。集団規範は，他の成員に対する暗黙の役割期待を通じて，他成員の行動が許容範囲内であるか否かを判断する際の基準にもなる。

（加藤　仁）

2：対人関係

対人関係に関する概念として，以下のものがあげられる。

コミュニケーション：送り手のシグナルに受け手が注意を向け，その意図・状況・文脈を共有すること。対人コミュニケーションの構成要素として，1）送り手，2）メッセージ，3）チャネル（伝達経路），4）受け手，5）効果（受け手への影響）があげられる。

親密な対人関係：通常は隠されている心の奥底を相互の同意のもとに知り合うような相互依存的対人関係をさす。親密な関係においては社会的交換がなされやすい。

ソーシャルスキル：対人関係を円滑に運営していくための学習可能な能力（大坊，2008）であり，狭義には対人場面において相手に適切かつ効果的に反応するために用いられる言語的・非言語的な対人行動をさす。

ソーシャルサポート：身近な対人関係における日常的な支援，アドバイス，励ましなどの支え合いの総称で，キャプラン Caplan, G.（1974）によって概念化された。なぐさめや励ましなどの情緒的サポート，金銭や物品の提供などの道具的サポートに大別できる。ソーシャルサポートにはストレス緩衝効果があり，ストレスの脅威が増したときに，その上昇や健康の悪化を防ぐ機能をもつ。

対人ストレス：広義には対人関係に起因するストレスをさす。日常生活では，ストレッサー（ストレスの原因）としての対人関係や対人的相互作用の形で知覚される。対人ストレスの代表的なものとして，対人葛藤（他者との言い争いや喧嘩など対人関係上のトラブル），対人劣等（社会的比較によって生じる劣等感），対人摩耗（気疲れや過度の配慮などの対人関係上の情緒的消耗）などがあげられる。

対人関係を規定したり，対人関係上の態度と行動の不一致と関連する概念として，以下のものがあげられる。

組織：人々が共通の目的を達成するための活動を調整する体系。成立要件として，目的達成に向けた活動の調整，複数の人間が目的達成のために協力し努力を継続すること，組織構成員がそれぞれに役割を担うことが必要となる。

認知的不協和理論：フェスティンガー Festinger, L. の提唱した認知的動機づけに関する理論であり，認知的斉合性理論の一つ。人は一般に，客観的事実に反する信念や態度を自分がもっていることを意識すると，不快感を覚える。このような不快感は認知的不協和とよばれ，人は認知的不協和を低減したり回避したりすることに動機づけられる。認知的不協和を規定する要因としては，1）態度と行動の不一致（実際の行動と個人の態度との食い違い），2）行動の公然性（行動が公然の事実であると態度を変えざるを得ない），3）行動への投資（かけたコストを正当化しようと態度を変える）があげられる。

（加藤　仁）

3：人の態度・行動

ある特定の対象に対する，比較的安定して持続する評価あるいは感情を**態度**という。人の態度・行動に関連する概念として次のものがあげられる。

- **自己過程**：自分自身（自己）を意識し（自己注目），自分の特徴を描き（自己把握），自分を評価し（自己評価），自分の姿を外部に表現する（自己表現）という一連のプロセスをさす。
- **自己意識**：意識の対象・焦点が自分自身にあることをさす。私的で内面的な私的自己意識と他者から観察されうる公的自己意識の2側面がある。
- **社会的自己**：ジェームズ James, W. による客観的自己の構成要素の一つである。周囲の人々から受け取る自分についての認識に基づいて形成される自己の側面を意味する。
- **社会的感情**：他者との相互作用や関わりの中で生じる感情をさす。妬み，嫉妬，恨み，シャーデンフロイデなどがある。
- **社会的動機**：動機づけのうち，他者が何らかの形で関わるような動機づけをさす。マレー Murray, H. A. は，達成，親和，承認，攻撃，支配，服従，顕示，など20を越える社会的動機をあげている。
- **対人行動**：他者を対象として取る行動。例えば，自己開示（自己のありのままに関する情報を他者に伝達すること）や自己呈示（他者に特定の印象を与えるために自己の情報を伝達すること）は他者に対する自己の表出行動の一種として理解できる。
- **対人的相互作用**：他者と互いに働きかけ合ったり，影響を及ぼし合うこと。対人魅力や対人コミュニケーションなど，人間関係が形成・維持・進展するプロセスにおいて観察される。

社会的認知とは，自己や他者あるいはそれらを含む社会に対する認識・理解・思考をさす。社会的認知に関連するプロセスとして次のものがある。

- **対人認知**：他者に関するさまざまな情報を手がかりにして，パーソナリティ，情動，意図，態度，対人関係といった人の内面的特徴や心理プロセスを推論する働きをさす。
- **印象形成**：容貌・声・身振り・風評など，他者に関する限られた情報を手がかりに，その人物の全体的なパーソナリティを推論することをさす。シュナイダー Schneider, D. J. らによるパーソナリティ認知のプロセスとし

Ⓚ 態度、自己過程、自己意識、社会的自己、社会的感情、社会的動機、対人行動、対人的相互作用、社会的認知、対人認知、印象形成、社会的推論、帰属、認知バイアス、帰属のエラー

て，①注目，②速写判断，③帰属，④特性推論，⑤印象形成，⑥将来の行動の予測の6つの段階がある。

社会的推論とは，自己や他者を含む社会的事象一般に対する推論をさす。社会的推論に関連するプロセスおよび人物として次のものがあげられる。

- **帰属**：さまざまな出来事や，自己や他者の行動に関して，その原因を推論するプロセス（原因帰属→⑱2），および原因推論を通して，自己や他者の内的な特性・属性に関する推論を行うプロセス（特性帰属）をさす。
- ハイダー Heider, F.：帰属の理論的枠組みを最初に提唱した。ハイダーは，行動の結果に関する帰属について，人の内部にある原因への帰属（内的帰属）と，外部環境にある原因への帰属（外的帰属）を区別した。
- ロッター Rotter, J. B.：ローカス・オブ・コントロール（統制の所在）という概念を提唱した。これは，自分の行動に対する強化（結果）が自分の力でコントロールされているのか，それとも外的な力によってコントロールされているのかという認知様式をさす。自分の力（内的要因）として能力，努力などが，外的な力（外的要因）として運，課題の困難さ，強力な他者による力などがあげられる。
- ケリー Kelley, H. H.：原因帰属における推論プロセスに関して，分散分析（ANOVA）モデルを提唱した。これは，人，刺激，状況が変化した時に結果はどうなるかという共変性（共変原理）に関する情報を収集し，そのデータパターンに基づいて原因を帰属するというモデルである。ケリーは，①弁別性（行為者が他の刺激に対してどのように振る舞うかを検討すること），②一貫性（行為者が刺激にしたことが時間や状況を超えて生じるかどうかを検討すること），③合意性（他の人がその刺激に対してどのように振る舞うかを検討すること）の3つの要因との共変関係から帰属が決まると想定した。

認知バイアスとは，認知における非論理的な偏り（認知の偏り）の総称をさす。認知バイアスの代表的なものとして帰属のエラーがあげられる。

- **帰属のエラー**：帰属の判断時に生じる，さまざまな種類の誤りや歪みをさす。主なものとして，基本的な帰属のエラー，コンセンサス情報の軽視，行為者＝観察者の帰属の相違，利己的帰属などがあげられる。基本的な帰属のエラーとは，他者の帰属において，行為者本人の側の内的な原因が重視されすぎて，外的状況要因によって決定された行動からも行為者の態度や性格などが推測されてしまう傾向をさす。

（加藤　仁）

4：家族とは

価値観の多様化や個人化が指摘される現代社会において，心理学的観点から「家族」を定義することは容易ではない。便宜的には，少数の近親者を主たる構成員とし，家族成員相互の情緒的結びつきを軸として構成される集団といえる。誰を家族成員とするかといった同定に関しては，家族を構成する成員による主観的な観点からなされるというファミリー・アイデンティティや家族成員間の合意によって決定していく合意制家族といった観点に応じて，多様な家族のかたちがある。近代日本において，一般的には，**結婚**という制度により社会的に認められた形で夫婦となる。この**夫婦関係**を主軸として新しい家族が築かれる。夫婦関係の維持には，各ライフステージでさまざまな生活上の課題や危機に直面し，夫婦それぞれの役割を変えつつ，課題や危機を乗り越えていく必要がある。夫と妻は，それぞれが生まれ育った原家族や拡大家族から，さまざまな水準で多大な影響を受けているため，夫婦関係は個人という単位を超えた，文化的，歴史的に異なる家族が結合した関係といえる。ここでは個人的な価値観の相違もさることながら，**育児**に関する考え方，**養育信念**の相違として顕在化することがある。育児とは乳幼児の保護や世話，養育に関する行為であり，この行為を通して，夫は父親として，妻は母親として，新たな役割を担う。養育信念とは，親（養育者）が子どもに対して抱く，育児やしつけ，発達のあり方などに関する信念を意味する。育児や子育てという行為をめぐり，夫婦や親子間で，さまざまな情緒的なコミュニケーションが取り交わされる。**家族の情緒的風土**とは，家族内の相互作用を通して形成される家族内に漂う情緒的な環境や雰囲気であり，家族メンバー同士の結びつきや親密性，力関係やそれらの柔軟性と関連し，家族機能として子どもの情動的発達や行動に影響する。

家族内暴力：家庭内暴力とは，広義には，児童虐待に分類される行為を含む親が子どもの発達を阻害する**不適切な養育**（Maltreatment →⑰３）や**配偶者間暴力**（Domestic Violence →⑰１）を含む，家族が共同生活を営む家庭という場で生じるすべての暴力や暴言，器物破損等を含む包括的な概念である。狭義には，子どもや孫という立場から親や祖父母に対する暴力を意味し，暴力の対象は家族成員のいずれかであり，暴力行為は家庭内に留まることが多い。暴力の発生要因は，子どもの性格特性や非行傾向，精神疾患等の個人内要因，家族関係の不和，家族関係の歪み等の機能不全の家族関係の要因といった多様な要因が絡みあって発生する。

家族システム論：家族メンバー間の複雑なコミュニケーションと関係性を理解し，家族成員に起こる問題を説明するために発展した，家族を一つのまとまりをもった有機的システムとして捉える認識論の総称である。家族システム論は，フォン・ベルタランフィ von Bertalanffy, L. のあらゆるシステムに共通する原理を示した「一般システム理論」（1940 年代から理論化された非線形の科学論）に端を発する。家族システムの中にある個人は，システム全体を構成する一部分の役割を担い，家族システム内外の変化と連動して逸脱を制御し，形態を維持，安定させる自己制御性やシステムの発展や変化を増幅する変換性といった観点を取り入れ発展している。家族システム論を理解する上で，1）家族成員や家族システム自体の発達，そして過去を含めた原家族との関係をとらえる発達的側面，2）ある時点での家族構成員の結びつきや階層性，ルール，つながりの質，関係性の在り方をとらえる構造的側面，3）家族成員間のコミュニケーションや繰り返されるパターンといった問題を取り巻く相互交流過程をとらえる機能的側面という３つの属性は重要である（日本家族心理学会，2019）。このような観点から，家族メンバーが呈する問題を家族成員の相互影響過程から理解し，アプローチするのが**家族療法**である（→⑮５）。

（狐塚貴博・野口修司）

Ⓚ 結婚、夫婦関係、育児、養育信念、家族の情緒的風土、家族内暴力、不適切な養育、配偶者間暴力、家族システム論、家族療法

5：集団・文化

生態学的システム論：生態学的システム論とは，個人を取り巻く環境は，個人の行為や発達，臨床上対象となる問題などさまざまな現象と切り離せない不可分なものとして捉え，家族や所属集団，コミュニティや文化といった文脈に位置付けて理解する諸理論である。ブロンフェンブレンナー Bronfenbrenner, U. は，1）個人が直接的に関わる，あるいは所属する水準にあるマイクロシステム（家族，学校，会社など），2）マイクロシステム間の交流する水準にあるメゾシステム（集団関係），3）親が所属する職場や組織における何らかの出来事が子どもに影響するといったように個人が間接的に関わるエクソシステム，4）個人や家族，コミュニティが所属する文化，社会といったマクロシステムという4層構造を仮定する。また，ベイトソン Beteson, G. は，精神（mind）を相互作用するネットワーク上に位置付け，個々を結びつけるパターンにより説明した。

個人主義と集団主義：個人や家族に影響する社会的文脈として，個人主義と集団主義が挙げられる。トリアンディス Triandis, H. C.（1995）によると，**個人主義**とは自分自身を集団と独立した存在としてみる個人が緩やかに結束している社会であり，**集団主義**は自分自身を集団の一部としてみる個人が強く結束している社会である。

異文化適応：海外移住者が長期間にわたり，現地社会の文化に直面しながら適応するプロセスを異文化適応（反対は異文化葛藤）という。特に人が異文化適応を経験するなかで用いる戦略を文化変容態度と呼ぶ。ベリー Berry, J. W.（1997）によれば，現地文化への親密度と母国文化への親密度によって文化変容態度は4つに分類される。1）母国の構成員としてアイデンティティを求める分離，2）移住国の構成員としてアイデンティティを求める同化，3）両方に該当する統合，4）いずれにも該当しない周辺化である。また、異文化適応の過程におかれた移住者や民族的少数派の人のストレスを文化変容ストレス（acculturative stress）という（Berry et al., 1987）。

（狐塚貴博・兪幜蘭）

Ⓚ 生態学的システム論、個人主義、集団主義、異文化適応、異文化葛藤

1：認知機能の発達

ピアジェ Piaget, J. は，発生的認識論の基本概念として，シェマ（認識の枠組み），同化（事物をシェマによって理解），調節（シェマ自体を変更），均衡化（同化と調節によって均衡状態を保つ）を想定した。さらに核となる概念に，表象（目の前にない事柄を心の中で再現）と操作（行為が内化されたもの）があり，操作を軸に**認知機能の発達**を 4 つの時期（表⑫ 1-1）にわけた。

ピアジェが個人内での認知構造の高次化を考えたのに対し，**ヴィゴツキー Vygotsky, L. S.** は，高次精神機能はまず社会的相互作用の中で精神間機能として出現し後に精神内機能として内在化されるとした。彼は教授・学習において，成熟しつつあるが未だ一人では到達し得ない部分（発達の最近接領域）を把握することが重要であると主張している。この発達の最近接領域という概念は，他者の働きかけによる精神的機能の変化を捉えてい

表⑫ 1-1　ピアジェの認知機能の発達段階

時期	年齢	特徴	主な発達
感覚運動期	0 歳～2 歳頃まで	物に直接働きかけることで外界を認識，言語や表象を介さない	対象の永続性の成立へ（目で見たり手で触れたりすることができなくなっても同一のものとして存在し続けることを理解するようになる）
前操作期	2 歳～6，7 歳頃まで	表象の出現と象徴機能（記号的機能）の芽生え	自己中心性から脱中心化へ（他者の視点で物事をとらえられない状態からさまざまな視点でとらえられるようになる）
具体的操作期	7，8 歳頃～11 歳頃まで	直接的な対象についての論理的思考が可能	保存の成立へ（知覚的な外観の変化に影響されず論理的に対象の数量が変化しないことを理解するようになる）
形式的操作期	11, 12 歳頃～14, 15 歳頃まで	抽象的な物事や言葉による論理的思考，仮説演繹的思考が可能	比例概念の理解へ

るものであり，ヴィゴツキーが発達を社会－歴史的な視点から捉えようとしていることを明確に表している。

また，言語発達においてもヴィゴツキーは社会的相互作用を土台としており，自己中心的発話に対してピアジェの理論とは異なる主張をしている。ピアジェは，他者視点を獲得していない幼児期に発せられる独り言を，他者との応答とは関係ない子どもの自己中心性を反映した自己中心的発話であると考えた。そして，個人内で他者視点が獲得されることにより自己中心的発話は消滅していくとした。しかし，ヴィゴツキーは，他者との応答の道具として言語発達がはじまると考えたため，自己中心的発話は外言と内言が分化する過程の中でおきる現象であるとした。外言とは音声を伴う他者とのコミュニケーションの道具のことで，内言とは音声を伴わない思考の道具のことをいう。ヴィゴツキーは，言語は外言から先に発達し，言語が内言の機能を有する過程において外言の要素を混在した状態で自己中心的発話がおこり，その後内言が外言から分化していくと考えた。

（若林紀乃）

表⑫ 2-1　知能の構造に関する代表的な理論

研究者名	理論名	主な内容
スピアマン Spearman, C. E.	二因子説	一般因子（g）と特殊因子（s）に分類
サーストン Thurstone, L. L.	多因子説	言語，語の流暢性，数，空間，記憶，知覚，推理の７因子から構成
ギルフォード Guilford, J. P.	知能構造モデル	操作（５種類）×所産（６種類）×内容（４種類）の 120 の要素から構成
キャッテル Cattell, R.	Gf-Gc 理論	流動性知能（Gf）と結晶性知能（Gc）に分類
キャロル Carroll, J.	三層理論	第一層：特殊な能力因子，第二層：広範な知能因子，第三層：一般因子，の三層から構成

2：知能の構造

知能の構造については，領域の違いをこえた一般的な能力であるとする考え方と，様々な能力の集合体であるとする考え方とに議論がわかれてきた。そのため，課題間に共通する一般的知能因子（g）をめぐって知能の構造に関するさまざまな理論が生まれてきた。代表的な理論について表⑫ 2-1 に示す。なお，表内のスピアマン Spearman, C. E. は因子分析を開発し二因子説を提唱した。こちらはg因子を仮定した代表的な理論である。一方，サーストン Thurstone, L. L. の多因子説やギルフォード Guilford, J. P. の知能構造モデルは，g因子ではなくさまざまな知能を仮定する代表的な理論である。以下に，近年注目される CHC 理論と，表⑫ 2-1 の理論とは一線を画している鼎立（ていりつ）理論，多重知能理論について紹介する。

CHC 理論：キャッテル Cattell, R. は知能を「流動性知能（Gf）」（情報処理の能力）と「結晶性知能（Gc）」（経験の蓄積をいかす能力）に大別し，Gf-Gc 理論を提唱した。その後，ホーン Horn, J. L. によって「視覚的知能」「短期記憶」「長期記憶」「認知的処理速度」「反応時間／決定速度」「数量の知識」「読み書き能力」「聴覚的知能」の８つが加えられた。この８つの知能がキャロル Carroll, J. の三層理論における第二層と一致していたことから，これらの理論が統合され CHC 理論となった。なお CHC 理論では第三層に一般因子を位置づけるかは議論が残っている。この CHC 理論は，多くの現場で活用されているウェクスラー Wechsler 系の知能検査に使用されている。

鼎立（ていりつ）理論：スタンバーグ Stanberg, R. S. は，コンポーネント理論，経験理論，文脈理論の３つの柱からなる鼎立理論を提唱した。スタンバーグは後にこの３つの理論を，分析的知能，創造的知能，実用的知能の３つに置き換え，成功のためにこの３つの能力を適切に活用することが重要だとしている。スタンバーグのこの理論は情報処理過程に注目し提唱されたものだが，分析の際には実験的手法が用いられ，課題に必要な情報処理の構成要素（コンポーネント）を明らかにしようとした。このような手法はコンポーネント・アプローチとよばれている。

多重知能理論：ガードナー Gardner, H. は，知能を g 因子のような単一のものとはせず，状況に応じて独立で機能する知能が複数あり，それらが互いに作用しあうという知能のモジュール性を主張した。知能検査で測定されるような「言語的知能」「論理―数学的知能」「空間知能」，だけでなく，芸術やスポーツなどの活動を支える「音楽的知能」「身体―運動的知能」や自己および他者を理解するための「個人内知能」「対人的知能」，そして種の分類や種間の関係をあらわす「博物的知能」などの知能を提唱し，これら全てが重要であるとした。

これらの知能構造を測定する知能検査において指標として用いられている知能指数は，知能検査が開発された当初から使われているものではない。ビネー Binet, A. とシモン Simon, T. が世界ではじめて知能検査を開発した際に活用していた指標は，精神年齢（MA；mental age）のみであった。精神年齢と生活年齢（CA；chronological age）との比で知能検査の指標を考え，**知能指数**（IQ；intelligence quotient）を提唱したのはドイツの心理学者シュテルン Stern, W. である。IQ ＝ MA/CA × 100 という数式によって知能指数を算出する方法を考案した。精神年齢と生活年齢の差ではなくその比で指標を考えることにより，同じ 1 歳の差でも低年齢の差ほど発達の遅れとして大きいことを示すことができるようになった。その後，ターマン Terman, L.L. が，知能指数およびその数式を実際の検査で採用した。ターマンは，標準化した Stanford-Binet intelligence scales と共に知能指数を広め，知能指数は知能検査の指標として世界中で主流となった。現在では，標準得点（Z 得点）を導入した偏差知能指数（DIQ）が，ウェクスラー系知能検査を中心に，知能検査の指標の主流となっている。偏差知能指数は，当該年齢集団の平均得点や標準偏差によって算出され，被検者が所属集団のどの位置にあるのかを確認できる指標である。

（若林紀乃）

3：社会性の発達

子どもは，他者とのかかわりの中で，自他の心に関する理解を深め，その社会において適切な態度，対人行動を獲得していく。

向社会的行動：「他人あるいは他の人々の集団を助けようとしたり，こうした人々のためになることをしようとしたりする自発的な行為」（Eisenberg, N. & Mussen, P. H., 1989/1991）と定義され，幼児期に増加する。他者の苦痛や悲しみに対する慰め行動は乳児期からみられるが，泣いている他児を慰めるために自分自身の母親を連れてくる等，自己中心的なものであることが多い。２歳頃になると，相手の立場からの慰め行動が出現する。共感性（他者の感情と同様の感情を経験すること）は利他的動機に基づく向社会的行動をもたらすとの指摘から，両者の関連が注目されている。

心の理論：心は直接観察することができないが，私たちは，心についての**素朴理論**（日常経験を通じて獲得された因果的な知識体系）である心の理論に基づいて他者の行動を予測する。他者の立場を考慮した適切な対人行動を行うためには，自他の心が異なることを理解する必要がある。心の理論の先駆けとなる**共同注意の発達**により，生後９カ月頃から，他者が注意を向けている対象を捉え，注意を共有できるようになる。その中で，同一の対象に対しても，自他が異なる感情や考えを抱き得ることに気づいていく。心の理論は，広義には「自己および他者の行動の背後に，心的状態（目的・意図・知識・信念・思考・疑念・推測・ふり・好み等）を帰属する能力」（Premack, D. & Woodruff, G., 1978），狭義には「自分は知っているが他者は知らない状況において，自分の考え（信念）とは異なる他者の誤信念や行動を推測する能力」（Wimmer, H. & Perner, J., 1983）とされる。前者の類似概念として，**メンタライジング**の用語が用いられることもある。後者の狭義の心の理論は３～５歳の間に発達し，**実行機能**（行為や思考のモニタリングやコントロールの役割を果たす**自己制御**過程の総称）の発達と関連する。心の理論は，仲間からの人気や社会的スキルの高さ等の社会性のポジティブな側面と関連する一方で，嘘や欺き等の発達を支えるもの

表⑫ 3-1　コールバーグの道徳的発達段階

Ⅰ．前慣習的水準	段階１：罰と従順志向 段階２：道具的相対主義志向
Ⅱ．慣習的水準	段階３：よい子志向 段階４：法と秩序志向
Ⅲ．慣習以降の水準	段階５：社会的契約と法律尊重 段階６：普遍的倫理原則への志向

でもある。

感情知性：「自他の感情を認識して区別し，思考や行動に生かす能力」（Salovey, P. & Mayer, J. D., 1990）と定義される。たとえば期待外れの贈り物を受け取った際に，３歳以前の子どもはネガティブ感情を率直に表出するが，幼児期・児童期を通して感情知性が発達し，同様の場面でも，送り手の感情を推測し（感情理解），相手を気遣って自身のネガティブ感情の表出を抑制し（**感情表出の制御**），落ち込んだ気持ちを立て直すこと（感情調整）ができるようになる。感情知性は，**協調性**等の性格特性や，心理社会的適応の諸側面と関連する。

道徳性：道徳性の定義は研究者によって異なるが，道徳性の発達を捉える観点の一つに，行為の善悪を考える道徳的判断がある。エリクソン Erikson, E. H. は，子どもは幼児期前期にしつけの中で道徳性を含む社会的価値に接し，幼児期後期に善悪の判断力がついてくると考えた。ピアジェ Piaget, J. は，善悪の判断の発達について検討し，９歳頃を境に，結果重視の判断から動機重視の判断へと移行することを示した。コールバーグ Kohlberg, L. は，道徳的価値が葛藤するジレンマ（ハインツのジレンマ課題）を解決する際の道徳的判断の理由づけに着目し，３水準６段階の道徳的発達段階（表⑫ 3-1）を示した。近年，日本の教育現場では，児童生徒の**規範意識**（人間として従うべき価値判断の基準（規範）を守り，それに基づいて判断したり行動したりしようとする意識）の低下が指摘されており，学校教育法第21条の「義務教育の目標」においても規範意識の育成が掲げられている。

（溝川　藍）

4：他者との関係

Ⓚ 気質、環境、相互規定的作用モデル、愛着（アタッチメント）、愛着パターン、ストレンジ・シチュエーション法、内的作業モデル、対人関係の発達

発達の規定因：人間の心理的発達の主たる要因として，気質と環境が挙げられる。**気質**とは，個人が生まれもった性質のうち，特に情緒面を指すのに対し，**環境**とは，個人が生まれ育った物理的および心理的状況をいう。両者がどのように人間の心理的発達に影響を及ぼすのかについては，古くから数多くの研究がなされており，気質と環境のどちらかが大きく作用しているという説，あるいは，両者が独立に影響しているという説が提唱されてきた。しかし現在では，両者が緊密に影響し合うことで，人格が形成されていくと考えられており，この考え方を，**相互規定的作用モデル**（transactional model）と呼ぶ（Sameroff & Chandler, 1975）。

愛着（アタッチメント）の形成：子どもは，養育者を含む環境との相互のやり取りを通して，社会化と個性化を果たしていく。堂野（1989）によれば，個性化とは，独自性に富み自律的な人間として自己実現を目指していくことであり，社会化は社会規範を学習し，社会的環境に対して適応を図っていくことをいう。これらの過程は，独立に達成されるというよりも，表裏一体となって成し遂げられる。乳幼児は，養育者との関係を基盤に成長していく。**愛着**とは，精神科医で精神分析家のボウルビイ Bowlby が提唱した概念であり，乳幼児が苦痛や不安など何らかの危機を感じた際に，養育者に接触しようとする本能的な性質を指す（Bowlby, 1969）。乳幼児は，養育者に近づき，接触することで安全を確保する。養育者の不在や不適切な養育（虐待→⑰3）などにより，安定した愛着の形成が阻害されると，情緒あるいは行動の問題が生じるなど，乳幼児の発達やそれ以降の心のあり様に深刻な影響を受ける（愛着障害→⑰2）。

愛着の発達：一方，重篤な影響を受けた乳幼児であっても，安心できる関係が持続的に提供されると，心理的な安定を取り戻していく可能性が十分ある。また，**愛着（アタッチメント）パターン**とは，愛着の個人差を類型化したものを言う。乳幼児の愛着パターンを把握する代表的な手法に，エインズワース Ainsworth, M.D.S. らが提唱した**ストレンジ・シチュエーション法**（strange situation procedure; SSP）がある。SSP とは，乳幼児に見知

らぬ他者との出会い，２回の母親との分離および再会などのストレスのかかる場面を体験させ，それらへの乳幼児の反応から愛着の質を測定する実験的方法である。SSP により，乳幼児は回避型（Ａタイプ），安定型（Ｂタイプ），不安／アンビバレント型（Ｃタイプ），無秩序／無方向型（Ｄタイプ）のいずれかのパターンに分類される（表⑫ 4-1）。

内的作業モデル（internal working model; IWM）とは，ボウルビィ Bowlby, J. が着想した概念であり，恐怖を感じる事態において個人が望む場合に養育者にアクセス可能であるかどうか，そしてその際に養育者が応答してくれるかどうかという愛着に関する主観的確信が個人内に表象として定着したものをいう。IWM は，愛着に関わる情緒，思考，記憶などの心理過程，およびそれにもとづく態度や行動が生じるガイドの役割を果たす。愛着概念は児童期以降も有用であり，個人が成長するにしたがい，愛着を向ける対象は，養育者だけなく，友人やパートナーも含まれるようになる。内的作業モデルは，一定の持続性はもちつつも，そうした他者との交流をもとに変容しうるものである。青年期にさしかかると，親子関係から離れ，**対人関係の発達**（仲間関係，友人関係，異性関係）を通して，アイデンティティの問題に取り組むようになる。

（田附紘平）

表⑫ 4-1　SSP によって測定される各愛着パターンの特徴

回避型（Ａタイプ）	母親との再会場面でも，拒否的な態度をとる。母親が抱き上げてもしがみつかなかったり，抱くのをやめても抵抗しなかったりする。
安定型（Ｂタイプ）	母親との分離の際に多少の不安を示すが，母親と再会すると母親に嬉しそうに近づく。その後，母親を基点とした探索行動をとる。
不安／アンビバレント型（Ｃタイプ）	母親との分離の際に強い悲しみや不安を示す。母親と再会すると，母親に近づこうとしつつも強い怒りを表出するなどのアンビバレントな態度をとる。
無秩序／無方向型（Ｄタイプ）	母親にしがみついているのに目を背けて激しく泣いたり，両手を挙げたまま固まってしまったりするなど，一貫性のない行動をとる。

5：自己

自己とは，哲学的にも心理学的にも古くから研究や思索の対象とされてきた。心理学においては，自己概念や自己意識の研究が盛んであり，**自己概念**や**自己意識**は，一般に，どちらも自身の性格，能力，社会的役割などに関する捉え方を指す。現在では，自己概念もしくは自己意識は，単一で統合されたものというよりも，多次元的，力動的な構造をもつと理解されている（金川, 2012）。また，自己の評価に関わる概念として，**自尊心**，**自己効力感**（→⑧２），**コンピテンス**がある。自尊心とは，自分自身を価値ある存在とする内的感覚であり，自己効力感は，ある状況において自身が必要な行動を効果的に遂行できる可能性の認知を指す。一方，コンピテンスとは環境と効果的に相互作用する能力のことをいう。

青年期には，**自我同一性**（アイデンティティ）の確立が発達課題となる（Erikson, E. H., 1959）。自我同一性とは，自分自身が他者とは異なる固有の存在であるという感覚（斉一性），過去も現在も一貫して自分であるという感覚（連続性），何らかの社会的集団に所属し，そこで得られる一体感（帰属性）の３つが，自我機能によって維持されている程度を指す。青年期になると，**ジェンダー**と**セクシュアリティ**への意識も高まる。セクシュアリティとは性のあり方全般であり，ジェンダーは社会文化的観点からみた性差をいう。ジェンダーの他に，セクシュアリティの重要な要素として，性的魅力を感じる対象をあらわす**性指向**，自分の性別に関する認識である**性自認**がある。性指向が異性愛ではない，生物学的性と性自認が異なるなどのセクシャル・マイノリティへの理解を深めていくことが社会全体に求められている。

（田附紘平）

6：ライフサイクル論

ヒトは，受精から死に至るまで，生涯にわたって発達し続ける。**ライフサイクル**とは，この**生涯発達**のプロセスと，前の世代から次の世代へ引き継がれていく世代継承的サイクルの２つを指す用語であるが，ここでは前者を扱う。発達心理学における生涯発達の段階の一般的な区分と各時期の特徴は，表⑫ 6-1 に示す通りである。

ライフサイクル論：エリクソン Erikson, E. H. は，生涯発達を８つの発達段階に区分し，各段階に特有の心理社会的危機があるとした（表⑫ 6-2)。たとえば，成人期の心理社会的課題は，自らが生み出したものを次の世代へ引き継いでいく**ジェネラティヴィティ（生成継承性・世代継承性）**である。エリクソンは，心理社会的危機を肯定的に乗り越えることで発達課題が達成され，人間的な強さが獲得されると考えた。

発達課題：この影響を受けたハヴィガースト Havighurst, R. J. は，幼児期・早期児童期，中期児童期，青年期，早期成人期，中年期，老年期の６つの発達段階に，それぞれ複数の具体的な発達課題を想定している。ハヴィガーストは，身体的成熟，社会・文化からの圧力，本人の欲求の３つに

Ⓚ ライフサイクル、生涯発達、ジェネラティヴィティ（生成継承性・世代継承性）、発達課題、胎児期、乳児期、幼児期、児童期、青年期、成人期、中年期、老年期、職業意識、ライフコース選択、親としての発達、中年期危機、進化発達心理学

表⑫ 6-1　生涯発達の段階と各時期の特徴

発達段階	特徴
胎児期（受精後９週～出生）	身体（器官・中枢神経系等）の形成
乳児期（出生～１歳半頃）	言語と歩行の獲得
幼児期（１歳半頃～就学）	基本的生活習慣，話し言葉の基礎の獲得，自我の発達
児童期（小学生の時期）	読み書き，計算能力，論理的思考の基礎の獲得
青年期（中学生～20 代後半頃）	第二次性徴，友情・恋愛関係を通した親密性形成，アイデンティティの模索と確立
成人期（30 歳頃～ 65 歳頃）	**職業意識**を基礎とした**ライフコース選択**，結婚選択，家族形成，**親としての発達**
中年期（成人期と老年期の間）	アイデンティティの問い直しによる**中年期危機**，次世代への継承
老年期（65 歳以降）	老化，サクセスフル・エイジング，死

表⑫ 6-2　エリクソンの発達段階
（Erikson, E.H. & Erikson, J.M., 1997/2001 をもとに作成）

発達段階	心理社会的危機	人間的強さ
乳児期	基本的信頼　対　基本的不信	希望
幼児期前期	自律性　対　恥・疑惑	意志
遊戯期（幼児期後期）	自主性　対　罪悪感	目的意識
児童期	勤勉性　対　劣等感	有能
青年期	アイデンティティ　対　アイデンティティ拡散	誠実
前成人期	親密性　対　孤立	愛
成人期	ジェネラティヴィティ　対　停滞	世話
老年期	統合　対　絶望	知恵

よって各発達課題が生じ，課題の達成によってその人は幸福になり，その後の課題の達成も可能になると考えた。

進化発達心理学：進化心理学と発達心理学を融合した進化発達心理学においても，発達という現象は，生涯にわたるプロセスであると考えられている（Bjorklund, D. F. & Pellegrini, A. D., 2002）。進化心理学は系統発生（種の変化）を，発達心理学は個体発生（個体の一生にわたって起こる変化）を扱う学問領域である。進化発達心理学では，進化論の基本原理である自然淘汰の考えをヒトの発達に適用し，子どもの持つ発達的特徴の中には，その特定の時期の適応に役立つように，進化の過程における淘汰圧のもとで形成されたものがあると考える。たとえば，幼児は自身の能力に関するメタ認知が未成熟である。進化発達心理学的観点からは，この認知的未成熟さがその時期の適応につながると捉えられ，子どもは，自身の能力を実際より高く評価することによって，さまざまな活動に前向きに挑戦していくことができると考える。

（溝川　藍）

7：非定型発達

近年，遺伝子型が同じであっても後天的に発現の仕方が異なることで体格や心的活動などに差異が生まれるとする**エピジェネティクス**の分野が注目を集めている。この遺伝の発現を制御するプロセスは，環境の影響に対する適応的な反応として作用し次世代に伝達する機能を持つことがある（安藤，2017）。**DOHaD 仮説**（Developmental Origins of Health and Disease）は，この遺伝の発現プロセスや環境への適応反応から疾病リスクを紐解こうとする考え方の１つで，胎児期や生後早期の栄養状態などの環境が，青年期以降の健康状態や疾患に関連するとした仮説である。中でも**低出生体重児**（出生体重が 2,500 g 未満）や**早産**（妊娠 37 週未満）との関連が指摘されている。

また，生後まもなくの環境が大きく影響するものとして**成長障害**（FTT; Failure to Thrive）がある。体重増加不良や低身長がみられる障害である。**器質性**と**非器質性**があり，非器質性はネグレクトなどによって生じる。非器質性の多くは生後６カ月までに明らかになり，早期の補正が必要となる。体重の頻回なモニタリングが重要である。

これらの身体的な非定型発達に加え，精神的な非定型発達として発達障害や愛着障害などがあげられる。身体的な非定型発達においても多々みられることだが，特に精神的な非定型発達においては，環境への適応や周囲の理解に困難がある場合が多く，本人がさまざまな場面で困り感や劣等感を抱き続けることがある。継続的な困り感や，度重なる挫折，過度のストレスは，将来的に二次障害（心身の不調や問題行動など）を引き起こす可能性がある。非定型発達への介入と支援で重要なことは，早期における発見と介入・支援，療育である。そして，介入や支援をする際には，適切なアセスメントを行いそのアセスメント結果をもとに，本人の困り感を取り除くだけでなく持っている能力が十分に発揮できるよう環境を調整する必要がある。

（若林紀乃）

Ⓚ エピジェネティクス、DOHaD 仮説、低出生体重児、早産、成長障害（器質性／非器質性）

8：加齢

Ⓚ 加齢のメカニズム、健康寿命、健康日本21、フレイル、ロコモティブ・シンドローム、サルコペニア、終末低下、活動持続、社会的離脱、補償を伴う選択的最適化

加齢は「時間経過にともない生理的機能や働きが変化すること」と定義（権藤，2008）され，**加齢のメカニズム**は，生物も自然崩壊の法則に従っているという「自然崩壊説（擦り切れ説）」と老化も遺伝子（寿命遺伝子）により制御されているという「遺伝子プログラム説」などがある（石井，2006）。

健康寿命との差：人は生理的機能や働きが変化する生物学的な加齢を避けることができない。よって心身ともに自立し健康に生活できる期間である**健康寿命**の延伸が必要とされる。

健康日本 21：国の取り組みとして平成 12（2000）年健康寿命の延伸等を実現するために始められた。平成 25（2013）年に健康日本 21（2 次）として改正され数値目標が定められた。

健常から要介護への移行：**フレイル**とは，加齢に伴い筋力が衰え，家に閉じこもりがちになるなど，加齢によって生じやすい衰え全般を指す。**ロコモティブ・シンドローム**（運動器症候群）は，身体的フレイルにおいて，体の動きを担う筋肉・骨・関節などの「運動器」に障害が起こり，立ったり歩いたりしづらくなった状態のことである。その中でも特に筋肉の減少を**サルコペニア**という（松井，2016）。

終末低下：平均寿命が延伸し，高齢期の健康度が上がってくると，生活機能は比較的最後まで維持され，最終末にいわば直角的に低下することを指す（樋口ら，2013）。

活動理論と離脱理論の論争：これまでの**活動持続**が望ましいという活動理論に対し，社会的活動量が減少する**社会的離脱**が望ましいという離脱理論との間で論争がくりひろげられた。

補償を伴う選択的最適化（Selective Optimization with Compensation; SOC）理論：バルテス Baltes, P. B. は，特定の目標に絞り（選択），絞られた目標に対して適応の機会を増し（最適化），機能の低下を補うための新たな方法や手段を獲得する（補償）という加齢に伴う喪失に対する適応的な対処法を唱えた。

（鈴木亮子）

9：高齢者の生活の質

生活の質はQOL（Quality of life）と言われるが，その維持・向上には身体的健康のみならず心理的な要素も大きく関わる。ここでは高齢者の生活の質と関わる１）～３）の考え方をとりあげる。

高齢者の発達課題：生涯発達という観点から，高齢者の発達課題について触れられた主な理論は以下の２つである（→⑫６）。

- **ハヴィガースト** Havighurst, R. J. は最初に発達課題を体系化した学者であり，老年期の発達課題として，「退職と収入の変化への適応」を挙げている。
- エリクソンErikson, E. H. は社会・文化的な視点を導入し，８段階のライフサイクル論を展開した。エリクソンは超高齢期では，身体機能のさらなる低下および多くの同年代の知人，友人の死亡に伴う社会的つながりの狭小化により，第８段階とは異なる課題が生じるとして第９段階を想定し，その課題として超高齢期の危機を乗り越えるための**老年的超越**（erotranscendence；老化に伴うさまざまな能力の衰えがありながら，それを否定的にとらえず，多幸感をいただく心理的適応状態）に着目した。

サクセスフルエイジング：幸福な老いと訳されるが，他の発達段階とは異なり，身体的衰えが顕著となる老年期においては，サクセスフルという観点から，老いについて社会学，医学，心理学などさまざまな学問分野からアプローチがなされてきた。

- 社会学の観点：理想的な老いについて，退職後の生活の在り方をめぐり，活動理論（中年期と同じように活動を保持することによる幸福），**離脱理論**（社会から離脱し活動を縮小することによる幸福），継続性理論（活動か離脱かによる幸福は，個人の性格特性などの個人差が関連する）として議論されてきた。
- 医学の観点：疾患や障害がないこと，高い認知機能や身体機能を維持していること，社会参加していることという３つの要件を満たしている状態（Rowe, J. W. & Kahn, R. L., 1987）。
- 心理学の観点：加齢は心身機能の低下や多くの喪失経験を伴う。そのような中でも高齢者の幸福感が低下しないことを**エイジングパラドックス**という。高齢者は喪失がありながらも適応していく力を持っており，バルテスBaltes, P. B. は補償を伴う選択的最適化理論（→⑫８）を唱えた。

Ⓚ ハヴィガースト、老年的超越、サクセスフルエイジング、離脱理論、エイジングパラドックス、日常的生活動作（ADL）、結晶性知能、流動性知能、ソーシャルコンボイ、ウェルビーイング、独居、高齢者就労、孤独、喪失、悲嘆

サクセスフルエイジングであるためには以下がよいとされる。

- **ADL と IADL の保持：ADL**（Activities of Daily Living；日常的生活動作）とは，移動・排泄・食事・更衣・洗面・入浴などの日常生活動作のことであり，IADL（Iinstrumental Activities of Daily Living；手段的日常生活動作）とは，食事の準備，買い物，掃除，洗濯などの家事，金銭管理などの複雑な日常生活動作のことである。
- **結晶性知能をより活かすような生活：結晶性知能**は，蓄積した学習や経験からの知能で，高齢者でも維持されやすい。**流動性知能**は，新しい環境に適応するための知能で，高齢者では低下していく。
- **ソーシャルコンボイの維持と柔軟性：ソーシャルコンボイ**は社会的支援ネットワークのことであり，生活の中で誰と社会的関係をもち，社会的支援を交換しながら生きているのかを表す。自らを取り巻くさまざまな関係の人に守られながら人生の局面を乗り切っていく様子を護送船団（convoy）になぞらえたもの。高齢者はコンボイの成員や，役割の変化が生じる時期でもあり，その維持と柔軟性が重要である。

サクセスフルエイジングを測定する指標としては，老年学の分野では，主観的ウェルビーイングが多く用いられてきた。**ウェルビーイング**は，身体的，精神的，社会的に良好な状態にあることを意味し，1946 年の世界保健機関（WHO）憲章の草案の中で，「健康とは身体的・精神的および社会的に良好な状態（well-being）であって，単に病気ではないとか，虚弱ではないということではない」とされて以来，広く用いられるようになった。自分自身がどのように感じているかを重視する主観的ウェルビーイングは，加齢による身体的な衰えが生じる高齢者にとって，サクセスフルエイジングを測定する指標として適している。

- **喪失の年代でもある老年期：**高齢者の**独居**の割合は年々高くなり，それに伴う**孤独**も高齢者の生活の質を左右し，高齢者の孤独死も社会問題化している。社会とつながる**高齢者就労**は高齢者の孤独の対策にもなり得る。老年期は加齢とともに**喪失**を多く経験するが，配偶者，友人との死別も避けることはできず，喪失に伴う**悲嘆**のプロセスをグリーフワークという（→㉑4）。

（鈴木亮子）

Ⓚ ハヴィガースト、老年的超越、サクセスフルエイジング、離脱理論、エイジングパラドックス、日常的生活動作（ADL）、結晶性知能、流動性知能、ソーシャルコンボイ、ウェルビーイング、独居、高齢者就労、孤独、喪失、悲嘆

1：障害のとらえ方

世界保健機関（WHO）の国際分類では，健康状態（病気〈疾病〉，変調，傷害など）はICD（国際疾病分類），健康状態に関連する生活機能とその障害はICF（国際生活機能分類）によって分類している。これらは，関係者およびさまざまな分野の専門家が共通理解を持ち，支援のためのシステムなどを構築していく上で重要な役割を果たしているといえる。ここでは，ICFの前身であるICIDHと，ICF，およびICFの派生分類であるICF-CYについて紹介する。

ICIDH（International Classification of Impairments Disabilities and Handicaps;**国際障害分類**）は，1980年に世界保健機関（WHO）より刊行された。障害を，①機能障害（impairment），②能力障害（disability），③社会的不利（handicap）に分類。疾患・変調が原因となって心身の機能・形態障害（身体の欠損や脳の機能不全）が起こり，それによって能力障害（歩行困難など）が生じ,社会的不利（職を失うなど）が引き起こされるという概念モデルを提示。その内容は，障害を３つのレベルに分けて捉えるという点で画期的なものであった（上田，2002）が，一方で，障害のマイナス面がクローズアップされやすい，環境の影響が考慮されていない，などの批判があった。

ICF（International Classification of Functioning, Disability and Health;**国際生活機能分類**）は，2001年，WHOでICIDHの改訂版として採択された。人間の生活機能（functioning）およびその障害（disability）について，①心身機能・構造（body functions & structures），②活動（activities，課題や行為の個人による遂行），③参加（participation，生活・人生場面への関わり）の３つの次元で分類しており，それらは健康状態（疾患・変調など）や背景因子（環境因子・個人因子）とも関連し，双方向的に影響し合うと捉えられている（図⑬ 1-1）。

ICIDHが，「疾病の帰結（結果）に関する分類」であったのに対し，ICFは，障害を個人の問題としてとらえる「医学モデル」と，社会によって障害が作られるとされる「社会モデル」の双方の側面を統合したモデルとい

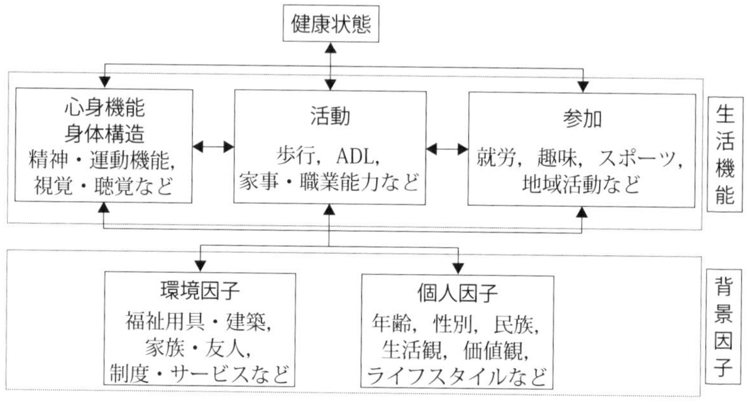

図⑬ 1-1　ICF（国際生活機能分類）

える（徳永ら，2010）。

なおアメリカ精神医学会によって2013年に出版されたDSM-5（Diagnostic and Statistical Manual of Mental Disorders 5『精神障害の診断と統計マニュアル』／日本版は2014年）では，社会経済的・職業的な機能の全体的評価尺度として“WHODAS2.0”（WHO Disability Assessment Schedule version 2.0；世界保健機構障害評価尺度第２版）が採用されたが，これはICFの概念的枠組みに基づいて作成されたものである。

ICF-CY（Children & Youth Verdsion；同児童版）は，2007年，WHOよりICFの派生分類として公表され，対象は出生から18歳である。個別の指導計画作成における医療・福祉・労働等の関係者や関係機関同士の共通言語としての役割などが期待されている（徳永ら，2010）。

（福元理英）

2：障害とは

知的障害：発達期に発症し，概念的，社会的，および実用的な領域における知的機能と適応機能両面の欠陥を含む障害のこと（DSM-5より）。日本の法律で知的障害を明確に定義しているものはなく，知的機能と適応機能両面から総合的に判断される。知的障害のある者は**療育手帳**が交付されうる（法的根拠は厚生省（当時）による通知「療育手帳制度について」）。障害の程度の区分は各自治体により異なる。18歳未満は児童相談所，18歳以上は知的障害者更生相談所にて判定される。

身体障害：身体機能の一部に障害があること。身体障害者福祉法施行規則別表第5号により，視覚障害，聴覚・平衡機能の障害，音声・言語・咀嚼機能の障害，肢体不自由，心臓・腎臓・呼吸器・膀胱・直腸・小腸・免疫・肝臓機能の障害（内部障害）の5種類に大別される。身体障害のある者は**身体障害者手帳**が交付されうる（法的根拠は身体障害者福祉法）。申請には，都道府県知事の指定する医師の診断書が必要である。

精神障害：脳の器質的変化，または機能的障害によりさまざまな精神症状や身体症状，行動の変化が生じている状態のこと。精神保健福祉法第5条では，精神障害者を，統合失調症，精神作用物質による急性中毒またはその依存症，知的障害，精神病質その他の精神疾患を有する者としている。精神障害があると認定されると**精神障害者福祉手帳**が交付されうる（法的根拠は精神保健福祉法）。2年ごとの更新制である。都道府県か政令指定都市の精神保健福祉センターによって判定される。申請には，精神保健指定医その他精神障害の診断または治療に従事する医師による診断書が必要である。

難病：発病の機構が明らかでなく，かつ治療方法が確立していない希少な疾病であって，当該疾病にかかることにより長期にわたり療養を必要とする病のこと（難病の患者に対する医療等に関する法律（難病法）より）。難病のうち，患者数が日本国内で人口の0.1％程度に達しておらず，かつ客観的な診断基準（又はそれに準ずるもの）が確立しているものは指定難病とされ，医療費助成制度の対象となる。難病患者は，障害者総合支援法により福祉支援サービス等を受けられる。（佐野さやか）

3：心理社会的課題

Ⓚ 共生社会、障害者権利条約、ノーマライゼーション、合理的配慮、ユニバーサルデザイン、早期支援（療育）、特別支援、就労支援

すべての人が相互に人格と個性を尊重し合う「**共生社会**」を実現するために，ノーマライゼーションの理念をもとに合理的配慮を行い，障害者のQOLを保障していくことが求められている。近年は，早期支援（療育）や特別支援教育，就労支援等の社会制度が整えられてきている。このような体制整備の背景には，障害者権利条約の批准（2014年）がある。

障害者権利条約：障害者の人権および基本的自由の享有を確保し，障害者の固有の尊厳の尊重を促進することが目的。（→㉓8）

ノーマライゼーション：環境を整備することで障害のある者もない者も均等に，当たり前に生活できる社会を目指す理念のこと。1950年代にデンマークの知的障害者の親の会の運動に関わっていたバンク・ミケルセンにより提唱された。また，スウェーデンのベングト・ニリィエがノーマライゼーションを8つの原則にまとめたことを契機に，ノーマライゼーションの考え方が国際的に広まった。現在では，障害者福祉だけでなく社会福祉全般に共通する理念となっている。

合理的配慮：障害者が他の者と平等にすべての人権および基本的自由を享受し，行使することを確保するための必要かつ適当な変更および調整（障害者権利条約第2条）。障害者権利条約の批准に先立ち，障害者差別解消法の成立（平成25（2013）年）や障害者雇用促進法の改正（平成25（2013）年）が行われ，障害を理由とする不当な差別的取り扱いの禁止と合理的配慮の提供が求められた。2021年の障害者差別解消法の改正により，国や地方公共団体等だけでなく民間事業所においても合理的配慮を行うことは法的義務となっている。

ユニバーサルデザイン：年齢や障害の有無，国籍等にかかわらず，できるだけ多くの人が利用できることを目指したデザインのこと，また最初からそのようにデザインする考え方のこと。1980年代にアメリカのロナルド・メイスが提唱した。①公平性，②自由度，③単純性，④わかりやすさ，⑤安全性，⑥省体力，⑦スペース確保という7原則が示されている。

早期支援（療育）：発達の早期から個々の発達段階や障害特性に応じて支

援を行うこと。心理機能の適正な発達，および円滑な社会生活を促進することが目的とされる。平成 16（2004）年に制定された発達障害者支援法によって，市町村は，乳幼児健診等において発達障害の早期発見，および早期支援の具現化するよう定められた。療育とは，障害のある子どもやその可能性のある子どもに対して，「治療」と「教育」のバランスを保ちながら支援を行うことであるが，現在は，発達支援全般の総称としても使われている。

特別支援教育：学校教育法の改正（平成 19（2007）年）で正式に位置づけられた。盲・聾・知的障害・肢体不自由・病虚弱・言語・情緒の障害に加えて，LD，ADHD，自閉症など発達障害児も対象となった。通常の学級や通級（一定時間取り出しで少人数指導を受けること）での支援も含まれる。特別支援教育を受ける児童については，「個別の教育支援計画」や「個別の指導計画」を作成することとなっている（小学校・中学校学習指導要領総則，平成 29（2017）年３月）。「個別の教育支援計画」とは，障害のある児童生徒一人一人のニーズを正確に把握し，教育の視点から適切に対応していくという考えのもと，長期的な視点で乳幼児期から学校卒業後までを通じて一貫して的確な教育的支援を行うために作成されるものである。また，「個別の指導計画」とは，障害のある児童生徒一人ひとりの指導目標，指導内容及び指導方法を明確にして，きめ細やかに指導するために作成されるものである（→㉓ 11）。

就労支援：障害者等が就労するための支援，および就労を維持するための支援のこと。障害者総合支援法における障害福祉サービスとして，就労移行支援事業，就労継続支援Ａ型事業，就労継続支援Ｂ型事業の３種類がある。職場適応援助者（ジョブコーチ）支援事業も活用されている。また，従業員が一定数以上の規模の事業主の側には，従業員に占める身体障害者・知的障害者・精神障害者の割合を「法定雇用率」以上にする義務が課されている（障害者雇用促進法 43 条第１項）。2021 年３月時点での法定雇用率は，民間企業で 2.3%，国や地方公共団体等で 2.6%，都道府県等の教育委員会で 2.5%である。

（佐野さやか）

4：支援法

Ⓚ ペアレント・トレーニング、SST、TEACCH、応用行動分析（ABA）、認知行動療法（CBT）

複数の支援法のうち，どの方法を支援に取り込むかは，要支援者・環境のアセスメントの結果および支援の目的に基づいた選択が必要といえる。ここでは発達障害児者に対する代表的な支援法を紹介する。

ペアレント・トレーニング：保護者を対象とした支援プログラム。子どもの行動の理解，行動理論に基づく効果的な対応の学習，ロールプレイなどが組み込まれ，子どもの不適切な行動を減らし好ましい行動を増やすこと，保護者自身のストレスを軽減することなどを目指す。

SST（Social Skills Training）：社会のなかで適切に行動し，人との関係を上手に営んでいく上で必要となる技能（ソーシャルスキル）を学ぶプログラム。一般的な社会的ルールの理解に加え，対人関係で必要な，会話や表現，援助要求，感情のコントロールといった技能の獲得・修正を行う。

TEACCH（Treatment and Education of Autistic and related Communication handicapped CHildren）：アメリカのノースカロライナ州立大学を基盤に実践されている，自閉スペクトラム症（ASD）児者とその家族，支援者を対象とする包括的な支援プログラム。個々の力に応じて，地域でできるだけ自立して生活するために必要なスキルを身につけることを基本としている。

応用行動分析（Applied Behavior Analysis; ABA）：スキナー Skinner, B. F. の行動理論をベースとし，オペラント条件づけから発展した行動療法の理論モデルの一つ（→⑮３）。ABA に基づく支援では，問題となっている行動の，先行条件と結果を分析することを通して，予防・対応のための具体的な方法を考え，日常生活で必要なスキルの獲得を促す。

認知行動療法（Cognitive Behavior Therapy; CBT）：考え方のパターン（認知）と，それによって生み出される行動について振り返り，具体的な対策・解決策を実践する。うつ病，不安症などで有効性が認められており，発達障害児者の二次障害の予防に有効とされている。

（福元理英）

1：情報の把握と手法

心理アセスメントは，心理査定ともよばれ，何らかの心理支援が必要とされる可能性のある対象（クライエント）に対して，必要と考えられる情報を心理学的方法によって収集し，心理学的側面から見立て，援助の方針を決定することである（松本，2010）。その方法には，面接法，観察法（→⑭2），検査法の３つが挙げられ，さまざまな側面からの**包括的アセスメント**が求められている。また，以下のことに留意したい。

テストバッテリー：多面的にクライエントを理解するために，心理検査を組み合わせて実施することを指す。検査の実施はクライエントに少なからず体力的・精神的負担をかけるので，必要最小限の組み合わせで，最大限の結果が得られるようにバッテリーを組む必要がある。

機能分析：問題行動を機能の観点から分析することで，問題を引き起こし，さらに維持させる要因を明らかにすることである（下山，2008）。

ケースフォーミュレーション：機能分析によって明らかになった問題のメカニズム理解に基づき，援助方針を決定していくことである（表⑭ 1-1）。特に，認知行動療法で使用される用語である。

インテーク面接・査定面接：受理面接とも呼ばれ，治療面接に入る前に行われる面接のことである。必要な情報を収集すると同時に，クライエン

表⑭ 1-1　ケースフォーミュレーションの概要（下山（2008）を参考に作成）

第１段階	問題の明確化	クライエントおよび当事者から情報を収集し，問題を特定化する
第２段階	探索	問題を生じさせる要因，その問題を維持させている要因を探り，仮説を生成する
第３段階	定式化	問題が生じるメカニズムと介入仮説を立て，クライエントと介入方針を話し合う
第４段階	介入	介入方法についてクライエントから同意を得，介入を行い，結果をモニターする
第５段階	評価	介入効果を評価し，必要に応じてケースフォーミュレーションを修正する

表⑭ 1-2　インテーク面接で把握すべき内容

項目	内容
主訴	クライエントが相談に訪れた理由
治療相談歴	今回相談に訪れるまでに，病院や相談機関で治療・相談を受けたか否か
現病歴	現在の症状や問題が生じるまでの経緯
生育歴	生まれてから現在に至るまでの成長過程と，その間にあった出来事
家族歴	家族構成，家族間の関係性，家族成員の特徴など，家族に関する情報

トとラポール（信頼関係）を築いていくことが必要である。なお，インテーク面接・査定面接は数回に分けて実施されることもある（表⑭ 1-2）。

司法面接：事件や事故の被害者，あるいは目撃者となった可能性がある子どもから「何があったか」について，心理的負担を最小限にしつつ，正確な情報をできるだけ多く収集することを目指した面接法である（仲，2016）。以下を原則とする。

- 記憶が変化しないように，できるだけ早い時期に，原則１度だけ面接を行う。
- 面接を繰り返さなくて済むように，録画・録音を行う。
- 子どもへの誘導・暗示を必要最小限にするために，オープン質問を用いて自由報告を求める。

半構造化面接：事前に用意しておいた質問を尋ねつつ，自由に語ってもらう面接方法である。構造化面接と非構造化面接の両方の特徴を併せ持っている。アセスメントのために必要な情報を収集しつつ，面接の状況に応じてクライエントに自由に語ってもらうこともできる利点がある。

（川合明日香）

2：アセスメントの手続き

心理アセスメント実施上の留意点は，以下の通りである。

心理検査の結果等との統合と包括的な解釈：クライエントを適切にアセスメントして理解していく際は，生育歴や現病歴など面接によって得られた情報，行動や話し方など観察された特徴，心理検査から得られた結果などを総合的に解釈する必要がある。また，クライエントが抱える問題を包括的に理解する枠組みとして，生物心理社会モデル（→④２）が有用である。

適切な記録：心理アセスメントを実施する際，その方法が面接法，観察法，検査法のいずれの方法であったとしても，アセスメント結果は適切に記録する必要がある。アセスメントによって得られた客観的な情報を正確に記し，心理師の考察も加えておくと良い。他職種が心理アセスメントの記録を見ることもあるので，他者にも伝わりやすい記録を心掛ける。また，記録は適切に管理し，個人情報の漏洩には注意する必要がある。

アセスメント結果のフィードバック：アセスメント結果をクライエントに伝える際は，専門用語を多用するのではなく，クライエントが理解できる用語を使用して説明するべきである。また，クライエントが抱える問題に対する解釈だけでなく，今後の支援方針についても言及する必要がある。

なお，一連の流れと注意点は以下のとおりである（城月，2018）。

1）**心理検査の適用の判断：**どの検査をクライエントに適用するのかを，目的やクライエントの特徴を考慮して決定する。

2）**インフォームド・コンセント：**どの検査を何の目的で実施するのかを，あらかじめクライエントに説明し同意を得る。検査対象が子どもであっても，子どもが分かる言葉で説明し同意を得るよう努める。

3）**検査実施前のクライエントに関する情報：**クライエントの生育歴・現病歴や，検査を受ける理由について把握しておく。

4）**検査の実施：**検査を実施する場所，検査者の態度や雰囲気が検査結果に影響を与えるので，配慮する。検査中の様子や発言についても記録しておく。

5）**検査結果の解釈：**主訴や生育歴・現病歴，検査時の行動観察を踏まえて，包括的に検査結果を解釈する。健康な面，得意な部分，潜在する能力などポジティブな側面についてもアセスメントする。

6）**検査報告書の作成と結果の説明：**報告書は短く簡潔にまとめ，読み手が理解できる用語を使用して説明をする。報告書には結果の解釈だけでなく，具体的な支援方法を含める。

（川合明日香）

Ⓚ 心理検査の結果等との統合と包括的な解釈、適切な記録、アセスメント結果のフィードバック

3：観察

観察は，アセスメントの核となる。観察法に関わる必須のキーワードを概観する。

関与しながらの観察とは，そもそもは心理療法における心理療法家に求められる役割，活動のことである。精神医学における対人関係の重要性を主張した新フロイト派の**サリヴァン Sullivan, H. S.** が提唱した概念であり，観察者（治療者）は精神療法において自らの影響を排除することができないとした。

また，関与しながらの観察は，心理アセスメントの方法として**参与観察**（関与観察）と表記されることが多い。参与観察とは，**自然的観察**の一つで，観察者が状況や対象者にかかわり行動をともにしながら観察を行うことである。大きく，交流的観察，面接観察に分類される。例えば，保育園の中に入って子どもたちを観察する場合やカウンセリングなどが挙げられる。心理臨床の場では，クライエントへの治療的かかわりが前提となるためこの形態を用いることが多く，クライエントの動作，言動，またそこで生じている心理師自身の心の動きなど，すべてのものが観察対象となる。つまり，心理師は，クライエントや周辺要因だけではなく，自身の要因も同時に観察していく必要がある。

その他，研究手法として，フィールドワーク研究や事例研究などにも用いられる。行動をともにすることで外部からは観察困難な事象を明らかにできるといった長所がある一方で，客観性を求めることができないという短所がある。客観性を求める研究手法として用いるのであれば，他の研究手法とともに用いられることが望まれる。なお，観察対象者とかかわらない観察は**非参与観察**（非関与観察）という。

（田中あかり）

4：人格検査（質問紙法）

人格検査（質問紙法）は，被検者が質問紙の質問に回答することによってパーソナリティ（性格）や心理状態などを把握する心理検査である。長所は，実施や結果の整理が容易なこと，集団での実施が可能なこと，解釈に検査者の主観が入りにくいこと，統計的・客観的な指標が得られること等が挙げられる。短所は，クライエントが意識している範囲で回答する検査となるため，周囲からよく見られたいといった社会的望ましさが結果に反映されやすいこと，回答が言語理解力に依存することなどが挙げられる。

（田中あかり）

表⑭ 3-1　主な人格検査（質問紙法）

検査名	作成者	概要
MMPI（ミネソタ多面的人格目録）	ハサウェイ Hathaway, S. マッキンレー Mckinley, J.	日本語版は550項目の質問から構成されている。４つの妥当性尺度（?，L，F，K）があり，回答が歪曲されていないかを確認することができる。10の臨床尺度（Hs，D，Hy，Pd，Mf，Pa，Pt，Sc，Ma，Si）があり，項目の意味内容によって分類されている。解釈は単一尺度やプロフィールなどに基づいて行われる
MPI（モーズレイ性格検査）	アイゼンク Eysenck, H.	アイゼンクのパーソナリティ理論に基づいて，神経症的傾向（N尺度）と外向性－内向性（E尺度）を測定する。日本版では，虚偽尺度（L尺度），緩衝尺度を含めた計80項目からなる。最終的には９の類型に分類され解釈を行う
EPI（アイゼンク人格目録）	アイゼンク Eysenck, H.	MPI（モーズレイ性格検査）を改訂した検査である。N尺度とE尺度に加え精神病的傾向（P尺度）が測定できる

表⑭ 3-1　つづき

検査名	作成者	概要
YG 性格検査 （矢田部・ギルフォード性格検査）	ギルフォード Guilford, J.	日本版は矢田部達郎，辻岡美延らで現在の形にした。基盤理論は特性論であるが，結果の解釈には類型論が用いられている。120 項目の質問項目からなり，それらは 12 の尺度に分類される。さらに 12 の尺度は 6 つの因子に分類される。さまざまな解釈を進め，最終的にはプロフィールから 5 つの類型（A：平均型，B：不安定積極型，C：安定消極的型，D：安定積極型，E：不安定消極的型）に分類し分析することができる
エゴグラム	デュセイ Dusay, J.	バーン Berne, E. の交流分析に基づき作成された。3 つの自我状態（P：親，A：大人，C：子）の心的エネルギーの配分を測定される。3 つの自我状態はさらに，5 つ（CP，NP，A，FC，AP）に分類される。日本版では TEG（東大式エゴグラム）が開発されている
NEO-PI-R	マックレー McCrae, R. コスタ Costa, P.	BIG FIVE の 5 次元（N：神経症傾向，E：外向性，O：開放性，A：調和性，C：誠実性）を測定する
16PF （16 人格因子質問紙）	キャッテル Cattell, R.	外部から観察可能な表面特性から 16 因子（根源特性）が見出された。この特性を測定することで性格を捉える

5：人格検査（投映法）

投映法とは，自由度の高い曖昧な刺激や指示によって得られる，自由度の高い反応内容や反応様式から，個人の内にある感情，欲求，思考，対人関係などパーソナリティを理解しようとする方法である。質問紙法との相違は自由度の高い刺激であることおよび自由度の高い反応である，という大きく２点である。

ロールシャッハ法（Rorschach Technique）：ロールシャッハ Rorschach, H. が創案し，1921 年『精神診断学』で発表された。曖昧で多義的な左右対称のインクのしみが描かれた 10 枚の図版（インクブロット）を受検者に１枚ずつ順番に提示して，何に見えるかを連想させ（自由反応段階），どうしてそのように見えたのかを説明させる（質疑段階）。検査者は受検者の発言や態度を逐語に近い形で記録するとともに，反応時間も計測する。分析方法はロールシャッハが若くして亡くなったことから，クロッパー法，ベック法，ピオトロフスキー法，ラパポート法など独自の分析技法が提唱されることで発展してきており，1971 年にはこれらの技法を統合した包括システム（A Comprehensive System）がエクスナー Exner, J. によって発表された。また，2011 年にはメイヤー Meyer, G. らによってオンラインによる分析を特徴とする R-PAS（Rorschach Performance Assessment System）が発表された。日本でも，片口式，阪大式，名大式，慶応大学式などさまざまな分析法があるが，分析の大きな柱としては反応領域（Location），決定因（Determinants），反応内容（Content），形態水準が共通するものである。解釈は記号化に基づいた形式分析の他に，内容分析，継列分析などがあり，受検者を総合的に理解することが求められる。

PF スタディ（Picture Frustration Study）：PF スタディ（絵画欲求不満テスト）はローゼンツァイク Rosenzweig, S. の欲求不満に関する理論を背景に考案された。漫画風に２人以上の人物が描かれており，24 の欲求不満場面（自我阻害場面，超自我阻害場面）から構成される。受検者は吹き出しが出ている人物の発言として思いつくものを自由に書くように教示される。受検者が書いた発言はアグレッションの型（障害優位，自我防衛，欲

表⑭4-1　代表的な投映法検査

検査名	適用年齢	目的・概要
ロールシャッハ法	幼児～成人	自我機能，世界の体験の仕方などが明らかとなるため，鑑別や病態水準把握の補助となる。
PF スタディ（絵画欲求不満テスト）	児童用：6～15歳 青年用：12～20歳 成人用：15歳以上	対人関係に起因する欲求不満状況下でのアグレッション反応を測定する
TAT（主題統覚検査）	TAT：児童～成人 CAT：幼児～児童	自他および事象に対するイメージや態度を含む，パーソナリティ特性を明らかにする。マレー版 TAT は 31 図版（1 枚は空白図版）から，CAT 日本版は 17 図版から構成される。図版を見て，現在，過去，未来にわたる物語を作る
SCT（文章完成法テスト）	小学生用 中学生用 成人用	（精研式の場合）知能，性格，興味，生活史などパーソナリティを全体的に捉える。Part ⅠとPart Ⅱから構成され，小・中学生用は各 25 項目，成人用は各 30 項目である。短い刺激文に続く短文を作成する

求固執）と方向（他責，自責，無責）の2次元に分類される。集団一致度（GCR）や反応転移も算出することができる。

TAT（Thematic Apperception Test）：モーガン Morgan, C. D. とマレー Murray, H. A. によって 1935 年に発表され，日本では主題統覚検査，絵画統覚検査などと訳されている。これまでさまざまな日本版 TAT が作成されてきたが，1943 年にマレーにより考案された白紙図版 1 枚を含む 31 枚の図版から成る TAT 図版（マレー版）が現在でも広く用いられている。マレー版は男女共通の図版，男性用（B：少年，M：成人男子），女性用（G：少女，F：成人女子）の図版から構成されており，受検者の年齢や性別によって使用される図版が区別されている。実際の臨床場面では受検者に合わせて 10～20 枚の図版が選択される。TAT には統一的な教示はないが，図版を見て，現在，過去，未来にわたる物語を自由に作るよう指示する。受検者の発言や受検態度は詳細に記録するとともに，初発反応時間や反応終了時間も測定する。TAT の分析はマレーの欲求－圧力分析が有名であるが，確立した分析解釈方法はない。なお，ベラック Bellak, L. により，幼児・児童用として動物が描かれたCAT（Children's Apperception Test），高齢者用として老人が描かれたSAT（Senior Apperception Test）が考案されており，リスのチロが主人公となるCAT日本版が戸川行男らによって作成されている。

SCT（Sentence Completion Test）：SCT（文章完成法テスト）は1897年に行われたエビングハウスEbbinghaus, H. の研究に端を発する人格検査である。短い刺激文を見て，そこから連想されたことを自由に書く形式であり，集団でも個別でも実施可能である。日本で最も広く用いられているのは小学生用，中学生用，成人用からなる精研式SCTである。パーソナリティ（知的側面，情意的側面，指向的側面，力動的側面）とその決定因（身体的要因，家族的要因，社会的要因）から分析される。

（清水麻莉子・松本真理子）

6：状態・不安検査，適正検査

受検者の心の健康状態や適正を測ることを目的としてさまざまな検査が開発されている。ここでは代表的なものとして，全般的な心の健康に関する検査，抑うつに関する検査，不安に関する検査，適正検査を取り上げる（表⑭ 6-1,6-2,6-3,6-4）。

全般的な心の健康に関する検査：CMI（Cornell Medical Index）健康調査表，GHQ（The General Health Questionnaire）精神健康調査票，WHO QOL 26（Quality of Life 26）がある。また，主観的気分を評価する検査としてPOMS（Profile of Mood States）がある。さらに，子どもの全般的なQOLを測るものとしてKINDL^R（Bullinger, M., 1994），大学生のスクリーニング・テストとしてUPI（University Personality Inventory）学生精神的健康調査が使用される。

抑うつに関する検査：SDS（Self-rating Depression Scale）うつ性自己評価尺度，CES-D（The Center for Epidemiologic Studies Depression Scale）うつ病自己評価尺度，ベック抑うつ質問表（Beck Depression Inventory; BDI）がある。子どもの抑うつを測るものとしてはCDI（Children's Depression Inventory）やDSRS-C（Depression Self-Rating Scale for Children）がある。

不安に関する検査：CAS（Cattell Anxiety Scale）不安測定検査，STAI（State-Trait Anxiety Inventory）状態・特性不安尺度，MAS（Manifest Anxiety Scale）顕在性不安尺度がある。また，不安障害の臨床評価について，各障害の特徴と重症度を測定するために多くの尺度が開発されている。心的外傷後ストレス障害（PTSD）に関するものとしてPDS（Posttraumatic Diagnostic Scale），各種の災害に関するものとしてIES-R（Impact of Event Scale-Revised）改訂出来事インパクト尺度などがある。

適正検査：1桁の連続加算を行わせる**作業検査法**である内田クレペリン精神検査やブルドン抹消検査はさまざまな領域で使用されている。また，職業適性検査として厚生労働省編一般職業適性検査（General Aptitude Test Battery; GATB），VPI（Vocational Preference Inventory）職業興味検査，職業レディネス・テスト（Vocational Readiness Test; VRT）などがある。

表⑭ 6-1　代表的な全般的な心の健康に関する検査

検査名	適用年齢	目的	概要
CMI 健康調査票	14 歳以上	身体的，精神的自覚症状を幅広く把握する	12 区分の身体的項目（目と耳，呼吸器系，心臓脈管系，消化器系，筋肉骨格系，皮膚，神経系，泌尿生殖器系，疲労度，疾病頻度，既往歴，習慣）144 項目と 6 区分の精神症状（不適応，抑うつ，不安，過敏，怒り，緊張）51 項目から構成され（男性 211 項目，女性 213 項目），2 件法で回答する
GHQ 精神健康調査票	12 歳以上	神経症者の症状把握，評価，発見を目的とする	自分の現在の状態にあてはまるものについて 4 件法で回答する。原版の 60 項目の他に，30 問，28 問，12 問の短縮版もある
WHO QOL 26	18 歳以上	主観的な QOL が測定でき，国際比較が可能である	身体的領域，心理的領域，社会的関係，環境など 26 項目から構成され，5 件法で回答する
POMS2 日本語版	青少年用：13 ～ 17 歳 成人用：18 歳以上	気分や感情の状態を測定する	「怒り－敵意」「混乱－当惑」「抑うつ－落ち込み」「疲労－無気力」「緊張－不安」「活気－活力」「友好」の 7 尺度とネガティブな気分状態を総合的に表す TMD 得点から，所定の時間枠（今日を含めて過去 1 週間，今現在，任意の期間）における気分状態を評価する。青少年用は 60 項目，成人用は 65 項目から構成され，5 件法で回答する。35 項目の短縮版もある

（清水麻莉子）

表⑭ 6-2　代表的な抑うつに関する検査

検査名	適用年齢	目的	概要
SDS うつ性自己評価尺度	青年期～成人	うつ病や抑うつ状態像を把握する	各 10 項目の陽性項目と陰性項目，計 20 項目から構成され，4 件法で回答する
CES-D うつ病自己評価尺度	15 歳以上	一般人におけるうつ病の発見を目的とする	20 項目について，過去 1 週間の頻度を 4 件法で回答する。正常対照群と気分障害群のどちらかに判定する
ベック抑うつ質問表	13 歳～ 80 歳	抑うつ症状の重症度を測定する	BDI-II は DSM-IV の診断基準に基づいている。過去 2 週間の状態について，21 項目の質問に 4 件法で回答する

表⑭ 6-3　代表的な不安に関する検査

検査名	適用年齢	目的	概要
CAS 不安測定検査	中学生～大学生	欲求不満やストレスなどによる不安傾向を把握する	自己統制力，自我の弱さ，疑い深さ，罪悪感，感情性の 5 因子，計 40 項目から不安傾向を測定する
STAI 状態・特性不安尺度	18 歳以上	不安の程度や状態像を把握する	各 20 項目の状態不安検査と特性不安検査，計 40 項目から構成され，4 件法で回答する。結果はプロフィールで評価する
MAS 顕在性不安尺度	16 歳以上	身体的不安，精神的不安を含めた各種不安の総合的な程度を測定する	MMPI から選出された不安尺度 50 項目に妥当性尺度 15 項目を加えた 65 項目から構成され，2 件法で回答する

表⑭ 6-4　代表的な適正検査

検査名	適用年齢	目的	概要
内田クレペリン精神検査	幼児～成人	作業能力とその能力を発揮するときの特徴を判定する	1分間1桁の足し算を15分ずつ，休憩をはさんで30分間実施する。作業量によって明らかとなる作業曲線から，能力面の特徴と，性格や行動面の特徴が示される
ブルドン抹消検査	成人	集中力や作業効率を評価する	1行に40個並ぶ記号の列から特定の記号を抹消させる。平均所要時間，脱漏数，誤数から判定する
厚生労働省編一般職業適性検査	13歳以上～45歳未満	職業選択のための自己理解促進や情報提供を目的とする	11種の紙筆検査と4種の器具検査から構成される15種の下位検査により，仕事を遂行する上で必要とされる9種の適性能を測定する
VPI職業興味検査	大学生～成人	職業，働くことに関しての動機づけや情報収集，キャリアガイダンスに使用できる	160の具体的な職業に対しての興味関心を2件法で回答することで，6種の職業興味領域尺度と5種の傾向尺度（心理的傾向）について明らかとなる
職業レディネス・テスト	中学生～大学生	将来の職業や生き方を考えることを援助する	職業志向性（A検査（職業興味）とC検査（職務遂行の自信度））と基本的志向性（B検査）から構成される。54項目のA検査は3件法，64項目のB検査は2件法，54項目のC検査は3件法で回答する

7：描画法

描画法とは，紙の上で何かを描画表現させることにより受検者を理解する方法である。臨床場面での使用頻度が高く，代表的な描画法は以下の通りである。

風景構成法（Landscape Montage Technique）：中井久夫によって1970年に発表された。中井は箱庭療法から着想を得て「枠づけ法」を開発し，当初は統合失調症患者の箱庭療法への適応決定のための予備テストとして用いていた（皆藤，1994）。A4版画用紙，黒のサインペン，クレヨンや色鉛筆を用意し，検査者は受検者の目の前で枠づけを行う。次に検査者の言う順序で指定されたアイテムを描き，全体として1つの風景が完成するように教示する。川，山，田，道，家，木，人，花，動物，石を描いた後に，足りないものがあれば自由に描かせ，最後に色を塗ってもらう。

バウムテスト（Baum Test）：ユッカー Jucker, E. が着想し，コッホ Koch, K. が1949年に発表したことにより普及した，1本の木の絵を描いてもらう描画法である。A4の紙と鉛筆を用意し，「実のなる木を1本描いてください」と教示する方法が一般的である。

HTP（House Tree Person Test）：バック Buck, J. N. によって1948年に発表され，B5版画用紙3枚を用いて，家，木，人という3つの課題を描いてもらう描画法である。三上（1995）は，A4版画用紙1枚に家，木，人という3つの課題を一緒に描いてもらう方法を考案しており，これを統合型HTP（S-HTP）と呼ぶ。

スクリブル（Scribble）／スクイグル（Squiggle）：スクリブル法は1966年ナウムブルグ Naumberg, M. によって，スクイグル法は1971年ウィニコット Winnicott, D. W. によって提唱された技法であり，治療技法としても，アセスメントツールとしても用いることができる。画用紙を準備し，描線のなぐり描き，見つけ遊び，彩色という段階を経て絵を完成させる。スクリブル法はすべてを児童に行ってもらうのに対し，スクイグル法は治療者と児童が描線を交換しながら交互に行う。

（清水麻莉子・松本真理子）

8：知能検査

知能検査とは知的能力を主として把握する検査である。大きく分けて知的能力を一つの統一的な能力（一般知能）として捉えるビネー式と能力をそれぞれ異なる能力（群因子）の総体として捉えるウェクスラー式がある。知能検査は，客観的に知的能力を測定できる点で有益だが，算出された数値のみで捉えやすく誤った理解につながってしまう可能性があるため留意したい（→⑭ 10）。

ビネー式知能検査：1905 年にビネー Binet, A. とシモン Simon, Th. が開発し，精神年齢（MA）を創案した。また，シュテルン Stern, W. が**知能指数（IQ）**を考案し，ターマン Terman, L. が開発したスタンフォード・ビネー知能検査で導入された。知能指数は精神年齢を生活年齢（CA）で割り 100 をかけることで算出できる。日本では現在，田中ビネー知能検査Ｖ（２歳～成人）がよく用いられている。田中ビネーＶの成人級（14 歳～）では，偏差知能指数（DIQ）が採用され，結晶性，流動性，記憶，論理推理の４領域が算出される。

ウェクスラー式知能検査：1939 年にウェクスラー Wechsler, D. によって開発された。適用年齢により，WAIS（成人用），WISC（児童用），WPPSI（幼児用）の３種類がある。現在は WAIS- Ⅳ知能検査（16 歳０カ月～ 90 歳 11 カ月），WISC- Ｖ知能検査（５歳０カ月～ 16 歳 11 カ月），WPPSI- Ⅲ知能検査（２歳６カ月～７歳３カ月）が使用されている。いずれの検査も複数の下位検査から構成され，偏差知能指数（平均 100，標準偏差 15）を採用している。2022 年に改訂された WISC- Ｖは，10 の主要下位検査と，６つの二次下位検査の計 16 の下位検査から構成されている。WISC- Ⅳの下位項目から「語の推理」「絵の完成」が削除され，新たに「バランス」「パズル」「絵のスパン」の３項目が追加となった。また，全般的な知能を表す FSIQ（Full Scale IQ）と、特定の認知領域の知的機能を表す５つの主要指標得点（VCI，VSI，FRI，WMI，PSI），子どもの認知能力や WISC-V の成績について付加的な情報を提供する５つの補助指標得点（QRI，AWMI，NVI，GAI，CPI）が算出できる（表⑭ 8-1）。なお，WISC- Ⅳの知覚推理指標（PRI）が廃止され，

表⑭ 8-1　WISC- V指標得点

主要指標	略称	補助指標	略称
言語理解指標 (Verbal Comprehension Index)	VCI	非言語性能力指標 (Nonverbal Index)	NVI
視空間指標 (Visual Spatial Index)	VSI	一般知的能力指標 (General Ability Index)	GAI
流動性推理指標 (Fluid Reasoning Index)	FRI	量的推理指標 (Quantitative Reasoning Index)	QRI
ワーキングメモリー指標 (Working Memory Index)	WMI	聴覚ワーキングメモリー指標 (Auditory Working Memory Index)	AWMI
処理速度指標 (Processing Speed Index)	PSI	認知熟達度指標 (Cognitive Proficency Index)	CPI

視空間指標（VSI）と，流動性推理指標（FRI）に置き換えられた。

K-ABC：1983 年にカウフマン夫妻 Kaufman, A. & Kaufman, N. によって開発された。子どもの知的能力を認知処理過程と習得度から測定でき，個別的な教育的介入に役立てていくことが特徴である。日本では 1993 年に K-ABC 心理・教育アセスメントバッテリーとして作成され，2004 年に KABC- Ⅱに改訂された。日本版 KABC- Ⅱの適用年齢は 2 歳 6 カ月から 18 歳 11 カ月と幅広い。認知尺度と習得尺度があり，認知尺度は，継次尺度，同時尺度，計画尺度，学習尺度，習得尺度は，語彙尺度，読み尺度，書き尺度，算数尺度の各 4 尺度あり，さらにそれぞれ複数の下位検査から構成されている。分析・解釈は，神経心理学を基盤にしたルリア理論に基づくカウフマン・モデルと，知能に階層的な構造を仮定した**キャッテルーホーンーキャロル（CHC）理論**（→⑫ 2）に基づく CHC モデルの異なった 2 つの尺度から行うことができる。

DN-CAS：ナグリエリ Naglieri, A. とダス Das, J. によりルリア Luria, A. の神経心理学的モデルから導き出された PASS 理論に基づく認知機能の検査である。PASS 理論では，プランニング（Planning），注意（Attention），同時処理（Simultaneous），継次処理（Successive）の 4 つが人間の認知機能において重要な構成要素であると考えられ，DN-CAS では，4 つの機能を測定するための 4 つの尺度とそれぞれ複数の下位尺度から構成されている。

（田中あかり・永田雅子）

9：発達検査

発達検査は，発達を主として把握する検査である。発達検査には，**直接検査法**（子ども自身が検査に取り組む方法）と**間接検査法**（主に養育者に質問する方法）の２種類の検査方法ある。発達検査は，対象が主に乳幼児があることから，観察に重きが置かれていることが特徴であり，養育者への日常の聴取も重要なアセスメントの材料となる。間接検査は，幅広い日常生活の状態から査定でき，比較的簡便できる点でよいが，養育者の主観，評価に左右される可能性がある。一方，直接検査は，直接子どもの状態をみることができる点でよいが，日常生活での状態は捉えにくく，検査を受ける子どもの状態に左右されるという短所がある。

（田中あかり）

表⑭ 9-1　主な発達検査

検査名	作成者／開発年	概要	適用年齢
新版Ｋ式発達検査2020	京都市児童院（現：京都市児童福祉センター）1951 年	嶋津峰眞らにより原案が作成された。339 項目からなり，項目の課題に対する子どもの反応，回答から，姿勢・運動（P-M），認知・適応（C-A），言語・社会（L-A）の３領域の発達を把握する。各領域および全領域の DA（発達年齢）と DQ（発達指数）も算出できる	０歳～成人
津守式乳幼児精神発達診断法	津守真・稲毛教子ら 1961 年	年齢により３種類の質問紙があり（質問紙法），養育者に子どもの日常を尋ねることで子どもの発達を捉える。基本的に，運動，探索・操作，社会，生活習慣，言語の５領域で構成されている	１カ月～ 12 カ月版，１歳～３歳版，３歳～７歳（標準化はされていない）
遠城寺式乳幼児分析的発達検査法	遠城寺宗徳ら 1958 年	養育者の聴取のみの場合もあるが，実際に子どもに取り組んでもらうことが望ましい。151 項目からなり，運動（移動運動・手の運動），社会性（基本的習慣・対人関係），言語（発語・言語理解）の３領域，６項目で発達を捉えることができる。スクリーニング検査として有用	０歳～４歳７カ月

表⑭ 9-1　つづき

検査名	作成者	概要	適用年齢
デンバー発達判定法 (DENVER II)	日本小児保健協会（日本語版）原版 1967 年 日本語版 1980 年	フランケンバーグ Frankenburg, K. とドッズ Dodds, B. によってデンバー式発達スクリーニング検査が開発。その後，日本語版の標準化，その後米国での改訂が伴い，日本においても改訂が行われ現在のものとなった。122 項目からなり，子どもの取り組みと親からの聴取（必要がない場合もある）で評価。個人－社会，微細運動－適応，言語，粗大運動の 4 領域から構成される。スクリーニング検査として用いられる	0 歳～6 歳
KIDS 乳幼児発達スケール	三宅和夫・大村政男ら 1989 年	標準化され開発。子どもの年齢により 3 種類の質問紙がある。検査場面は特に制限がなく，記入者についても，養育者に質問する以外に，直接記入することが認められている。運動，操作，理解言語，表出言語，概念，対子ども社会性，対成人社会性，しつけ，食事の 9 領域から構成。総合発達指数（DQ）を算出することも可。スクリーニング検査として有用	タイプ A（0 歳 1 カ月～0 歳 11 カ月），タイプ B（1 歳 0 カ月～2 歳 11 カ月），タイプ C（3 歳 0 カ月～6 歳 11 カ月），タイプ T（0 歳 1 カ月～6 歳 11 カ月，発達遅滞傾向児向き）
ベイリーIII乳幼児発達検査	ベイリー Bayley, N. 1969 年	世界的によく用いられる。認知，言語，運動，社会－情動，適応行動の 5 領域から構成。改訂を重ね，2006 年にベイリーIIIが発刊された。現在，日本では標準化作業中である	1 カ月～42 カ月

10：神経心理学検査・作業検査

神経心理学的検査

スクリーニング検査：改訂長谷川式簡易知能評価スケール（Hasegawa Dementia Scale-Revised; HDS-R）（カットオフ値；20／21点），精神状態短時間検査（Mini-Mental State Examination-Japanese; MMSE-J）（MCI（軽度認知障害）群（→⑰7）と軽度AD（アルツハイマー型認知症）群（→⑰7）のカットオフ値；23／24点，健常群とMCI群のカットオフ値；27／28点），モントリオール認知アセスメント（Japanese Version of The Montreal Cognitive Assessment; MoCA-J）（健常群とMCI群のカットオフ値；25／26点），神経行動認知状態検査（Neurobehavioral Cognitive Status Examination; COGNISTAT）（スクリーン・メトリック方式，プロフィール分析可）などがある（表⑭10-1，10-2）。

全般的知的機能検査：発達検査や知能検査（ウェクスラー式児童用知能検査（Wechsler Intelligence Scale for Children — 5th Edition; WISC-Ⅴ），ウェクスラー式成人知能検査（Wechsler Adult Intelligence Scale — 4th Edition; WAIS-Ⅳ）など），カウフマン式児童用アセスメント・バッテリー（Kaufman Assessment Battery for Children-Second Edition; KABC-II），DN-CAS認知評価システム（Das-Naglieri Cognitive Assessment System; DN-CAS）などのほか（→⑭7），認知症の精査としてアルツハイマー病アセスメント・スケール（Alzheimer's Disease Assessment Scale; ADAS）（cognitive 70点満点とnoncognitive 50点満点，いずれも失点方式）などがある（→⑭8）。

記憶機能検査：改訂版ウェクスラー式記憶検査（Wechsler Memory Scale-Revised; WMS-R）（言語性記憶，視覚性記憶，一般的記憶，注意／集中，遅延再生），三宅式言語記銘力検査（有関係対語，無関係対語），標準言語性対連合学習検査（Standard Verbal Paired-Associate Learning Test; S-PA），ベントン視覚記銘検査（Benton Visual Retention Test; BVRT）（形式Ⅰ～Ⅲ，各10枚），レイ複雑図形（Rey-Osterrieth Complex Figure; ROCF）（36点満点），リバーミード行動記憶検査（Rivermead Behavioural Memory Test; RBMT）（生活障害，展望記憶の測定）などがある。

表⑭ 10-1　主な神経心理学的検査・作業検査および各検査の特徴

	検査名	特徴
スクリーニング検査	HDS-R	改訂長谷川式簡易知能評価スケール。認知症鑑別で使用され，言語性検査のみでベッドサイドで実施可。得点範囲は 0-30 点であり，カットオフ値は 20/21 点で，20 点以下が認知症疑い。
	MMSE-J	元々は精神疾患のなかで認知障害を有する患者を検出する目的で考案。得点範囲は 0-30 点であり，カットオフ値は軽度認知障害と軽度アルツハイマー病が 23/24 点で，23 点以下が軽度アルツハイマー病疑い，健常群と軽度認知障害群が 27/28 点で，27 点以下が軽度認知障害疑い。J は日本版を指す。
	MoCA-J	軽度認知障害を検出する目的で考案。得点範囲は 0-30 点で，教育歴の影響を是正するために，教育歴が 12 年以下の場合には 30 点満点である場合を除いて 1 点を加点。カットオフ値は 25/26 点で，25 点以下が軽度認知障害疑い。
	COGNISTAT	3 領域の一般因子（覚醒水準，見当識，注意）と 5 領域の認知機能（言語，構成能力，記憶，計算，推理）が評価できる。スクリーン－メトリック方式がとられ，障害の程度を障害なし，軽度，中等度，重度の 3 段階で重症度を評価できる。
全般的知的機能検査	WISC- Ⅴ	適用年齢は，5 歳 0 カ月～ 16 歳 11 カ月（米国版は，6 歳～ 16 歳）。基準年齢群における平均＝ 100，1 標準偏差（SD）＝ 15 とした言語理解指標 VCI，視空間指標 VSI，流動性推理指標 FRI，ワーキングメモリー指標 WMI，処理速度指標 PSI の 5 つの主要指標が算出できる。また，7 つの下位尺度から全検査 IQ（FSIQ）が算出できる。さらに，量的推理指標（QRI），聴覚ワーキングメモリー指標（AWMI），非言語性能力指標（NVI），一般知的能力指標（GAI），認知熟達度指標（CPI）の 5 つの補助指標も算出できる（→⑭ 8）。
	WAIS- Ⅳ	適用年齢は，16 歳 0 カ月～ 90 歳 11 カ月。基準年齢群における平均＝ 100，1 SD ＝ 15 とした言語理解指標 VCI，ワーキングメモリー指標 WMI，知覚推理指標 PRI，処理速度指標 PSI の 4 つの群指標とそれらの指標から全検査 IQ（FSIQ）が算出できる。
	KABC- Ⅱ	適用年齢は，2 歳 6 カ月～ 18 歳 11 カ月（米国版は，3 歳 0 カ月～ 18 歳 11 カ月）。検査結果を子どもへの指導に活かす目的で開発。認知処理過程（心理学的アセスメント）としての認知尺度は，継次尺度，同時尺度，計画尺度，学習尺度の 4 尺度で構成され，習得度（教育的アセスメント）である習得尺度は，語彙尺度，読み尺度，書き尺度，算数尺度の 4 尺度で構成され，別々に測定できる。

	DN-CAS	適用年齢は，5歳0カ月～17歳11カ月。ルリア Luria, A.R. の神経心理学的モデルに端を発した PASS 理論によって示される認知機能を測定するために開発。プランニング（Planning），注意（Attention），同時処理（Simultaneous），継次処理（Successive）の4つの機能を測定。
	ADAS	アルツハイマー病に対する塩酸ドネペジルの薬理効果を測定するのが主な目的とされ，その際には認知機能下位尺度（ADAS-cog.）のみが用いられることが多く，ADAS-cog. の得点範囲は 0-70 点である。非認知機能下位尺度（ADAS-noncog.）は，涙もろさや抑うつ気分など10項目で構成され，得点範囲は 0-50 点であり，いずれも失点方式であるため，高得点になるに従って障害の程度も高度となる。
記憶機能検査	WMS-R	適用年齢は，16歳～74歳。基準年齢群における平均＝100，1 SD＝15とした言語性記憶指標，視覚性記憶指標，一般的記憶指標，注意／集中力指標，遅延再生指標の5つの指標が算出できる。
	三宅式言語記銘力検査	有関係対語10対，無関係対語10対を各3回ずつ施行する。アルコール依存症群や CO 中毒後遺症群では，有関係対語と無関係対語の成績が大きく乖離し，無関係対語の成績低下が著しい。
	S-PA	適用年齢は，16歳～84歳。三宅式言語記銘力検査と異なり系列ごとに順序が変化するため，系列位置効果としての初頭努力や親近効果が出現しにくいが，記憶素材が詳細に検討されている。
	BVRT	適用年齢は，8歳～80歳以上の高齢者。10枚の図版を即時再生，もしくは模写や遅延再生させることによって，視空間認知，視覚記銘力，視覚認知再構成などの側面を評価。図版が3種類あり，学習効果を排除したうえで短期間におけるリハビリテーション効果を再検査により測定可。
	ROCF	複雑図形を模写させ，3分後および30分後に遅延再生させ，18ユニットそれぞれを 0-2 点，計36点満点で採点する。
	RBMT	11下位検査項目で構成され，日常記憶の障害，つまり生活障害を定量化でき，並行検査が4セット用意されており，学習効果を排除したうえで，リハビリテーションなどの効果測定を縦断的に行いやすく，他の神経心理検査にみられない展望記憶機能を測定できる。

前頭葉機能・遂行機能検査：前頭葉アセスメント・バッテリー（Frontal Assessment Battery; FAB）（類似性，語の流暢性，運動系列，葛藤指示，Go-No Go，把握行動），線引きテスト（Trail Making Test, Japanese Edition; TMT-J）やウィスコンシンカード分類検査（Wisconsin Card Sorting Test;

表⑭ 10-2　主な神経心理学的検査・作業検査および各検査の特徴

	検査名	特徴
前頭葉機能・遂行機能検査	FAB	6 下位検査で構成され，得点範囲は 0-18 点である。高齢者に FAB を実施する場合は 11，12 点あたりがカットオフ値として妥当とされ，それぞれの点数以下が前頭葉機能障害疑い。
	TMT-J	適用年齢は 20 歳～ 89 歳。partA, partB いずれも所要時間は年代に応じて，平均「+1 標準偏差 (SD) 以内」，それよりも長く平均「+2SD 以内」，さらにそれを超える「延長」のいずれに入るかの判定，および誤反応の回数に応じた判定を行い，両者から「正常」，「境界」，「異常」に総合判定できる。2 セットが用意されており，学習効果を排除したうえでの再検査可。
	WCST	元々は 128 枚のカードを用いていたが，新修正法は 48 枚のカードを使用する。前頭葉機能の注意や概念の転換の機能を評価できる。
	BADS	定型的な神経心理学的検査には反映されにくい日常生活上の遂行機能 (自ら目標を設定し，計画を立て，実際の行動を効果的に行う能力) を総合的に評価するために考案。総プロフィール得点 (範囲 0-24 点) の得点分布のパーセンタイル (%ile) 値は，平均＝ 100，1SD ＝ 15 の標準化された得点に変換され算出できる。
	SPTA	失行を中心とした高次動作障害を検索する目的で開発。顔面動作，上肢慣習的動作など 13 下位検査で構成される。
注意・集中機能検査	CAT・CAS	成人の脳損傷者にしばしば認められる注意の障害や意欲・自発性の低下を臨床的かつ定量的に評価することを目的に開発。
	BIT	注意の方向性の障害である半側空間無視の症状の存在だけでなく，日常生活上の障害を予測することを目的に開発。
視空間認知機能検査	CDT	Rouleau, I., et al. (1992) による方法がよく使用され，口頭教示による Command CDT と模写による Copy CDT があり，それぞれ盤面の構成，数字，針について 10 点満点で評価する。
	コース立方体組み合わせ検査	積木模様の組み合わせだけにより一般知能としての IQ を算出できる。元々は，聾唖者，聴覚障害者などの非言語的知能の評価としてよく使用されてきたが，現在は後頭葉背側経路における視空間認知構成や前頭前野における心的回転などの認知機能の評価としても利用されてきている。
	RCPM	視覚的課題の演繹的な推理能力を測定する検査として考案。12 課題で 1 セットの 3 セットがあり，計 36 課題，36 点満点でテストが構成されている。RCPM と WAIS の全検査知能指数 (TIQ) の相関図より，推定 IQ を算出できる。

	VPTA	視覚失認，視空間失認を中心とした高次視知覚機能やその障害を包括的に把握できるように開発された成人用のテストバッテリー。
失語症検査	WAB	包括的な失語症の検査であり，左右それぞれの大脳皮質指数および失語指数が算出できるため，失語症の回復や憎悪を評価しやすい。
	SLTA	包括的な失語症の検査であり，聴く，話す，読む，書く，計算の 5 側面，計 26 項目の下位検査で構成されている。
作業検査	内田クレペリン精神作業検査	連続加算 15 分，休憩 5 分，連続加算 15 分の 30 分法が用いられ，作業曲線を規定する 5 因子（意志緊張，興奮，慣れ，練習，疲労）や作業量などについてをパーソナリティ特性として解釈する。

WCST)（カテゴリーセットの転換機能や保続を測定），遂行機能障害症候群の行動評価（Behavioural Assessment of the Dysexecutive Syndrome; BADS），標準高次動作性検査（Standard Performance Test of Apraxia; SPTA)（失行の測定）などがある。

注意・集中機能検査：標準注意検査法（Clinical Assessment for Attention; CAT)・標準意欲評価法（Clinical Assessment for Spontaneity; CAS），行動性無視検査（Behavioural Inattention Test; BIT）などがある。

視空間認知機能検査：時計描画検査（Clock Drawing Test; CDT），コース立方体組み合わせ検査，レーヴン色彩マトリックス検査（Raven's Coloured Progressive Matrices; RCPM），標準高次視知覚検査（Visual Perception Test for Agnosia; VPTA)（失認の測定）などがある。

失語症検査：WAB 失語症検査（Western Aphasia Battery; WAB），標準失語症検査（Standard Language Test of Aphasia; SLTA）などがある。

作業検査

クレペリン Kraepelin. E.（1902）によって考案された連続加算法を内田勇三郎らが標準化を行ったのが，現在の内田クレペリン精神作業検査である（→⑭ 6）。

（小海宏之）

1：力動論（精神力動理論）

力動論とは，精神現象を生物・心理・社会的な諸力による因果関係の結果として了解する方法論で，力動論を基礎とする精神医学を力動精神医学（dynamic psychiatry）という。力動精神医学は狭義には，精神分析的精神医学を意味する固有名詞として用いられる。これは精神力動（psychodynamic）という言葉がフロイト Freud, S. の力動的見地に発した精神分析的概念を意味するからである。狭義の力動精神医学は主として米国で発達し，精神分析的精神療法とほぼ同義として用いられる。

もう 1 つは，**精神分析的精神（心理）療法**と力動的な精神療法（精神力動的心理療法）を区別する立場がある（**ゴールドシュタイン Goldstein, W. N.**）。この立場では，力動的方向づけを持った治療（dynamically oriented psychotherapy）は精神分析的精神療法に比して，**転移・逆転移**の扱いに違いがある。**力動的精神療法**では転移性の反応を認識はしても，その分析を主要な機序とはみなさない。むしろ現在の治療者－患者間の相互作用と関係性に焦点を合わせ，さらに患者の過去との関連性を扱う。陽性の治療同盟を大切にし，時には治療者の理想化をいくぶん引き受ける。また洞察志向型の明確化，直面化，解釈などの介入を用いると同時に，時には教育や支持的な技法を用いる。支持的な技法には，暗示，除反応，助言，保証なども含まれる。

これに対し精神分析的精神療法は，中立性，匿名性，禁欲原則などを守り，治療構造外の接触を認めず，洞察志向型の治療を行う。さらに，精神分析的精神療法は 1 セッション 45 分から 50 分, 週 1 回から 3 回（フランス，ドイツなどの地域では週 3 回を精神分析とみなす）の頻度であるのに対し，精神分析は週 4 回以上の頻度でカウチ（寝椅子）を用いるものをいう。

精神分析は，19 世紀末にフロイトによって創始された。夢や言葉，失錯行為，空想，記憶，症状など，心的現象の無意識的意味を解読する独自の心理学的方法で，患者はカウチの上に横臥し，分析者は被分析者の背後に座る。自由連想法（頭に浮かぶすべての表象を批判・選択なしにそのまま

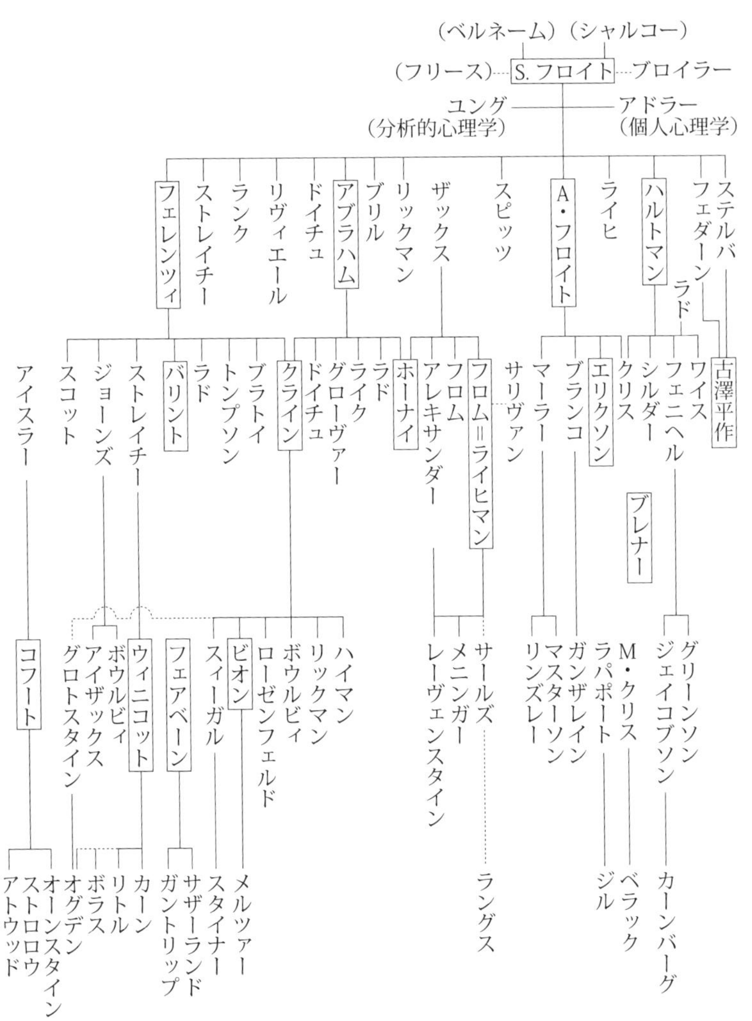

図⑮ 1-1　精神分析家の系譜図（前田（2008, pp.194-195）を一部改変）

言葉にしていく方法）を基本とする。分析者と被分析者が治療契約と作業同盟の下に，被分析者の心的葛藤，抵抗，転移・逆転移，対象関係の認識とそれに対する分析者の介入と解釈（再構成－伝達）による洞察を治療機序とする。グリーンソン Greenson, R. R.（1967）によると，転移とは，目の前にある人物に無意識に置換された早期小児期の重要人物にまつわって発生している反応の反復であり，**転移**は対象関係，対象との過去の関係の反復，置き換えの機制，退行である。**逆転移**はフロイト（1910）によると，患者に対する治療者の神経症的な無意識的葛藤の転移であり，治療の妨げになるものと考えていたが，1950 年代からは，患者に対する治療者の感情や態度全般を意味するようになり，患者の無意識的コミュニケーションに対する治療者の反応として捉え，投げ込まれた情緒的体験を感受することによって，患者の無意識的な世界を理解できると考えられている（表⑮1-1）。

（玉井康之）

2：人間性アプローチ

人間性アプローチは人間性心理学の理論に基づくアプローチ法を指す。人間性心理学（ヒューマニスティック心理学）とは主体性・創造性・自己実現といった人間性の肯定的側面を重視した心理学の潮流で，行動主義や精神分析と一線を画した第三勢力として位置づけられる。1962 年にその中心的人物であるマズロー Maslow, A. H. によってアメリカ・ヒューマニスティック心理学会が結成されたことが人間性心理学の正式な出発点となる。

来談者中心療法：人間性心理学の代表的な心理療法はロジャーズ Rogers, C. の来談者中心療法である。彼は自らの臨床経験を通して，「人間は自己を実現し維持し強化しようという基本的傾向，成長への衝動を持っている」と考えるようになった。また「パーソナリティの変化における６つの必要十分条件」を提唱し，その中から，治療者の基本的な態度として「治療者の純粋性または一致」「クライエントへの無条件の肯定的関心」「共感的理解」の３条件を挙げている。また彼は，日常の不適応はクライエントの自己概念と実際の経験との間の不一致によるものと考え，両者がより一致した状態になることを治療目標とする。

来談者中心療法は，心理療法としてだけでなく，人間と人間関係の成長促進に対する１つの基本的アプローチの提唱でもあった。すなわちここから，1960 年代に入って心理的成長を求めるエンカウンター・グループが発展していった。さらに 1970 年頃からロジャーズは，人間関係の諸問題へのアプローチとして，パーソン・センタード・アプローチという名称をより多く使用するようになった。

ゲシュタルト療法：ゲシュタルト療法（Gestalt Therapy）は実存主義的心理療法の一つであり，創始者はパールズ Perls, F. である。ゲシュタルトという言葉は「形態」「全体」「完結」「統合」などを意味するドイツ語に由来する。ゲシュタルト療法はクライエントが自らの感情に気づき「形態」にして表現すること，人や物事を「全体」として捉え，心残りなど終わっていない経験を「完結」へと目指し，まとまりのある方向へと人格の「統合」を志す。技法として，ホットシート，ファンタジー・トリップ，夢のワーク，エンプティ・チェアなどがある。1970年代に日本に紹介され，医学領域や教育領域などでの応用が報告されている。

フォーカシング：フォーカシングはロジャーズの弟子のジェンドリン Gendlin, E. によって考案された心理療法および自己理解のための方法である。心理療法で用いる場合は「フォーカシング指向心理療法」と呼ばれ，治療が目的ではない場合には単に「フォーカシング」と呼ばれている。ジェンドリンはパーソナリティの変化を説明するために，体験過程理論を提唱し，その具体的な技法としてフォーカシングが開発された。フォーカシングとは，内面の心身未分化な，言葉になる前の「感じの流れ」のどこか一点に注意の焦点を当て，そこからおのずと示されてくる「意味」に気づくようにせしめる技法である。鍵概念にフェルトセンス，パートナーシップなどがある。ジェンドリンはフォーカシング指向心理療法において，大事なのは，第１は治療関係，第２は傾聴，第３はフォーカシングとしている。

動機づけ面接法：動機づけ面接法（Motivational Interviewing; MI）は，ミラー Miller, W. R. とロルニック Rollnick, S.（2002）によってアルコール依存症の治療法として開発された対人援助理論で，行動変容への動機づけと決意を強める共同的な会話スタイルが特徴である。来談者がもつ両価性を扱い，面接者側の具体的な話し方に４つの戦略（OARS）がある。１）開かれた質問（Open Ended Question），２）是認（Affirm），３）聞き返し（Reflective Listening），４）要約（Summarize）である。動機づけ面接は依存症の治療や司法分野などで適用されている。

（葛　文綺）

3：認知行動論

現在の認知行動療法の始まりは，1950年代から1960年代に行動療法が発展したことによる。その後，社会的学習理論やベックによる認知療法の台頭により，1960年代から1970年代にかけて認知に注目が集まり，さらに，行動にも認知にも着目した認知行動療法が広まっていった。現在では，第三世代，第三の波として，マインドフルネスやアクセプタンス&コミットメントセラピー（ACT）も広く使用されている。認知行動療法は，ランダム化比較試験など効果研究により効果を実証する，エビデンスに基づいたアプローチであることが重視される。主な行動療法の技法を（表⑮ 3-1）に示す。

行動療法：行動療法では，「行動」を個人と環境の相互作用によって定義し，刺激と反応（行動），その結果という三項随伴性を変化させるオペラント条件づけ，あるいはレスポンデント条件づけなど学習理論を背景理論としている。

応用行動分析（ABA）：応用行動分析（→⑬ 3）は，オペラント条件づけから発展した。行動を引き起こす働きを持つ先行刺激（A），行動（B），行動の結果環境から与えられるフィードバックである後続刺激（C）という ABC 分析など行動分析を基礎としている。

認知療法：ベック Beck, A. が，ネガティブな認知が抑うつ感情に影響を与えることを見出し，開発された（伊藤, 2013）。外的に観察できる行動に加えて，その行動をコントロールする「認知（＝思考）」に注目する（熊野, 2013）。情報処理モデルに加え，近年ではスキーマモデルを使用したスキーマ療法も導入されている。認知療法では自動思考を同定し，さらにその背景にあるスキーマに取り組んでいく，認知再構成法が主要な技法である。代表的な認知の歪みに，根拠が希薄なまま結論に至る恣意的推論，極端な二分割思考，過度の一般化などがあげられる（岩本ら，1997）。

認知行動療法：認知，感情，身体，行動の4領域の相互作用をとらえる，より生態学的妥当性の高いモデルが使われるようになり（伊藤, 2013），認知行動療法が広まっていった。さらに，主な第三世代の療法は以下の通り

Ⓚ 行動療法、応用行動分析（ABA）、認知療法、認知行動療法、マインドフルネス認知療法、アクセプタンス＆コミットメント・セラピー（ACT）、弁証法的行動療法

表⑮ 3-1　行動療法の主な技法

系統的脱感作法	不安階層表を作成し，不安の弱いものから，イメージしながら同時にリラクセーションで全身弛緩を行う
エクスポージャー法（曝露療法）	不安や苦痛を克服するために，恐怖を抱いている物や状況に対して段階的に直面していく。不安症や恐怖症に用いられる
曝露反応妨害法	エクスポージャー法の一種で，深い刺激にさらされることを目的としたエクスポージャー法と，深い刺激にさらされたときに生じる回避行動が生起しないようにする反応妨害法を組み合わせた方法である。強迫性障害に特に用いられる
シェイピング法	目標とされる行動を獲得するために，より細かな行動の目標（スモールステップ）を作成する。これをもとに，容易にできる行動から順に，行動とその行動に対する強化を繰り返し，最終的に目標となる行動の獲得を目指す
トークン・エコノミー法	クライエントが望ましい行動をした際に，おもちゃなどの報酬（トークン）が付与される。このトークンをいくつかためると，のちに強化子と交換できるようになっており，結果的に行動を強化する

である。

- **マインドフルネス認知療法**：マインドフルネスストレス低減法をもとに開発された。マインドフルネスの実習を行って身につける。その瞬間に注意を払い，現実をあるがままに知覚し，しかし判断しないこと，思考や感情に囚われないでいることが重要となる。
- **アクセプタンス&コミットメント・セラピー（ACT）**：機能的文脈主義，関係フレーム理論などを背景理論とする。個々人の価値に基づいた選択を重視することと，不快な体験に抵抗することなく「ただ気づいていること」，受容することが重要となる。
- **弁証法的行動療法**：境界性パーソナリティ障害の治療を目的に開発された。マインドフルネスや感情調節など複数の技法が組み合わされている。

（齋藤　梓）

4：集団療法／コミュニティ・アプローチ

集団療法（グループ・アプローチ）とは，「自己成長をめざす，あるいは問題・悩みをもつ複数の対象者に対し，一人または複数のグループ担当者が言語的コミュニケーション，活動，人間関係，集団内相互作用などを通して心理的に援助していく営みである」と定義される（野島，1999）。代表的なものとして，ビオン Bion, W. R. らの精神分析的集団療法や，モレノ Moreno, J. らの心理劇，ロジャーズ Rogers, C. R. らのエンカウンターグループなどがある。

精神分析的集団療法：ビオン Bion, W. R. は，軍病院でのグループ経験から，集団が課題を達成しようと協力して機能している作動グループと，不合理で混沌とした幻想に基づく基底的想定グループが存在することを明確化した。そしてこの基底的想定グループは，1）依存，2）ペアリング，3）闘争－逃走の３つの情動的段階に分類できるとしている。

サイコドラマ（心理劇）：即興的・自発的に，ある役割を演じたり，役割交換を行ったりすることで，他者や自分自身への洞察やカタルシスに至ることを目的にしている。心理劇は，監督，演者，補助自我，観客の５つの要素から構成されている。

エンカウンターグループ：「出会いのグループ」という意味で，メンバーが互いの理解を深め，自分自身の受容と成長，対人関係の改善などを目指すものである。日本におけるエンカウンターグループの種類としては，ベーシック（非構成的）エンカウンターグループと構成的エンカウンターグループの２つに大別される。

構成的エンカウンターグループ：國分康孝により開発されたアプローチである。構成的エンカウンターグループでは，主にグループ内での1）インストラクション，2）エクササイズ，3）シェアリングを通して，「今，ここ」での率直な自己開示や，自己や他者についての気づきや受容を促し，多くの出会いから自己成長を経験することが出来るとしている。

療法的因子：ヤーロム Yalom, I. D.（1995）は，集団療法に特有な要因を療法的因子と名付け，①希望をもたらすこと，②普遍性，③情報の伝達，

④初期家族関係の修正的な繰り返し，⑤愛他性，⑥社会適応技術（ソーシャルスキル）の発達，⑦模倣，⑧対人関係，⑨グループの凝集性，⑩カタルシス，⑪実存的因子の11因子が集団療法による主体験だと述べている。これらの要因は，集団療法を実施する際にグループ内にて相互依存的に働いている。実施者は，実施者とメンバー，メンバー同士の相互作用を活性化し，グループ過程の中で，それぞれのメンバーがどのような治療体験に繋がったのかについて把握することが求められる。

コミュニティ・アプローチ：1965年にボストン会議で提唱されたコミュニティ心理学の考え方に基づく支援活動である。具体的には，精神的障害等の病理を個人の問題に帰属することはせず，面接室内だけでなく，個人を取り巻くコミュニティ全体（家族・友人・地域社会・共同体）を支援対象として，予防的・成長促進的視点を含めて援助を行っていく。援助の際には，治療者や非専門家を含む人々のみならず，クライエント本人の力にも重きを置く。コミュニティ・アプローチの理念と目標に基づいて行われる介入や援助法には，1）危機介入，2）コンサルテーション，3）ネットワーキング，4）支援システム作り，5）非専門家の参加・協力体制づくりなどが挙げられる。

（板倉憲政・狐塚貴博）

5：システム論的アプローチ・家族療法

家族療法とは，広義には家族を対象とした心理療法を意味するが，狭義には家族システム論の属性に依拠した見立てと介入を行う心理療法を意味する（→⑪３）。代表的なモデルには，ヘイリー Haley, J. の戦略的家族療法，ミニューチン Minuchin, S. の構造的家族療法，ボーエン Bowen, M. の多世代家族療法などがある。さらに，社会構成主義の影響と共に発展したド・シェイザー de Shazer, S. とバーグ Berg, I. K. の解決志向ブリーフセラピーも含め展開している。代表的な技法としては，家族の持つ言語的・非言語的特徴をセラピストが同様に用いることで，家族システムにスムーズに溶け込むジョイニング，ものの見方の前提となるフレームを変えることで，家族成員の問題や解決に関連する言動の変化を促すリフレーミングがある。さらに，家族メンバー一人ひとりを尊重するという観点から，特に傷つけられている，苦労が理解されていない，立場が弱いといったメンバーに積極的に肩入れを行う多方向への肩入れがある。

システム論的アプローチ：主として家族療法の分野において，個人が呈する問題をシステム理論に依拠した視点から見立て，アプローチを行う心理療法の総称である。家族を構成するメンバーの複雑な相互作用と関係性からなる一つのまとまりをもった有機的システムとして捉え，問題や言動の背景となる文脈との関連やシステムを構成するメンバー同士の関係性のあり方，メンバー間で繰り返されるパターンといった視点を強調する。特徴として，問題にまつわる一連の出来事を，原因と結果が幾重にも連鎖する循環的で回帰的なプロセスである円環的認識論によって把握するため，問題の原因を追及し，いずれかのメンバーを悪者にすることをしない。伝統的には，問題を呈する家族メンバーを IP（Identified Patient；患者とみなされている人）と呼び，非機能的な家族システムの問題として見立てる。

（狐塚貴博・板倉憲政）

6：森田療法・内観療法

森田療法：1919年，森田正馬が創始した日本発祥の精神療法。森田神経質（森田療法の適応となる神経症者）の構成を，神経質＝**ヒポコンドリー性基調**（素質）×機会（契機）×**精神交互作用**（病因）と考えた。ヒポコンドリー性基調とは，死を恐れ，病を苦にし，不快苦痛を気にする傾向のことで，精神交互作用とは，心身の不快な反応を取り除こうとすればするほど自己の注意がそれに集中してしまい，こうした反応がますます鋭く強く感じられ，さらに注意が引きつけられてしまう現象のこと。入院での場合，絶対臥褥期，軽作業期，作業期，社会復帰期に分けられ，治療者の不問的態度（症状の訴えを取り上げない），患者の，不安を持ちつつ目の前の作業に取り組む行動的体験，日々の行動を日記に記すことからなる。治療原理は，①とらわれに基づく悪循環の打破と自然治癒力の発動，②不安，苦悩をあるがままに受け入れていくこと，③自らの生きる欲望に乗って目の前の目的に取り組んでいくこととされる。

内観療法：吉本伊信が「身調べ」と呼ばれた自己洞察法をもとに創始した日本発祥の心理療法。内観とは，感謝・素直・謙虚の概念をもとに相手の立場から自己を見つめる作業のこと。屏風を立てた半畳ほどの空間に一人で静座し，生まれてから現在までの自分について調べる。自分と関わりの深かった人（両親，家族など）に対して過去の自分の行動や生活態度を内観３項目（お世話になったこと・して返したこと・ご迷惑をかけたこと）や嘘と盗みについて年代別に省みてもらう。1時間おきくらいに数分間，面接者と話す。自己内省が進むことで，自己中心的な思考から他者に生かされているという発想の転回を主眼とする。

（玉井康之）

7：子どもの心理療法

遊戯療法とは，遊びを媒介して子どもの心理的問題にアプローチする心理療法である。遊びを子どものセラピーへ取り入れたのは，アンナ・フロイト Freud, A. とメラニー・クライン Klein, M. であるが，遊びは子どもが精神分析療法を受けられるような下地を形成するための土台であるとしたアンナ・フロイトと，遊びを象徴的に理解することで子どもへの精神分析療法が行えると主張するメラニー・クラインの間で，激しく論争が行われた。

その後，子ども中心遊戯療法を提唱したアクスライン Axline, V. M. は，子どもが遊びを通して成長し，自己治癒力を回復させていくことを重視し，基本的な８原則として，１）ラポールの形成，２）あるがままの受容，３）許容的な雰囲気，４）情緒の的確な察知，５）子どもに自信と責任を持たせる，６）非指示的態度，７）治療の進行を急がない，８）必要な制限を与える，を示した。小児科医であり精神分析家であるウィニコット Winnicott, D. は，遊ぶこと自体が治療であると主張した。

遊戯療法のみでなく，非言語的な手段を用いて気持ちを表現する中で心理的問題の解決を目指す**非言語的支援**は，幅広い年齢に対して用いられている。描画による非言語的支援のうち，中井久夫が開発した風景構成法は，A4 用紙に，川，山，田，道，家，木，人，花，動物，石を順番に書いて風景を完成させるものである。他にも，ナウムブルグ Naumburg, M. が考案した，A4 用紙にサインペンで自由になぐり書きを行うスクリブル法や，ウィニコットが考案した，セラピストとクライエントが交互になぐり書きをした中から相互に絵を見つけていくスクイグル法などがある（→⑭７）。

箱庭療法は，カルフ Kalff, D. M. によって確立された心理療法であり，日本には 1965 年に河合隼雄が紹介した。縦 57 cm ×横 72 cm ×高さ 7 cm の砂箱に，人間や動物，植物，乗り物，建築物などのミニチュアを置いて作品を作る過程において，砂箱の枠や見守り手である治療者との関係といった守りの中でクライエントの深い内界のイメージが表現されるとされている（Kalff, 1966）。

（横山佳奈）

8：身体へのアプローチ

身体と心は古来より相互に関わりあうとされ，身体を通して症状に働きかける心理療法は，身体を面接の重要な媒体と捉える。1932年シュルツSchultz, J.による**自律訓練法**は催眠のエッセンスを抽出し科学的に再構成したもので，背景公式と第1から第6公式まで7段階の簡素化された暗示を繰り返すことで意識状態をリラックスへと変化させる。同じ頃ジェイコブソンJacobson, E.が開発した，意識的に筋肉の緊張と弛緩を繰り返してリラックスさせる**漸進的筋弛緩法**と共に，身体の**リラクセーション**を症状軽減に用いる療法として知られる。一方，成瀬悟策による**臨床動作法**は動作を手段として，それと一体的なこころの治療的変化を目指す心理療法である。ここでいう「動作」とは，「意識的であれ無意識的であれ，からだを動かそうと意図して，それを実現しようと努力する心理過程の結果として生じる緊張なり動きなりをいう」（鶴, 2007）。同じ気持ちが長く続けば，その動作も恒常化し，姿勢化する。動作をよりよい方向に変えていき有効な体験が展開することでこころの順調さを取り戻すことができる。脳性まひの動作不自由の改善を目的とした研究に始まり，現在は心身症など多くの対象者に適用される。これら身体心理療法は健康医学や心理教育にも使用される。

近年，身体志向の心理療法はトラウマケア分野への貢献が著しい。トラウマは身体感覚と結びつき非言語的な記憶としても保持される。そこでトラウマに起因する身体感覚や感情を別つことを体の芯から感じられる体験を促すボトムアップな方法の有効性が示されている（van der Kolk, 2014）。1989年シャピロShapiro, F.により提唱された**EMDR**（Eye Movement Desensitization and Reprocessing）は，認知や感情と身体感覚の心身両面に注意を向けつつ眼球運動などを用いてトラウマ記憶を再処理する心理療法である。他にもヨガやセンサリーモーター・サイコセラピー，ソマティック・エクスペリエンシングなど多くの身体を扱う療法の効果が期待されている。

（緒川和代）

9：その他の心理療法

ポジティブ心理学（positive psychology）はその名の通り，人間のポジティブ（良質）な側面に注目した，ジェームズ James, W. やマズロー Maslow, A. H. をルーツとする心理療法（支援）のアプローチである。**マインドフルネス**（mindfulness）とは「念」という心の使い方（能力）を表す仏教概念の英訳であり，1970 年代より欧米において心理療法の技法として取り入れられるようになってきたアプローチである。いずれのアプローチも心理療法が病理の理解と介入など人間のネガティブな面に焦点化してきたことへのアンチテーゼとして，人間の良質な側面や人間の可能性を開花させることに力点をおいたものといえる。

<u>ポジティブ心理学</u>

人の弱み・短所ではなく強み・長所，そして改善するべき問題ではなく良い点に焦点を当て，人生における困難を修正することではなく，平均的な人生を最高なものにすることを主眼におく心理学的アプローチである。

このようなアプローチを心理学会における一領域として打ち出し発展させたのがセリグマン Seligman, M. E. P. である。セリグマンは 1960 年代より研究してきた**学習性無力感**（learned helplessness）が抑うつの原因のひとつであると考え，抑うつ治療と予防に関する研究に貢献した。しかしセリグマンはそれでは不十分であると考え，心理学が人間の幸せと高揚に貢献するための学習可能な心理特性を模索した。そこで注目したのが**レジリエンス**（resilience）と**学習性楽観性**（learned optimism）であり，それがレジリエンストレーニング法の開発へとつながって行った。

ポジティブ心理学には幸福，喜び，ひらめき，**フロー**（flow；活動に没頭して得られる喜びや楽しさ）といった**ポジティブ体験**に焦点を当てるアプローチや感謝，レジリエンス（心が回復する力），哀れみなどポジティブな状態や特性に焦点を当てるアプローチがある。**ウェルビーイング**（well being；心の良質な状態），**ワーク・エンゲイジメント**（work engagement；仕事に積極的に関わる姿勢），**人生満足感**などを高めるための介入方法の開発と実践が，心理療法としてのポジティブ心理学の特徴である。

Ⓚ ポジティブ心理学、マインドフルネス、学習性無力感、レジリエンス、学習性楽観性、フロー、ポジティブ体験、ウェルビーイング、ワーク・エンゲイジメント、人生満足感、瞑想、マインドフルネスストレス低減法、マインドフルネス認知療法

K ポジティブ心理学、マインドフルネス、学習性無力感、レジリエンス、学習性楽観性、フロー、ポジティブ体験、ウェルビーイング、ワーク・エンゲイジメント、人生満足感、瞑想、マインドフルネスストレス低減法、マインドフルネス認知療法

マインドフルネス

念（パーリ語のサティ）は仏教の修行に必要な基本的能力であり，意識を対象に止めておく能力を指す。その際に何らの価値判断や審判を下すことなく（非判断的）意識を保つことが大切とされる。物事をありのままに捉えることを通して，瞬間を捉え，また自らの心の動きを内省することで，決めつけたり避けたりするのではなく，直視して受け入れることができるのである。

マインドフルネスは 1881 年に仏教研究者のリス・デイヴィッズ Rhys Davids, T. W. によって英訳が発表され，仏教用語として浸透するとともに主に**瞑想**（meditation）の文脈で扱われた用語であった。マインドフルネスが心理学・心理療法（精神医療）として用いられたのが 1970 年代以降であり，その先駆者がカバット・ジン Kabat-Zinn, J. の**マインドフルネスストレス低減法**（Mindfulness-Based Stress Reduction; MBSR）である。これは日常の瞑想，呼吸法やヨガなどを通してマインドフルネスのスキルを高める 8 週間の訓練プログラムであり，当初疼痛を対象としたがその後抑うつや不安などにも対象を広げているものである。また**マインドフルネス認知療法**（Mindfulness-Based Cognitive Therapy; MBCT）は MBSR のマインドフルネスの概念と訓練法を踏襲したうつ病の再発と予防を目的とする心理療法である。マインドフルネスを用いて反芻的認知・感情処理を抑えることを通して，抑うつ的思考の悪化を防止することが治療の目的となる。

（松本寿弥）

10：アウトリーチ

アウトリーチは英語の reach out（手を伸ばす）が語源で，必要に応じて「出向いていく」支援手法のことである。もともとは福祉分野の用語で「接近困難な人に対して，当事者から要請がない場合でも積極的に出向いていき，信頼関係を構築したり，サービスの動機づけづけを行う，あるいは直接サービスを提供する」支援である（船越，2016）。要支援者への対応だけではなく，関係者への**コンサルテーション**をはじめとした協働を行うことで個人と環境との適合性を図るコミュニティ・アプローチが重視され，治療に加えて「より良く生きる」環境調整を行うための多職種連携が必須となる。

戦後，精神疾患患者の「脱施設化」（入院に依存させず地域での生活へ返すこと）を目指す流れの中で，米国では**包括型地域生活支援プログラム**（Assertive Community Treatment; **ACT**）が開発された。医療，生活支援，心理教育を含めた包括的なサービスを多職種で構成されたチームが「assertive に訪問する」形式で行う支援である。近年，海外の動きから遅れてはいるが，少子高齢化社会が進む日本においても脱施設化・地域移行を目指し多様な地域包括ケアのモデル事業が行われ，心理支援者もチームの一員を担うことが期待されている。例えば，**自殺予防**対策として地域単位での**ゲートキーパー**育成やひきこもりなど危険因子群への訪問支援，および，2025 年問題に応じて高齢者が「住み慣れた場所で最後まで」生活するための**地域包括ケアシステム**構築などである。

システムとしての訪問支援と異なる形式として，緊急事態が生じた現場に出向く「緊急支援アウトリーチ（危機的現場介入型）」があげられる（小澤ら，2017）。震災，風水害といった**災害時支援**，事故や事件，身近な対象の喪失など大きな心理的ショックを受ける事態に遭遇した個人，組織，あるいは地域への緊急支援が該当する。

（山上史野）

Ⓚ アウトリーチ、コンサルテーション、包括型地域生活支援プログラム（ACT）、自殺予防、ゲートキーパー、地域包括ケアシステム、災害時支援

11：支援方法の選択・調整

Ⓚ 援助要請、エビデンス・ベースド・アプローチ（EBA）、ESTs、ナラティブ・ベースド・アプローチ（NBA）、多元的アプローチ

援助要請とは，「他者に助けを求めること」であり，心理援助の分野では，クラエイントが困りごとや悩みを抱えた時に，カウンセラーや医師などの専門家に対して援助を求めることを示す。心理的支援を提供する際には，クラエイントの援助要請に基づいて，適切な方法を選択・調整する必要がある。以下は，支援方法を選択・調整する上で参考になる考え方である。

エビデンス・ベースド・アプローチ（EBA）：心理援助において，単なる理論的推測ではなく，エビデンスに基づいて支援方法を選択する立場である。支援方法が本当に効果的であるのかどうかを科学的な手法により検証し，より効果的であると実証された（エビデンスに基づいた）アプローチを選択する。ここでいうエビデンスとは「最新最良の科学的な研究結果」のことを指し，通常は，ランダム化比較試験（Randomized Controlled Trial; RCT）の結果をメタ分析という統計手法を用いて統合的に評価することで得られる。また，現在，DSM-5 などの診断基準に基づき，特定の症状や疾病に対する「**実証的に支持されている心理療法**（ESTs）」がリスト化されている。例えば，うつ病に対する認知療法や対人関係療法，境界性パーソナリティ障害への弁証法的行動療法などである。

ナラティヴ・ベースド・アプローチ（NBA）：個々のクライエントの経験，クライエントの語る物語に注目し，その語りを尊重するところから支援を組み立てていく立場である（斎藤，2018）。クライエントの語り（物語）がセラピストに聴き取られていく過程で新たな意味が生成され，物語が変容していく。物語は，単なる論理的で合理的な筋書き（プロット）ではなく，語りと聴き手の間で情動や感情を喚起し，多彩な意味合いが付与されたダイナミックな相互交流となる。NBA は，エビデンスを軽視するわけではないが，EBA のみで支援することの限界を認め，関係性や間主観性をより重視したアプローチといえる。

多元的アプローチ：心理援助において，特定の立場や流派が唯一正しく効果があると捉えるのではなく，異なるセラピーにはそれぞれ役立つもの

があるという考え方に基づき，理論や実践における多様性を重視する立場である。例えば，クーパー Cooper, M. とマクレオッド McLeod, J.（2011）は「多くの異なる事柄が要支援者にとって援助的であり得ること」「何が最も援助的であるかは要支援者と話し合うこと」が基本原則であると述べている。多元的アプローチによると，支援方法の選択には，エビデンスのみではなく，要支援者の価値観や志向性，文化的背景などを考慮することが重要となるため，適切な支援方法の選択には，要支援者と協働していく姿勢を維持することが重視されている。

最後に，いずれのアプローチにおいても，カウンセラーは，クライエントの本来有する強みや成長力（**ストレングス**）に働きかけ，その潜在的な力を**エンパワメント**（力づける）することで，クライエントの主体的な問題解決能力を高めることが重要となる。

（杉岡正典）

12：支援におけるコミュニケーション

要支援者との良好な人間関係を築くことは，支援を進めて行く際に基盤となる重要な事項である。具体的には，ラポールの形成および作業同盟と呼ばれる協力関係の形成や，傾聴および共感的理解を基本的な姿勢としたコミュニケーションが要支援者と支援者の間の関係構築に重要となる。

ラポール：カウンセリングにおけるクライエントとカウンセラーの信頼関係のことであり，話しやすいあたたかな雰囲気がそこには流れる。

作業同盟（therapeutic alliance）：セラピー開始時に，クライエントとセラピストが時間や回数，ルール，治療目標などについて十分に話し合い，双方が納得したうえで取り決められた面接契約に基づいて協働してセラピーに取り組むことを指す。

傾聴：相手の話に耳を傾け，表情やしぐさにも目を向けながら，伝えたいことを理解しようと意識して聴くことをいう。

共感的理解：ロジャーズ Rogers, C. R.（1957）がセラピーにおけるセラピストの態度として重視したものの一つであり，クライエントの私的な世界をあたかもそれが自分自身の世界であるかのように感じとることをいう。理解したことをクライエントに伝えていくことで，クライエントの内的世界をさらに理解していくことになる。

また，要支援者の権利が保障される重要性についても支援者は理解しておく必要がある。

ケースアドボケイト：心理支援が必要とされるさまざまな場，とりわけ医療や福祉の場においては，自分の力で権利を主張して適切な専門的サービスが受けられないクライエントに出会うことがある。このような場合には支援者が対象者の権利を守り，彼らの主張を代弁することを通して適切な支援がなされるよう権利擁護の実践を行うことも重要な役割の一つとなる。こうした働きかけを**ケースアドボケイト**という。（子どもの権利擁護（アドボカシー）（→㉓6））。

（三後美紀）

13：心理療法およびカウンセリングの限界・支援の倫理

心理療法やカウンセリングは万能ではなく限界があり，心理療法の効果や適用については十分に吟味する必要がある。

心理療法の効果研究のひとつにメタ分析がある（→⑤５）。また，近年，より科学的に効果が実証された心理療法を提唱していく考え方（EBA; Evidence Based Approach →⑮ 11）も注目されている。

心理療法の限界

心理療法は中断することもある。中断の問題を考える際には，セラピストとクライエントの治療関係において生じる問題や，内省的でないクライエントとのカウンセリングにおける問題なども考慮しなくてはならない（動機づけ面接法→⑮２）。

負の相補性（negetive-complementarity）：セラピストとクライエントが治療関係の中で互いに怒りと敵意を増幅させてしまうこと（岩壁，2007）。また，このときのセラピスト側の感情は逆転移としても理解される。

要支援者のプライバシーの配慮

心理支援に関わる者には要支援者のプライバシーへの配慮が義務付けられている。一方で，守秘義務の適用範囲には例外もある。また，援助には効果とリスクもある。これらについて要支援者が十分に理解し，自己決定できるようにすることが重要である。

個人の尊厳と自己決定の尊重：金沢（2006）は心理臨床家の職業倫理の７原則をまとめているが，インフォームド・コンセント（→①３）を得て相手の自己決定権を尊重することもその１つとなっている。

（三後美紀）

1：ストレスと心身の疾病

Ⓚ 生活習慣病、ストレス反応、糖尿病、高血圧症、心疾患、脳血管障害（脳卒中）、がん（悪性新生物）、健康日本21

健康を損なうリスクの高い生活習慣をもつ人には，持続的なストレスを経験している人が多く，生活習慣病の背景にストレスの影響が指摘されている（National Institute for Occupational Safety and Health, 1999）。また，**生活習慣病**は患者本人だけでなく，家族の生活への影響，介助，介護問題とも強く関連しており，不適切な生活習慣の是正とともに，ライフサイクルの概念を包括したサポートが身体的疾病の予防，心の健康増進には必要となる。

ストレス反応：「ストレス」という用語は，その操作的定義が広いことから扱われる領域においてさまざまに捉えられている。本稿では，心理学の分野における「心理学的ストレス」について記述する。心理学的ストレスとは，「ある個人の資源に何か重荷を負わせるような，あるいは，その資源を超えるようなものとして主観的に評価された要求」(Lazarus, 1983)である。人が何らかの刺激（ストレッサー）に遭遇し，それに対する反応（ストレイン・ストレス反応）が生じる過程において，人は，その刺激が自分にとってどの程度脅威であるか評価し（一次評価），その評価に基づいてどのように対処するのかを判断（二次評価）している。この２つの評価を経て選択された刺激への対処方略（コーピング）が実行される。コーピングには，その状況で生じている問題自体への対処を中心とした「問題焦点型コーピング」と，問題そのものについての対処ではなく問題によって生じた感情の調整を中心とした「情動焦点型コーピング」がある。ストレスフルだと評価された状況，問題へのコーピングがうまく機能しない場合，心理面，身体面，行動面にストレス反応が生じる。

生活習慣病（厚生省，1996）：食事や運動，喫煙，飲酒，ストレスなどの生活習慣が深く関与し，発症の原因となる疾患の総称である。生活習慣病には，肥満症，**糖尿病**，**高血圧症**，脂質異常症（高脂血症）などがあり，内臓肥満に高血圧・高血糖・脂質代謝異常が組み合わさり，**心疾患**，**脳血管障害（脳卒中）**などの動脈硬化性疾患をまねきやすい病態を特にメタボリック・シンドロームと呼ぶ。

糖尿病：インスリンの作用不足により高血糖が慢性的に続く病気である。病型には，Ⅰ型とⅡ型がある。Ⅰ型は自己免疫疾患などが原因となりインスリン分泌細胞が破壊されるもので，インスリンの自己注射が必要となる。一方，Ⅱ型は遺伝的要因に過食や運動不足などの生活習慣病が重なって発症する。日本人の多くはⅡ型であり，疑いのある人を含めると成人の６人に１人，約1,870万人にのぼる。

脳血管障害（脳卒中）：脳血管障害には，脳の血管が詰まる脳梗塞と脳の血管が破れる脳出血，くも膜下出血があり，いずれも高血圧が最大の原因となっている。高血圧が長く続くと動脈硬化が進行し，やがて脳の血管が詰まって脳梗塞になる。高血圧の程度が強い場合，脳の血管が破れて脳出血になったり，また脳の血管の一部分に動脈瘤が生じ破裂してくも膜下出血となる。

がん（悪性新生物）：がんは，日本人の死因の第一位の病気であり，一生のうち２人に１人（男性の60％，女性の45％）が罹患，３人に１人が亡くなるというすべての人にとって身近な病気である。

健康日本21（21世紀における国民健康づくり運動）：人口の急速な高齢化や疾病構造の変化，生活習慣病の増加などから，生活習慣の見直しなどを通じ積極的に健康を増進し疾病を予防する一次予防に重点を置いた「健康日本21」が平成12（2000）年から推進されている。これは，自らの健康観に基づく一人ひとりの取り組みを社会のさまざまな健康関連グループが支援し健康を実現することを理念としており，国民一人ひとりが稔り豊かで満足できる人生を全うできるようにし，併せて持続可能な社会の実現を図ることを目的としている。

（石川佳奈）

2：ストレス症状と心身症

Ⓚ 心身症、うつ、物質依存症、燃え尽き症候群、ストレスコーピング、タイプA行動パターン、アレキシサイミア

ストレスが引き起こす心身の状態として，**心身症**（→㉑1）や**うつ**症状（→㉒6），**物質依存症**（→㉑3），**燃え尽き症候群**などがあげられる。

心身症（psychosomatic disease）：「身体疾患の中で，その発症や経過に心理社会的因子が密接に関与し，器質的ないし機能的障害が認められる病態をいう。ただし神経症やうつ病など，他の精神障害に伴う身体症状を除外する」もののことをいう（日本心身医学会，1991）。心身症とその周辺疾患は，呼吸器系，循環器系，消化器系，小児科領域など幅広い領域にまたがっており，代表的な心身症として胃潰瘍，気管支喘息，本態性高血圧などがあげられる。心身症は単純な身体疾患ではなく，環境，本人の心理的特性，ストレスへの対処方略（**ストレスコーピング**）が関連した病態である。そのため，心身症治療では，その症状を「信号」と「象徴」の両側面から捉え，心身両面からのアプローチが重要とされている（石川・末松，1985）。心身症との関連が指摘される心理的特性に，**タイプA行動パターン**（高い野心，競争心，性急さなどを示す行動パターン）と**アレキシサイミア**（自身の感情を同定できない，言語化できないなどの心理的特性で失感情症ともよばれる）があり，心身医学の領域ではこれらの概念をふまえた治療が行われている。

燃え尽き症候群（Freudenberger, H. J., 1974）：仕事を通じて，情緒的に力を出し尽くし，情緒を使い果たし消耗してしまった状態である「情緒的消耗感」，相手に対して無情で非人間的な対応をとる「脱人格化」，職務に関する有能感，達成感が低下する「個人的達成感の低下」の３つの症状を特徴とする病態である（Maslach, C. et al., 1982）。これらの病態はバーンアウトともよばれており，職務において多大な情緒的エネルギーを必要とする対人援助職に特徴的なストレス症状とされている。この３つの症状のうち，「情緒的消耗感」は燃え尽き症候群の主症状と考えられており，他の２つの症状は情緒的な資源の枯渇状態の副次的な結果であるとされている。

（石川佳奈）

3：予防の考え方

メンタルヘルスに関する予防の考え方には，以下の２つのモデルがある。

- **キャプランの三次元モデル**：キャプラン Caplan, G.（1964）は，公衆衛生における予防の概念を精神医療に導入した（表⑯ 3-1）。
- **アメリカ医学研究所（IOM）による予防カテゴリー**：1990 年代に入って普及し，予防という用語を医学的診断がつく前の状態の人や集団に限定した（表⑯ 3-2）。

アルビー Albee, G. による予防方程式：心理的問題の発生率は以下の方程式に当てはまるとされる。発生率＝［ストレス＋脆弱性］÷［コーピングスキル＋自尊心＋知覚されたソーシャルサポート］この方程式によると，心理的問題の発生率は「ストレス」と「脆弱性」（リスク要因）を弱め，保護因子である「コーピングスキル」「自尊感情」「知覚されたソーシャルサポート」（保護要因）を高めることで低下すると想定される。

（杉岡正典）

表⑯ 3-1　キャプランの予防の三次元モデル

分類	定義	例
一次予防	疾病のない健康な人々を対象に，疾病の発生を未然に防ぎ，健康状態を促進するために働きかけること	児童生徒への心の健康教育や自殺予防活動など
二次予防	未だ疾病の発症には至っていないが潜在的リスクをもつ人々に対し，早期発見・早期介入を行うこと	事業所のストレスチェックなど
三次予防	すでに発病し問題を抱えている人々を対象に疾病の長期化を防ぐために働きかけること	慢性患者のリハビリテーション，復職支援など

表⑯ 3-2　アメリカ医学研究所（IOM）による予防のカテゴリー

分類	定義	例
普遍的予防	すべての人や集団を対象とした介入	予防接種，学校や職場のストレスマネジメントなど
選択的予防	ハイリスク要因を有する人や集団を対象とした介入	引きこもりの若者支援，マイノリティ支援など
指示的予防	予兆や軽微な徴候があり，明らかなリスク要因を有するものの，すべての診断基準は満たしていない人や集団を対象とした介入	血圧や血糖値のコントロールなど

Ⓚ キャプランの三次元モデル、アメリカ医学研究所（IOM）による予防カテゴリー、アルビーの予防方程式

4：先端医療の心理的課題と支援

先端医療によって新たな治療法が開発される一方で，治療法が確立していない希少な疾患や長期に多剤服薬が必要な後天性免疫不全症候群（AIDS →㉑２），長期療養を必要とする難病や遺伝性疾患などがあり，治療法の選択をめぐる倫理的問題などのために患者の抱える葛藤や苦悩は大きい。そうした先端医療においてさまざまな心理的課題が生じており，患者や家族への心理ケアと多職種連携が心理職に求められている（日本小児精神神経学会，2017）。

遺伝カウンセリング：遺伝性疾患の患者・家族またはその可能性のある人（クライエント）に対して，生活設計上の選択を自らの意思で決定し行動できるよう臨床遺伝学的診断を行い，遺伝医学的判断に基づき遺伝予後などの適切な情報を提供し，支援する医療行為である（日本医学会，2011）。十分な遺伝医学的知識・経験をもち，遺伝カウンセリングに習熟した臨床遺伝専門医などによりクライエントの心理状態をつねに把握しながら行い，必要に応じて，精神科医，臨床心理専門職，遺伝看護師，ソーシャルワーカーなどの協力を求め，チームで行うことが望ましい。遺伝カウンセリングは病気や障害について遺伝との関係を考えて不安をもっている人や，遺伝性疾患をもって生まれた赤ちゃんやその家族が対象となる。心理支援の技能はもとより，遺伝学的な知識も必要であり，臨床遺伝専門医や認定遺伝カウンセラーが行うことが望ましい。ヒトゲノム全解読や遺伝子検査，出生前診断など遺伝医療の進歩はめざましいが，生命倫理問題や個人情報問題なども生じており，患者・家族の悩みに寄り添う心理支援が必要とされている。

チーム医療：「医療に従事する多種多様な医療スタッフが各々の高い専門性を前提に，目的と情報を共有し，業務を分担しつつも互いに連携・補完し合い，患者の状況に的確に対応した医療を提供すること」と定義されている（厚生労働省，2010）。入院中や外来通院中の患者の**QOL**（Quality of Life）の維持・向上，患者の人生観を尊重した療養の実現をサポートしていく。総合病院には緩和ケアチーム，精神科リエゾンチーム，栄養サポートチーム，認知症ケアチームなどさまざまなチームが**多職種連携**を行い，全科を横断して活動し，診療報酬上においても評価されている。

がん医療において手術や放射線療法，化学療法などを組み合わせた集学的治療が行われ治癒率や生存率が大きく改善された。1980年代にはWHOがQOLに関する専門家会議を開き，患者の生活の質を重視し，現在では仕事をしながらも治療を受ける患者への支援や生殖医療の進歩により妊孕性（妊娠するための能力）の温存などがん治療を受けながらもその人らしく生きられるよう配慮されるようになってきている。

コンサルテーション・リエゾン（CL）：身体疾患患者のメンタルヘルス上の問題に対して，生物心理社会モデルを基礎として対応することで患者のQOLの向上を図るものである。精神医学の一分野として発展したが，小児科分野や先端医療などのチーム医療としても広がりをみせている。がんの経過中には10～30％の人が適応障害やうつ病に相当するストレスを抱えるといわれており，不眠や不安，手術後のせん妄，終末期のうつ症状などの症状の精神疾患合併はQOLを低下し，本来の治療やケアを妨げることにもなり，早期の介入が求められる。精神科リエゾンチームでは一般病棟に入院する患者に対し，精神科医，精神看護専門看護師などの専門性の高い看護師，公認心理師らがチームを組み，定期的なカンファレンスおよび評価，薬物治療や精神療法などを行っている。心理職は身体疾患に対する知識を身につけ，がん告知の受け止めや治療の選択，喪失過程における悲嘆によりそい，その人自身が選択し，生と死に向き合うことを支援することが求められている。

アドバンス・ケア・プランニング（ACP）：重篤な疾患や慢性疾患において，今後の治療方法の選択や療養について患者・家族と医療従事者があらかじめ話し合う自発的なプロセスのことをいう。患者の価値や目標を実際にうける医療に反映させること，話し合いのプロセスを記録に残し，共有し，繰り返し見直しをすることが重要である。

（丹羽早智子）

5：保健活動における心理支援

公認心理師の保健活動は，主に保健所・保健センター等が担う地域保健活動の領域での活動を指す。地域保健活動には母子保健・高齢者保健・精神保健など広範な領域が含まれる。

発達相談：乳幼児の身体発育，運動発達および精神発達などについての相談。保健所・保健センターが主体となり，乳幼児健診（乳幼児に対する健康診査）や個別相談窓口，療育や事後教室などで実施されることが多い。発達相談の目的は，1）発達アセスメントによる早期発見・早期支援，2）発達支援につなぐことによる適切な精神発達や社会適応への支援，3）発達や障害に対する保護者の不安への配慮と子ども理解に向けての支援，4）家族関係の支援，5）子育て不安への対応，6）虐待防止・対応などその他多くの事項が含まれている。また保育園や学校などへの訪問による相談（巡回発達相談）も行われ，相談の場も子育て支援センター（子ども家庭支援センター）や児童相談所，発達障害者支援センターなどに広がっている。

自殺対策：自殺総合対策大綱（平成 29（2017）年）の中では自殺対策として，「社会における『生きることの阻害要因（自殺のリスク要因）』を減らし，『生きることの促進要因（自殺に対する保護要因）』を増やすことを通じて，社会全体の自殺リスクを低下させる」という方向性が示されている。自殺は多様かつ複合的な原因・背景を有し，それらが連鎖する中で起きているが，うつ病をはじめとする気分障害への対策は自殺対策において重要視されている。また，自殺予防として精神疾患，依存症等のハイリスク者への対策，ひきこもり，児童虐待，性犯罪・性暴力の被害者，生活困窮者，ひとり親家庭，性的マイノリティに対する支援の充実，多様な相談手段の確保，居場所づくりなども提言されている。

自殺予防対策は，1）prevention（プリベンション；事前対応），2）intervention（インターベンション；危機介入），3）postvention（ポストベンション；事後対応）の３段階でとらえる見方が一般的である。1）はすべての人に対するメンタルヘルスや啓蒙活動などが，2）は自殺企図のハイリスク群への心理的介入などが，3）は自殺未遂者や自殺企図後の遺族や周囲の関係者への支援などが含まれる。保健活動においては，関連の多職種と連携しながらすべての段階において関与することが求められる。

ひきこもりへの支援：厚生労働省はひきこもりを「様々な要因の結果として，社会的参加（義務教育を含む就学，非常勤職を含む就労，家庭外での交遊など）を回避し，原則的には6カ月以上にわたって概ね家庭にとどまり続けている状態（他者と関わらない形での外出をしている場合も含む）」と定義している。ひきこもりは単一の疾患や障害の概念ではなく，さまざまな要因が複雑に絡み合って形成された状態像を示している。統合失調症や気分障害等の精神疾患との関連や，知的障害，発達障害，パーソナリティ障害を背景とする可能性など（近藤ら，2010）が示唆されるが，ひきこもり状態により医療機関での適切な治療につながらないことが長期化の要因の一つとも考えられている。専門的な相談は主に保健所や精神福祉保健センターが担っているが，平成21（2009）年度よりひきこもり地域支援センターが設置され，ひきこもり支援コーディネーターが家族や本人への支援や相談を来談や訪問によって実施しており，今後は心理専門職も含めた多職種によるチーム支援の促進が期待されている。

認知症高齢者支援：認知症高齢者が，自身の住み慣れた地域で自分らしい暮らしを人生の最後まで続けられるよう，認知症の人やその家族の視点をと重視した施策が地域包括支援センター等を中心として行われている（新オレンジプラン→㉓9）。支援においては適切なアセスメントによるBPSD（Behavioral and Psychological Symptoms of Dementia；認知症の行動・心理症状→⑰8）の予防や対応が求められるとともに，家族などの介護者の精神的身体的な負担の軽減などが必要とされている。BPSDは環境や他者との関係，以前の性格などが関連し表れ方には個人差があるが，中核症状とは異なり早期に適切な治療を行うことで症状を軽減させられる。

職場復帰支援：産業保健の領域における公認心理師の活動のひとつに職場復帰支援が挙げられる。これらは職場内での支援にとどまらず地域産業保健センター等外部の支援機関との連携協力が求められる（→⑳1）。

うつ（抑うつ症状・うつ病等）：対象者の感情障害（うつ病等）や抑うつ症状への気づきや支援が重要となる（→㉒6）。（堀美和子）

6：災害時の心理的反応

急性ストレス障害：災害による生命の危機，親しい人との死別，あるいは遺体関連業務への従事といった心的外傷的出来事に暴露されることによって，急性ストレス障害（Acute Stress Disorder; ASD）になりうる。DSM-5による特徴として，侵入症状（例：災害時の記憶が不意に思い起こされる），陰性気分（例：幸福感や満足感などを感じることができない），解離症状（例：現実感のない感覚や災害時の出来事を思い出すことが困難になる），回避症状（例：災害時の出来事に関連する事柄（人，物，場所，話題など）を極力避けようとする），覚醒症状（例：睡眠が困難になったり，自身の感情や周囲に対して過敏になったりする）が挙げられ，これらの障害のいずれか複数が心的外傷的出来事の暴露から3日〜1カ月までの期間で継続的に持続することが診断基準の1つとなっている。

心的外傷後ストレス障害：災害において心的外傷的出来事に暴露され，それが長期化した場合には，心的外傷後ストレス障害（Post Traumatic Stress Disorder; **PTSD**）になりうる。DSM-5による特徴として，侵入症状，陰性気分，回避症状，覚醒症状が挙げられ，これらの障害がそれぞれ心的外傷的出来事の暴露から1カ月以上の長期間に持続することが診断基準の1つとなっている。急性ストレス障害からPTSDに進展する場合もある。症状の持続時間はさまざまであり，成人の約半数は発症後3カ月以内に完全に回復するが，その後も年単位の長期にわたって症状が継続する人もいる。また，心的外傷的出来事から6カ月間は診断基準を完全には満たしていなかったものの，その後にPTSDの基準を満たす障害が発生する場合もあり，それは「遅延顕症型」と呼ばれる（→㉒8）。

（野口修司・狐塚貴博）

7：災害時の心理的支援

Ⓚ 心理的応急処置（サイコロジカル・ファーストエイド）、心のケアチーム、DPAT、支援者のケア、二次被害、災害保健医療体制

心理的応急処置：心理的応急処置（Psychological First Aid; PFA）とは，災害直後の被災者にどう心理支援を行っていけば良いかという手引きである。代表的なものとして，米国の国立子どもトラウマティックストレス・ネットワークと同PTSDセンターが共同で作成したガイドラインと，世界保健機構と戦争トラウマ財団ワールド・ビジョン・インターナショナルが共同で作成したガイドラインのがあり，無償で公開されている。具体的な内容として，１）災害直後の心理支援では被災者の文化・環境に配慮した適切な関係性を築いた上で心身の安全を確保する，２）被災者の困っていることや不安などのニーズを把握し支援や情報を提供する，３）被災者にとって継続的な支援が必要だと見込まれる場合には適切な機関もしくは相手への紹介・引継ぎをする，ということの重要性が挙げられる。

心のケアチーム：東日本大震災時，災害救助法に基づいて被災県からの要請に応じて厚生労働省が斡旋する心のケアチームが各避難所に派遣された。これは，厚生労働省から各都道府県等に対して被災地での災害時精神保健医療活動を要請するものであり，各都道府県の公的医療機関・民間病院等に所属する精神科医師，看護師，保健師，臨床心理職らがチームとして被災地での支援を行った。東日本大震災では，日本全国から数多くの機関・団体が心理支援のために被災地を訪れたが，各チームが独自で活動していたことから情報の共有が難しく，１つの避難所に複数のチームが集中してしまうといった混乱も見られた。これに対し，心のケアチームでは厚生労働省が派遣地域の割り当てやスケジュール調整等を統合的に行うことで，避難所における支援チームのバッティングや情報の共有不足といった，個々で活動していたのでは対応が困難な問題についても解消に努められた。

DPAT：東日本大震災において，厚生労働省主体のもと各被災地で心のケアチームが活動していたが，国としての具体的な活動要領が定められていなかった点などを踏まえ，2013年に災害派遣精神医療チーム（Disaster Psychiatric Assistance Team; **DPAT**（ディーパット））の活動要領が策定された。これは，すでに策定されていた災害直後に迅速な医療活動を行うための災害派遣医療

チーム（Disaster Medical Assistance Team; DMAT）の名称や活動要領を参考に作成された，まさに精神保健医療に特化したDMATであるとも言える。DPATは国および都道府県において整備に努めるものとされている。特徴として，1）災害発生後48時間以内に被災地で活動する「先遣隊」を具体的に定義していること，2）基本的な構成メンバーとして精神科医師や看護師に加えて，連絡調整や運転といった後方支援全般を担当する「業務調整員（ロジスティクス）」が含まれていること，等が挙げられる。

支援者のケア：被災者の支援にさまざまな形で携わる支援者へのサポートのこと。支援活動の中で被災地の状況を目の当たりにしたり，遺体関連業務といった凄惨な活動に関わることによって，支援者が非常に大きなストレスを抱えることがある。また，支援活動が長期化した場合に支援者の疲労が蓄積され，支援者という立場であるからこそ周囲に相談しづらいというジレンマに陥りやすい。特に，被災自治体職員等は被災者と支援者の２つの立場に置かれるという困難さがある。これらのストレスが深刻化することで，PTSDやうつ病の発症といった**二次被害**へと繋がることもある。支援者のケアについては，同じ支援チーム内で問題が深刻化しないように互いにサポートしあう場合と，支援者を支援するための第三者が関わっていく等いくつかの手段が挙げられ，前述したPFAガイドラインやDPATの活動マニュアルにおいても支援者のケアに関する内容が含まれている。

災害保健医療体制：1995年の阪神・淡路大震災をきっかけとして，災害医療体制が構築されている。その主な内容は，1）広域災害救急医療情報システム（EMIS）：災害時に被災地での最新の医療関連情報をインターネット上で集約・提供するためのシステム，2）災害拠点病院：厚生労働省の定める指定要件を満たした災害時における緊急かつ適切な対応が可能な機能を備えた病院，3）災害派遣医療チーム（DMAT）：災害発生直後（48時間以内）から活動できる機動性を持った専門的な医療チーム，4）広域医療搬送：災害時においてヘリコプター等で被災地外のDMATを被災地に搬送し，重傷者を被災地外の医療施設へ搬送するための体制，の4点である。2011年の東日本大震災を経て，中長期的な災害医療体制のあり方が現在議論されている。

（野口修司・狐塚貴博）

1：福祉現場の問題と背景

福祉現場の背景にはさまざまな社会問題がある。日本国憲法第25条では「すべて国民は，健康で文化的な最低限度の生活を営む権利を有する」とする生存権が謳われており，社会福祉とは，この生存権を保証するものである。狭義には「経済的および人的援助を必要とする社会成員に対して，国，地方自治体，個人が行う援助活動全般」をさす（心理学辞典，1999）。福祉の基本理念として，すべての人が自分らしく，平等で健全に暮らせることが重視されており，社会福祉法第3条（平成12（2000）年改正）では，福祉サービスの基本理念を「個人の尊厳の保持を旨とし，その内容は，福祉サービスの利用者が心身ともに健やかに育成され，又はその有する能力に応じ自立した日常生活を営むことができるように支援するものとして，良質かつ適切なものでなければならない」と定めている。以下に，代表的な社会問題をいくつか取り上げて説明する。

少子高齢化：少子化と高齢化が同時に進行する状況のこと。少子化とは，出生数が減少することであり，2005年には，合計特殊出生率（1人の女性が15歳から49歳までに産む子どもの数の平均）が過去最低の1.26を記録している。近年は微増傾向が見られるが（2019年時点で1.36），生産年齢人口（15～64歳の人口）としては，今後も減少すると見込まれている。少子化対策として，子育て支援の充実や男女の働き方改革の進展等が求められている。また，高齢化とは，総人口のうち高齢者人口が増加することである。2018年時点での高齢化率は27.7%となっており，2065年には38.4%に増大すると見込まれている。高齢化対策として，高齢になっても健康で過ごせる環境づくりや意欲的に活躍できる社会作りが望まれている。

相対的貧困：「貧困線」を下回る等価可処分所得（いわゆる手取り収入）しか得ていないもののこと。「貧困線」とは，等価可処分所得を世帯人員の平方根で割って調整した所得の中央値の半分の額のこと。相対的貧困の割合を示す相対的貧困率が経年調査されており，2015年の相対的貧困率は，15.6%である。また，子ども全体に占める，等価可処分所得が貧困線に満

表⑰ 1-1　配偶者間暴力（DV・IPV）の形態

暴力の形態	具体例
身体的暴力	殴る，蹴る等
精神的暴力	大声で怒鳴る，けなす等
経済的暴力	生活費を渡さない等
社会的暴力	外出させない等
性的暴力	性行為を強要する，中絶を強要する等

※経済的暴力と社会的暴力は，精神的暴力に含められる場合もある

表⑰ 1-2　高齢者虐待・障害者虐待の形態

高齢者虐待	障害者虐待	具体例
身体的虐待		殴る，蹴る，無理やりひきずる，拘束するなど
介護・世話の放棄・放任	放棄・放置	入浴させない，食事を十分与えない，徘徊や病気の状態の放置，虐待行為の放置など
心理的虐待		暴言，子どものように扱う，恥をかかせるなど
性的虐待		排泄の失敗に下半身を裸にさせる，人前でおむつ交換する，性行為を強要するなど
経済的虐待		自宅を無断で売却する，年金を本人の意思に反して使うなど

たない子どもの割合を「子どもの貧困率」と言い，2019 年の子どもの貧困率は 13.5％である。世帯員が大人 1 人のみである家庭での貧困率は特に高い。

配偶者間暴力（DV・IPV）：配偶者や恋人など親密な関係の者から振るわれる暴力のこと。DV は Domestic Violence の略称。国際的には，親密なパートナーからの暴力を意味する IPV（Intimate Partner Violence）と呼ばれる。都道府県が設置する婦人相談所その他の適切な施設が，「配偶者暴力相談支援センター」として，相談や相談機関等の情報の紹介，一時保護等の業務を担う（表⑰ 1-1 →㉓ 10）。

高齢者虐待（→⑰ 5），**障害者虐待**（→㉓ 8）については表⑰ 1-2 にまとめた。

（佐野さやか）

2：子育てと愛着の問題

愛着をもとにした養育者との結びつきは，子どもの健全な心身の発達において土台の役割を果たす。安定した愛着は日常生活のなかで育まれるものであり，食事，睡眠，排泄，衣類の着脱といった基本的生活習慣とも密接に関連している。基本的生活習慣は，子どもの身体的，心理的発達に沿って，養育者からの働きかけ，およびそれへの子どもの応答の積み重ねによって獲得され，修正されていく。そのため，虐待などによって**愛着形成の阻害**が認められる子どもには，**基本的生活習慣の未熟さ**が目立つ。さらに，彼らは，他者との関係において安心感を抱くことが難しく，支配－被支配の関係性を築きやすい。彼らにとって，互いに信頼し，主体性を発揮できる関係をつくり，維持することは容易ではない。愛着形成が十分でない子どもは，不適切な養育環境のもとで，生活習慣や対人関係のもち方を**誤学習**している場合が多く，行動面もしくは情緒面で問題を呈しやすいといえる。

養育者と子どもの間に安定した愛着が形成されることを目指した**子育て支援**が行われており，サークル・オブ・セキュリティプログラム（the Circle of Security: COS）はその代表例である（北川，2012）。COS は，乳幼児を持つ養育者へのビデオを用いた介入プログラムであり，養育者が子どもに安全基地や安全な避難所を提供できるようになることを目指している。このプログラムでは，個別の治療プランが作成され，心理教育と心理療法の両面から養育者の愛着形成に関わる能力が高められる。

愛着の問題は，現在，精神科領域で国際的に広く用いられている診断基準である DSM-5 では，**反応性愛着障害**および**脱抑制型対人交流障害**としてまとめられている（American Psychiatric Association, 2013）。これらの診断はともに，重度のネグレクトを受けていたり，養育者が頻回に変更されていたりするなど，深刻な環境下で育った子どもに対して適用される。反応性愛着障害をもつ子どもは，恐れが生じたときも，養育者に愛着行動，つまり安全感覚を得るために近寄っていく行動をほとんどとらない。さらに，彼らは，喜びや安心といった陽性の感情をあまり表出しないか，通常

Ⓚ 愛着形成の阻害、基本的生活習慣の未熟さ、誤学習、子育て支援、反応性愛着障害、脱抑制型対人交流障害、感情調節困難、衝動制御困難

では予想できないほど強い怒りや悲しみといった陰性の感情を示す。一方，脱抑制型対人交流障害の子どもは，初対面の大人にもためらいなく過度に馴れ馴れしい行動をとる。また彼らは，離れたところにいる養育者の存在を確認しないことも多い。このように，幼少期から養育者と安定した関係をもつことができていないと，子どもに**感情調節困難**や**衝動制御困難**があらわれてくるのである。こうした感情や衝動に関する症状は，自閉スペクトラム症や注意欠如・多動症（ADHD）によるものとも類似しているため，問題が愛着に由来するかどうかについて慎重に鑑別する必要がある。

愛着障害：我が国では，愛着障害という語がよく用いられているが，その意味は現場や個々人によって異なっており，明確な共通理解はほとんどないとされる（数井，2007）。実際，DSM-5 における反応性愛着障害および脱抑制型対人交流障害は稀にしかみられず，重度のネグレクトを受けて育った子どものなかでもごく少数にしか生じないという。支援者が愛着障害を共通認識としてどのように捉えていくかについては今後の議論が待たれるが，個々の実践においては，支援を受ける方の愛着の状態を適切に見立て，それに合った支援を実施していくことが重要であろう。そして支援の実施にあたっては，支援を受ける方の心身の安全確保，および生活の安定化がまず優先される必要がある。

（田附紘平）

K 愛着形成の阻害、基本的生活習慣の未熟さ、誤学習、子育て支援、反応性愛着障害、脱抑制型対人交流障害、感情調節困難、衝動制御困難

3：子育て支援と虐待

子育て支援と虐待防止：子どもの虐待を防止するためには子育て支援施策との連動が重要である。母子の健康水準を向上させるためのさまざまな取り組みを推進する国民運動計画である「健やか親子 21」（第２次）が平成 27（2015）年度から始まっている。10 年後に目指す姿を「すべての子どもが健やかに育つ社会」として，現在の母子保健を取り巻く状況を踏まえて３つの基盤課題を設定し，特に重点的に取り組む必要のあるものを２つの重点課題（①育てにくさを感じる親に寄り添う支援，②妊娠期からの児童虐待防止対策）としている。ハイリスクな妊婦（若年の妊婦および妊婦健康診査未受診・望まない妊娠等の妊娠期からの継続的な支援を特に必要とする妊婦）を「特定妊婦」（児童福祉法第６条の３第５項）として，出産前から支援を行うこととなっている。

虐待への対応と社会的養護：児童虐待が疑われ通告があった後，**児童相談所**は，専門的見地から**虐待への対応**を検討する。親子分離が必要な場合，多くは**一時保護**を経て，代替養育として**社会的養護**（里親委託，児童福祉施設入所等）が検討される（→㉓６）。社会的養護とは，保護者の適切な養育を受けられない子ども（**要保護児童**）を，公的責任で社会的に保護養育するとともに，養育に困難を抱える家庭への支援を行うものである。基本理念は，「子どもの最善の利益のため」および「社会全体で子どもを育む」ということである。平成 28（2016）年の児童福祉法改正により，子どもが権利の主体であること，実親による養育が困難であれば，**特別養子縁組**による永続的解決（**パーマネンシー**保障）や**里親**による養育を推進することを明確にし，家庭養育優先の理念等が規定された。この理念を具体化するため，有識者による検討会で平成 29（2017）年に「新しい社会的養育ビジョン」がとりまとめられた。国・地方公共団体（都道府県・市町村）の責務として，家庭と同様の環境における養育の推進等が明記された。ここでいう代替養育が必要な場合の「家庭における養育環境と同様の養育環境」とは，単に「家庭」で養育すればよいということではない。虐待や**不適切な養育**の環境にある「家庭」ではなく，子どもが安心して暮らせる適

Ⓚ 虐待への対応、社会的養護、児童相談所、一時保護、要保護児童、特別養子縁組、パーマネンシー、不適切な養育、里親、養子縁組

切な養育環境のなかで，発達を保障されながら「家庭的な」養育をされることを意味している。

「新しい社会的養育ビジョン」は子どもの権利保障のために最大限のスピードをもって実現する必要があるとして，数値目標（3歳未満についてはおおむね5年以内に，それ以外の就学前の子どもについてはおおむね7年以内に里親委託率75%以上，学童期以降はおおむね10年以内を目途に里親委託率50%以上）を掲げている。ここでいう里親委託率とは，社会的養育が必要な子どものうち，里親宅とファミリーホームで暮らす子どもの割合である。

里親：里親には，「季節・週末里親」（長期休みの間に子どもを預かる），「養育里親」（ある程度の長期間，子どもを預かって養育する）のほか，**養子縁組**をして子どもを育てる「養子縁組里親」と「特別養子縁組」（戸籍上，実親との関係を解消し養親が養子を実子と同じ扱いにするもの）がある。令和元（2019）年6月，民法等の一部を改正する法律（令和元年法律第34号）の成立で，特別養子制度の利用を促進するために，養子となる者の年齢の上限が原則6歳未満から15歳未満に引き上げられた。

さらに「専門里親」は虐待された子どもなどの専門的ケアを必要とする児童を養育する里親で，原則2年と期間が決められている。養育里親より条件が厳しく，より専門的な研修を受けることとなっている。里親の拡大型で家庭的養育を担うものとして小規模住居型児童養育事業（ファミリーホーム）がある。今後，質の高い里親養育を実現するために，フォスタリング業務を行う機関（里親養育包括支援機関）を設置し，機能させることが重要となるであろう。

（坪井裕子）

4：虐待のアセスメントと支援

児童虐待が疑われる児童を発見したものは，福祉事務所または児童相談所に通告しなければならない（児童福祉法第 25 条）とされている。通告があった後，児童相談所は，虐待の有無・程度により，在宅か，親子分離が必要かを判断する。分離の場合，一時保護か，長期的な保護かの判断を行う。適切な判断をするために，専門的な情報収集と評価が必要である。リスク度判定のために客観的尺度（**リスクアセスメント**基準）と照らし合わせて，緊急介入や緊急保護の要否の判断を行う。最も重要なのは，子どもの安全確認を行うことである。必要があれば保護者に出頭要求をし，保護者が抵抗するときは，警察に協力を要請し，裁判所の許可状を得て臨検・捜索を行うこともある。状況によっては，子どもの緊急一時保護を行う場合もある。

援助方針の作成：児童相談所では，専門的見地から援助方針を作成する。児童福祉司による社会的診断，児童心理司による心理診断，医師による医学的診断，一時保護所の指導員や保育士による行動診断などを総合的に判断して**包括的アセスメント**を行う。社会的診断では，虐待の内容，頻度，危険度の判断，家族の現状，子どもの生育歴，キーパーソンや社会資源などを調査する。可能であれば，保護者の意見を聞き，家庭環境や親子関係の実態を確認する。近隣からの情報や，学校・保育園等，子どもを取り巻く関係機関からの情報も収集する。心理診断では心理検査や面接等から子どもの知的発達，情緒面・行動面の特徴，心的外傷の状況，親子関係や，集団生活での適応について把握する。子ども本人の意向も確認しておく。一時保護所では，分離による不安や緊張感を抱えた子どもを生活の中でケアしながら，行動や態度，生活習慣等の様子を観察する。医学的診断では，専門的な立場から心身の状態を把握する。身体面のみならず虐待の影響による愛着障害や解離性障害，行動や適応の問題等についても配慮した診察を行う。児童相談所では，これらの情報を総合的に判断して，子どもを保護者のもとで生活させるのか，親子分離が必要なのか，その場合，里親委託か児童福祉施設入所か，施設はどの施設が妥当か等を検討し，援助方針を

Ⓚ リスクアセスメント、包括的アセスメント、アウトリーチ（訪問支援）、生活の中での治療、家族再統合、親子関係調整、多職種連携、要保護児童対策地域協議会

Ⓚ リスクアセスメント、包括的アセスメント、アウトリーチ（訪問支援）、生活の中での治療、家族再統合、親子関係調整、多職種連携、要保護児童対策地域協議会

決定する。

児童虐待への支援法：児童虐待に対する支援としては，子ども自身へのケアや支援と保護者への指導や家族支援が考えられる。在宅の場合には，児童相談所が定期的な通所による保護者指導および子どもへのセラピーなどを行う場合もあれば，家庭に出かけていく形の**アウトリーチ**（**訪問支援**→⑮ 10）を行うこともある。親子分離の場合，児童福祉施設では，**生活の中での治療**（環境療法）という考え方によるケアとともに，必要に応じて個別のセラピーも行われる。子どものケアが進んでも保護者の意識や態度が変わらなければ，子どもを家庭に帰すことは難しい。**家族再統合**にはさまざまな取り組みが必要となる。虐待発生につながるリスクの低減に向けた働きかけや，家族に対する心理教育的アプローチが必要な場合もある。親子関係の修復のために，面会や外出，外泊等を段階的に行い，**親子関係調整**を図ることが重要である。家族再統合の際には，リスクアセスメントを再度行う。家庭復帰後の子どものケアや家族支援については，児童相談所と地域の関係機関が連携して行う。専門職と市町村などの行政，各関係団体等の役割と**多職種連携**（→① 4）について，あらかじめ明確化しておくことが望ましい。家庭や子どもの状況を把握するために，関係各機関で情報を共有できる体制をとり，**要保護児童対策地域協議会**（要対協：適切な支援を行うために地方公共団体が設置・運営する組織）なども活用することが必要である。

厚生労働省（2020）の**要保護児童対策地域協議会**設置・運営指針によると，児童福祉法第６条の３に規定する「要保護児童」，「要支援児童」および「特定妊婦（出産後の養育について出産前において支援を行うことが特に必要と認められる妊婦）」の早期発見や適切な保護を図るためには，関係機関がその子ども等に関する情報や考え方を共有し，適切な連携の下で対応していくことが重要であるとしている。要保護児童には虐待を受けた子どもだけでなく非行児童なども含まれる。

（坪井裕子）

5：高齢者福祉

高齢者虐待：高齢者虐待防止法は，高齢者を介護している養護者（家族等）による虐待だけではなく，福祉・介護サービス業務の従事者による虐待の防止についても規定している（表⑰ 1-2)。

エイジズム：年齢によるステレオタイプ（固定観念）や差別のことで，人種差別，性差別と並ぶ主要な差別としてバトラー Butler, R. N. が提唱した。主には高齢者に対してであり，高齢者虐待（→⑰ 1）とも関連する。

認知の予備力：脳損傷を受ける前のさまざまな要因，例えばそれまで受けてきた教育歴，病前の知的機能の高さ，職業の知的複雑さ，余暇活動の充実度，社会的交流の多さ，有酸素運動などによる機能的，心理学的な予備力のことである。脳に器質的障害が生じても，その障害に基づく認知機能低下を防御的に働くことが示されている（吉野，2018)。

「こころ」の加齢モデル：加齢は心身機能の低下や多くの喪失経験を伴う。そのような中でも高齢者の幸福感が低下しないというエイジングパラドックスがみられるのは，主観的幸福感などの「こころ」が単純に，生物学的側面の加齢や社会学的側面の加齢の影響を受けるのではなく，その間に適応方略としての補償プロセスがあるからだと考えられている（権藤，2008)。以下にその適応方略を挙げる。

- **補償を伴う選択的最適化（Selective Optimization with Compensation; SOC）理論**：バルテス Baltes, P. B. は，特定の目標に絞り（選択），絞られた目標に対して適応の機会を増し（最適化），機能の低下を補うための新たな方法や手段を獲得する（補償）という加齢に伴う喪失に対する適応的な対処法を唱えた。
- **老年的超越**：物質的・合理的（経済的）な世界観から，神秘的・超越的な世界観に変化することにより，喪失はあっても心理的には安定を保つことが可能であるという考え方で，トルンスタム Tornstam, L. によって提唱された。
- **社会情動的選択性理論（Socioemotional Selectivity Theory; SST)**：自分に残された時間や能力といった将来展望を限りあるものだと認識すると，情動調整の動機づけが高まり，感情的に価値のある行動を優先的に選択するという理論。

高齢者の意思決定と詐欺被害：高齢者をターゲットとした特殊詐欺が社会問題となっている。特殊詐欺とは被害者に電話をかけるなどして対面することなく信頼させ，指定した預貯金口座への振込みその他の方法により，不特定多数の者から現金等をだまし取る犯罪のことである。令和2(2020)年より10類型に分類された。特殊詐欺令和2年の高齢者の被害状況は，総認知件数に占める割合は85.7％と高く，10類型のうち被害が多いのは，預貯金詐欺（98.4％），キャッシュカード詐欺盗(96.7％)，オレオレ詐欺（94.2％）である（警視庁，2021)。高齢者が被害対象となりやすいのには，高齢者の認知的特徴が関連しているとの指摘がある。高齢者は非高齢者と比較してヒューリスティック（経験や常識などの簡便なルールに従って行う意思決定）を多用する傾向があることが明らかとなっており，そのことを逆手にとられる可能性が考えられる（澁谷，2020)。また，前述の社会情動的選択性理論とも関連し，高齢者はポジティビティバイアス（情報統合過程において，ポジティブな情報により注意を向ける）を持ちやすく，詐欺を行う側はお金を振り込むことで，負の状況や感情から開放されるという情報を与え，被害者が自動的な意思決定を行いやすくしているとの指摘もある（永岑ら，2009)。

人生会議：高齢多死社会の進展に伴い，地域包括ケアの構築に対応する必要があることや，英米諸国を中心として，人生の最終段階における医療・ケアについて，本人が家族等や医療・ケアチームと繰り返し話し合う取り組み（**ACP：アドバンス・ケア・プランニング**→⑯4）や研究が普及してきていることなどを踏まえ，厚生労働省は平成30（2018）年に「人生の最終段階における医療・ケアの決定プロセスに関するガイドライン」に名称を変更したうえで，改訂を行った（厚生労働省，2018)。また同年に，その愛称を**人生会議**と決定した。

（鈴木亮子）

Ⓚ 高齢者虐待，エイジズム，認知の予備力，「こころ」の加齢モデル，補償を伴う選択的最適化理論，高齢者の意思決定と詐欺被害，人生会議，アドバンス・ケア・プランニング（ACP）

6：認知症

認知症とは，脳の病気による器質的な変化などが認知機能に影響を及ぼし，生活に支障がでている状態を指す。初期は，加齢による単なる物忘れに見えることが多く，正確なアセスメントが必要となる。加齢による物忘れは体験の一部の物忘れだが，認知症の物忘れは体験全体の物忘れである。

認知症の診断基準：脳の病気による器質的な変化，脳に影響する体の病気による脳の障害が前提にある。DSM-5では，1）1つ以上の認知領域（複雑性注意，実行機能，学習および記憶，言語，知覚・運動，社会的認知）が，以前のレベルから低下している，2）認知機能の低下が，社会生活に支障を与える，3）認知機能の低下はせん妄が現れるときのみに起こるものではない，4）うつ病や統合失調などの他の精神疾患が否定できる，の4つが診断基準である。

四大認知症：四大認知症とは，表⑰ 6-1に示される認知症のことである。そのうち，**アルツハイマー型認知症**が最も多いとされている。

アルツハイマー型認知症の進行スピードを遅くする薬（抗認知症薬：表⑰ 6-2）は，記憶に関する情報を伝える神経伝達物質「アセチルコリン」を増やすコリンエステラーゼ阻害薬と，脳内で過活動状態になっているグルタミン酸の受容体に働きかけるNMDA受容体拮抗薬がある。コリンエステ

表⑰ 6-1　四大認知症（六角・種市・本間［2018］をもとに作成）

	脳の変化	特徴的な症状
アルツハイマー型認知症	アミロイドβやタウと呼ばれる特殊なたんぱく質が溜まり，神経細胞が死滅して脳が委縮	記憶障害（得に近時記憶），物取られ妄想，実行機能障害（物事に段取りをつけて実行できなくなる）
血管性認知症	脳出血や脳梗塞が原因で脳の細胞が死滅	まだら症状（同じことでもできるときとできないときがある），感情失禁（突然笑う，泣く），意欲や自発性の低下
レビー小体型認知症	レビー小体という特殊なたんぱく質がたまることにより神経細胞が死滅して脳が委縮	具体的で明確な幻視，パーキンソン症状（振戦，筋肉の固縮，小刻み歩行），注意障害
前頭側頭型認知症	脳の前頭葉と側頭葉が委縮	人格変化，脱抑制（万引きなどの反社会的な行動），常同行動，自発性の低下

Ⓚ アルツハイマー型認知症、血管性認知症、レビー小体型認知症、前頭側頭型認知症、軽度認知障害、若年性認知症

表⑰ 6-2　抗認知症薬（六角・種市・本間（2018）をもとに作成）

作用機序	一般名 （商品名）	病期	主な副作用
コリンエステラーゼ阻害	ドネペジル （アリセプト）	全病期	食欲不振，悪心・嘔吐，下痢などの消化器症状，徐脈など
	ガランタミン （レミニール）	軽度～中等度	
	リバスチグミン※1 （イクセロン，リバスタッチ）	軽度～中等度	
NMDA 受容体拮抗	メマンチン※2 （メマリー）	中等度～重度	めまい，眠気，頭痛，便秘，食欲不振，血圧上昇など

※1　リバスチグミンはパッチ剤（貼り薬）。それ以外は内服薬。
※2　メマンチンはコリンエステラーゼ阻害薬と併用可能。

ラーゼ阻害薬のドネペジルは**レビー小体型認知症**の進行を抑えるためにも使われる（六角ら，2018）。

軽度認知障害（MCI; Mild Cognitive Impairment）：本人や家族から認知機能の低下の訴えはあるものの，日常生活に困難をきたすほどの状態ではない認知症の前段階である。認知症への移行リスクが高いため，早期発見・早期支援が重要となる。

若年性認知症：65 歳未満で発症する認知症のことであり，働き盛りの世代でもあるため，高齢者の認知症よりもさらに家族への影響が大きい。

（鈴木亮子）

7：認知症のアセスメント

認知症とは，脳の病気による器質的な変化などが認知機能に影響を及ぼし，生活に支障がでている状態を指す。初期は，加齢による単なる物忘れに見えることが多く，正確なアセスメントが必要となる。

認知症の早期発見：スクリーニング検査として，**MMSE**（Mini-Mental State Examination）や **HDS-R**（改訂長谷川式簡易知能評価スケール）がよく用いられている（表⑰ 7-1）。軽度の認知機能障害を検出するためには，より詳細な認知機能検査の実施が必要となる（→⑭ 10）。

認知症の重症度：認知症の重症度を評価するためのスケールの一つが **CDR**（Clinical Dementia Rating；臨床認知症評価尺度）である。観察，家族からの聞き取り，本人への問診により，記憶，見当識，判断力と問題解決，社会適応，家族状況および趣味・関心，介護状況の 6 項目について 5 段階で評価し，それらを総合して重症度を判定する。CDR ＝ 0.5 を軽度認知障害（Mild Cognitive Impairment；MCI），CDR ＝ 1 以降を認知症として捉えることが多い。

（鈴木亮子）

表⑰ 7-1　MMSE と HDS-R の特徴

	MMSE（11 項目）	**HDS-R**（9 項目）
得点	0 ～ 30 点	0 ～ 30 点
カットオフポイント	23/24 ／軽度認知障害（MCI）：27/28	20/21
項目内容	時間の見当識，場所の見当識，3 単語の即時再生と遅延再生，計算，物品呼称，文の復唱，口頭指示，書字指示，自発書字，図形模写	年齢，時間の見当識，場所の見当識，3 単語の即時再生と遅延再生，計算，数字の逆唱，物品記銘，言語流暢性
特徴	・被験者の年齢および教育歴の影響を受けやすい ・図形模写のような動作性検査が含まれている →運動や視覚に障害がある人への実施は配慮が必要 ・国際的に使用されている	・被験者の年齢および教育歴の影響が少ない ・言語性機能のみを評価 →運動や視覚に障害がある人への実施は可能だが，言語障害がある人への実施は配慮が必要

8：認知症の支援

Ⓚ 地域包括ケアシステム、認知症の人への心理支援、回想法、ライフレビュー、パーソンセンタードケア、ケアマネジメント、介護保険制度、生活の中の治療、家族介護教室、バーンアウト（燃え尽き症候群）、認知症カフェ

認知症の症状と支援：認知症の症状には中核症状と周辺症状がある。家族が症状について理解することは，適切な支援のために必要である。周辺症状は現在は BPSD（Behavioral and psychological symptoms of dementia：認知症の行動・心理症状）と呼ばれるのが一般的である（表⑰ 7-2）。

地域包括ケアシステム：認知症高齢者数増加への対策として厚生労働省が掲げた施策である。2025 年を目途に，重度な要介護状態なっても住み慣れた地域で自分らしい人生を続けることができるよう，医療・介護・予防・住まい・生活支援が包括的に確保される体制を目指している。

認知症の人への心理支援

回想法：高齢者の過去の人生に焦点をあて，よき聞き手とともに高齢者の人生の統合をはかろうとする方法（黒川, 2008）である。対象者個人のライフヒストリーを時系列に回想する**ライフレビュー**と，時系列にこだわらずアクティビティとしてグループで回想するレミニッセンスとに大別される。

表⑰ 7-2　認知症の症状（六角・種市・本間（2018）をもとに作成）

中核症状	BPSD
脳の病気による器質的変化により生じる	中核症状に伴うストレスに加え，身体的不調，本人の特性，周囲の対応や環境などが影響して生じる
誰にでも生じる	誰にでも生じるわけではなく，個人差も大きい
治すことができない	適切な環境調整や周囲の支援により軽減が可能
記憶障害／見当識障害（いつ，どこ，だれ，がわからなくなる）／実行機能障害（物事に段取りをつけて実行することができなくなる）／失行（着替えの仕方や道具の使いかたなどがわからなくなる）／失認（見えているものが何なのか，認識や区別ができなくなる）など	妄想・幻覚／不安／焦燥／抑うつ／睡眠障害など

パーソンセンタードケア：認知症をもつ人を一人の“人“として尊重し，その人の心理的ニーズをよく理解したうえで行う認知症ケアの考え方で，トム・キットウッド Kitwood, T. によって提唱された。

ケアマネジメント

介護保険制度の枠組みでの定義：厚生労働省は「『利用者の心身の状況に応じた介護サービスの一体的提供』と『高齢者自身によるサービス』の選択を現場レベルで担保する仕組み」と定義している。

ケアマネジメントの実際：厚生労働省によると，認知症の人の生活の場は半分が自宅であり，**生活の中の治療**が行われる。認知症の場合，根治治療は現段階では困難であるため，支援の中心は**介護**となる。専門職・行政・団体等の役割と連携を踏まえ，介護サービス，医療との連携，インフォーマルサービスの調整，家族調整などの個別のケアマネジメントを，介護支援専門員（ケアマネジャー）が行う。

関係者に対する心理支援

家族：介護家族が運営する家族会はセルフヘルプ・グループ（自助グループ）であり，活動の中で実用的な体験的知識が蓄積されるのが特徴である。介護家族への心理教育として，**家族介護教室**が，医療機関や地域包括支援センターなどの公的機関で実施されている。

養介護施設従事者：介護は感情労働であるため，**バーンアウト（燃え尽き症候群）**，高齢者虐待の防止，ケアの質の確保といった点から，職員に対するストレスマネジメントやメンタルヘルスに配慮した面談等のケアを組織的に実施・対応することが重要である。

その他：新オレンジプラン（→⑰8，㉓9）で全市町村設置を目指すことが示され**認知症カフェ**は，認知症の人やその家族，医療や介護の専門職，地域の人など，誰もが気軽に参加できる「集いの場」である。関係者がお互いを理解し合い，家族支援と初期の認知症の人の支援の場となることも想定されている。

（鈴木亮子）

Ⓚ 地域包括ケアシステム、認知症の人への心理支援、回想法、ライフレビュー、パーソンセンタードケア、ケアマネジメント、介護保険制度、生活の中の治療、家族介護教室、バーンアウト（燃え尽き症候群）、認知症カフェ

9：福祉現場のその他の心理的課題

心的外傷後ストレス障害（PTSD；Post Traumatic Stress Disorder）：PTSDは，実際にまたは危うく死ぬ，あるいは重傷を負うような出来事，および性的暴力を受ける出来事について，自分自身が直接体験する，他人が体験するのを直に目撃する，家族や友人が体験したことを知るといった場合，または，職務上，外傷的出来事の不快な詳細に，繰り返しまたは頻繁にさらされる場合で，その後1カ月以上経過しても以下の4症状が見られた際に診断される（→⑯6）。

- **侵入症状**：フラッシュバックが起きる，出来事に関連した悪夢を見る，出来事を想起すると心身に苦痛や不快な反応が生じる。
- **回避行動**：出来事を思い出すことを避ける，話すことを避ける，出来事に関連する不安や恐怖を覚える事物や状況を避ける。
- **認知と気分の陰性変化**：否定的認知（世界への不信，他者不信，自責等）が生じる，興味関心が低下する，陰性感情（恐怖や怒り）が見られる。
- **覚醒度と反応性の著しい変化（過覚醒／覚醒亢進）**：イライラや怒りが生じる，過度の警戒心，過敏反応が見られる，集中困難や睡眠障害となる。

なお，上記はDSM-5に則っており，ICD-11では，外傷的出来事は「極度に驚異的なあるいは恐怖となる出来事ないしは一連の出来事に曝露」と定義され，症状は「再体験」「回避」，過度の警戒心等「驚異の感覚」の3つである。PTSDに有効な治療法として，薬物療法では選択的セロトニン再取り込み阻害薬（SSRI）が，心理療法では持続エクスポージャー法（PE療法）と認知処理療法（CPT），眼球運動による脱感作と再処理法（**EMDR**→⑮8）があげられる。

解離：解離とは感情，行動，意識，記憶，知覚，認知，および感覚運動機能の一過性変容である。トラウマ体験の最中および直後には，周トラウマ期解離が見られる場合がある。例えば，時間感覚の変化（スローモーション），非現実感・離人感，身体からの離脱体験（被害に遭っている自分を上から見ている），痛みの感覚の麻痺などがある。また，記憶の欠落や欠損が生じる解離性健忘が生じる場合もある。さらに虐待等の長期にわたる複雑性のトラウマでは，複数の人格が生じる解離性同一性障害がみられる場合もある。

喪失：犯罪被害や自死等の暴力的な形で突然大切な人を喪った場合などで，故人への没頭や，罪悪感や怒りといった痛切な感情，喪失を受け入れられない状態などが6カ月以上続くと，ICD-11では**遷延性悲嘆症（障害）**（Prolonged grief disorder）（→㉑4）とされる。遷延性悲嘆症の場合，喪失に焦点づけた認知行動療法が有効である。現在，二重過程モデル（dual process model）を理論的土台とした複雑性悲嘆のための心理療法（Complicated grief treatment; CGT）の有効性が確認されている。

二次障害：トラウマ体験の後に生じる精神的後遺症はPTSDだけではない。うつ病，パニック症，アルコール依存症などの二次障害が生じる場合がある。

レジリエンス：多くの人は，トラウマ的出来事に遭遇してもPTSDなどの障害が発生しない。その背景にある要因として注目されている概念がレジリエンス（回復力）である。レジリエンスは，困難で脅威的な状態にさらされることで一時的に心理的不健康の状態に陥っても，精神的病理を示すことなく適応している状態とされる。

外傷後成長（Posttraumatic growth; PTG）：PTGは，外傷的な体験およびそれに引き続く苦しみの中から，心理的な成長が体験されることである。PTGは結果としてだけではなく，トラウマの出来事に遭遇し世界観が揺らぎ，その出来事について繰り返し何度も考え，起きたことや体験したことについて意味を見出そうとし，意味を生成する，その過程のことを指す。

（齋藤　梓）

1：教育現場での課題

K アクティブラーニング、パフォーマンス評価、生徒指導、教師-生徒関係、進路指導（キャリアガイダンス）、学校風土・学級風土・学校文化、教育評価

アクティブラーニング：一斉授業による知識伝達・注入型の受動的学習にかわる，学習者が主体的に問題を発見して解決を見出していく能動的学習のこと。学習指導要領（平成29年告示）で示された，授業改善のキーワード「主体的・対話的で深い学び」のもととなる考え方である。一般的には，体験学習や，討論，グループ学習などを取り入れた学習がイメージされやすいが，それらを形式的に取り入れればアクティブラーニングが成立するわけでなない，ということに注意が必要である。

パフォーマンス評価：日常生活場面とはあまり関係のない問題で構成された,「点数をつけることを目的としたテスト」では，実際の生活に活用できる（生きて働く）学力を測定できない，という批判から生まれた評価方法の1つである。子どもが学習した知識やスキルを使いこなすパフォーマンス課題を提示して，子どもが活動を行う様子を観察したり，子どもが作った完成作品を見たりすることで，現実生活で役立つ学力を評価する。パフォーマンス課題では，子どもの自由な表現が引き出されるため，評価に際しては，ルーブリック（rubric）を採点指針として用いることで，評価者間の評価の偏りを防止することが有効である。

生徒指導：一人ひとりの児童生徒の人格を尊重し，個性の伸長を図りながら，社会的資質や行動力を高めることを目指して行われる教育活動。生徒指導は「成長を促す指導」「予防的な指導」「課題解決的な指導」の3つに分けることができるが，近年では，目前の問題に対応するといった課題解決的な指導だけではなく，特に「成長を促す指導」等の「積極的な生徒指導」を充実させることが求められている（文部科学省，2021)。

教師－生徒関係：教師と生徒の関係は，ともすれば「指導する－指導される」という「縦の関係」になりやすい。しかし「縦の関係」の中では，生徒が異なる意見を主張したり，感情的な葛藤を表出したりすることが難しいため，生徒の中には，教師の指導に納得いかず，そこから両者の悪循環が生まれてしまうことも考えられる。教師は両者が「縦の関係」に陥りやすいことを自覚し,「横の関係」も意識的に構築することで，生徒の意見や

感情に寄り添うように心がけることが重要である。

進路指導（キャリアガイダンス）：中学校と高等学校において，生徒の卒業後の進路選択や決定を支援するために，学校の教育活動全体を通じて行われる組織的かつ計画的な教育活動。キャリア教育とは，中学校・高等学校段階に限らず，生涯を通じて適用されるものであるという点で異なるが，これらの段階においてはその目的に違いはなく，進路指導の取り組みはキャリア教育の中核をなす（川崎，2021）。学校では，特別活動を要としつつ，各教科等の特質に応じてキャリア教育の充実を図り，その中で，生徒が自らの生き方を考え，主体的に進路を選択することができるよう進路指導を行うことが求められている（→⑳２）。

学校風土・学級風土・学校文化：学校に所属する子供と教職員の間で共有される規律や価値観など，考え方や行動に影響及ぼす，個々の学校環境が有する雰囲気を学校風土という。学校風土の主要な構成要素としては，安全性，教授・学習の状況，子どもや教職員などの構成員間の関係性などがある。また学級の雰囲気は学級風土とよばれ，学校という組織がもつ一般的な属性は，個々の学校が有する学校風土とは別に，学校文化といわれる（小泉，2021）。

教育評価：教育目標がどの程度達成されたかを知るために，教育目標に照らして教育の効果を調べ，価値判断をする活動。教育評価は，学習指導の結果に対する評価だけではなく，教育環境条件，教育課程（カリキュラム），指導方法等を対象とし，学校評価，教育課程評価，**教師評価**，授業評価などを含めた，教育活動全般に対する広義の評価としてとらえられる。

（町　岳）

2：教育心理学の基礎知識

Ⓚ 適正処遇交互作用、原因帰属、自己効力感、内発的動機づけ、外発的動機づけ、自己決定理論、学力、学習方略、セルフモニタリング

ここでは授業改善に役立つ教育心理学の知見を取り上げ解説する。

適性処遇交互作用（aptitude treatment interaction; ATI）：「学習活動の成果は，学習者の特性・適性と教授方法の交互作用の結果である」（Cronbach, 1957）という考え方である。ATIの具体的事例としては，大学生に対して物理法則を教える時に，活動的で自己主張が強い学生には実演が，その逆の特性の学生には映画が，より効果的であることを示したスノウらの研究が知られている（Snow, R. E. et al., 1965）。

原因帰属：学習に影響を及ぼす個人の特性としては，他にも原因帰属の仕方がある。原因帰属とは，何らかの事象が生起した場合，その原因を推測するプロセスのことで，ワイナー Weiner, B.（1979）は，それを３つの次元（原因の所在，原因の安定性，原因の統制可能性）から整理した。例えば算数テストの結果が悪かった時に，「能力」に原因帰属すれば，「自分は能力が低いのだから勉強しても仕方がない」と考え，「普段の努力」に原因帰属すれば，「今度のテストでは努力しよう」と考えるだろう。ところが，「普段の努力」に原因帰属した場合でも，人によっては，その努力をしない場合がある。「毎日１時間算数の勉強をすれば」（行動），「算数のテストでよい点が取れる」（結果）であろうとわかっていても（結果期待），自分がそれをできるという自信（効力期待）がなければ，その行動は行われないからである。バンデューラ Bandura, A.（1977）は，行動の先行要因となる期待を「結果期待」と「効力期待」とに区別し，ある状況において必要な行動を効果的に遂行できるという確信を**自己効力感**（self-efficacy →⑧２）と呼んだ。自己効力感を高める情報源としては，１）熟達の経験（実際の成功体験），２）社会的なモデリング（成功している他者の行動観察），３）社会的な説得（信頼する他者からの言語的説得），4）自分の生理的な状態（情動的な喚起状態の知覚），がある。

動機づけ：動機づけも学習に影響を及ぼす要因として知られている。例えば，学習すること自体が楽しいというように，活動そのものが「目的」になっている場合，それを**内発的動機づけ**（intrinsic motivation）といい，ご褒

美をもらえるからとか,やらないと怒られるからなど,活動が何かのための「手段」になっている場合，それを**外発的動機づけ**（extrinsic motivation）という。内発的動機づけは，主体的な学習を促進する重要な概念の１つと考えられてきたが，近年は，その２項対立的な枠組みを，自律性の程度によって連続的にとらえ直すモデルとして**自己決定理論**（self-determination theory）が注目されている。自己決定理論では，自己決定の程度が低い段階から高い段階へ進むにつれて，その活動に価値や意味を見出して意欲をもつようになる（外発的動機づけが自律的なものに変化していく）としている。

学力：学力にはさまざまな定義があるが，一般的には学習内容が児童・生徒の中に内面化している状態といえる。近年では，変化が激しい知識基盤社会において必要とされる学力として，OECD（経済協力開発機構）のDeSeCo プロジェクトが提起したキー・コンピテンシー（2001）が注目されるようになり,「何を知っているか」だけでなく,「(それを活用して）何ができるか」が重視されるようになった。

学習方略：このような学力観の変化に伴い，学び方（学習方略）も学力として注目されるようになった。学習方略とは，学習の効果を高めることを目指して意図的に行う心的操作あるいは活動（辰野，1997）であり，さまざまな分類がある。例えば「認知的方略」は，学習内容を記憶したり理解したりする，認知的な処理に際して用いられる方略である。「リソース活用方略」は，学習者の内外にある資源を活用する（例：分からないことを友達に聞く，注意を集中する等）方略である。また，「メタ認知的方略」は，学習場面で，学習者が自分の理解度や思考過程などを自己評価し（**セルフモニタリング**；self-monitoring)，自らの学習の仕方に働きかける（セルフコントロール；self-control）方略である。

（町　岳）

3：適応不全

学校現場で見られる適応不全には以下のものがある。

不登校：1930 年代にブロードウィン Broadwin, I. は，持続的な不登校を呈する一群を**怠学**（truancy）の変形と考えた。1940 年代にはジョンソン Johnson, A. らが，怠学と持続的な不登校とを区別して**学校恐怖症**（school phobia）と名付け，神経症的問題が背景にあるとした。日本では，1960 年代には「学校恐怖症」，1970 年代からは学校不適応により登校を拒む者も含めた「**登校拒否**」，1990 年代以降はより中立的で幅広い概念としての「不登校」が用いられている。文部科学省の定義は「何らかの心理的，情緒的，身体的あるいは社会的要因・背景により，登校しないあるいはしたくともできない状況にあるために年間 30 日以上欠席した者のうち，病気や経済的な理由による者を除いたもの」である。不登校は診断名ではなく状態像であり，その背景は不安や無気力，精神疾患や発達障害，学業不振，いじめや非行，家庭機能の問題など多様である。本人の困り感と取り巻く環境の状況に応じて柔軟な支援を展開し，主体性の回復と社会的自立をめざすことが求められる。

学級崩壊：学級崩壊は 1990 年代半ば頃から社会問題化した。旧文部省が 1998 年に立ち上げた学級経営研究会は，学級崩壊を「学級がうまく機能しない状況」と呼称し，「子どもたちが教室で勝手な行動をして教師の指導に従わず，授業が成立しないなど，集団教育という学校の機能が成立しない学級の状態が一定期間継続し，学級担任による通常の方法では問題解決ができない状況に立ち至っている場合」と定義した。直接的な要因として，特別支援を要する児童生徒の存在や教師の指導力不足などが挙げられるが，背景にある学校の状況，児童生徒の生活や人間関係の変化，家庭や地域社会の教育力にも着目する必要がある。

いじめ：1980 年代半ば頃から，いじめによる自死が問題視され始めた。定義には変遷があるが，平成 25（2013）年のいじめ防止対策推進法（→㉓１１）の施行後は「児童等に対して，当該児童等が在籍する学校に在籍している等当該児童等と一定の人的関係のある他の児童等が行う心理的又は物理的な影響を与える行為（インターネットを通じて行われるものも含む）であって，当該行為の対象となった児童等が心身の苦痛を感じているもの」とされている。文部科学省は2007年よりいじめの発生件数ではなく認知件数を集計し，被害を受けた者の心理状態を重視している。いじめは，被害者，加害者，観衆，傍観者の四層構造で行われ，観衆がはやし立て，傍観者が見て見ぬふりをすることで深刻化する（森田ら，1986）。加害者や被害者のみならず周囲の児童生徒にも働きかけることが，いじめ抑止の鍵となる。

学業不振：学業不振とは，広義には教科学習を通して獲得される能力としての学力の低さのことを，狭義には知的水準と比べて学力が低いアンダーアチーバー（under achiever）のことをさす。知的水準と比べて学力が高い場合はオーバーアチーバー（over achiever）という。学業不振の原因は，個人の認知特性や心理社会的問題，学習環境の問題など多岐に渡る。また，「どれだけ勉強してもできない」と考える児童生徒は，その原因を内的（努力ではなく能力が足りない），安定的（長続きする），そして統制不可能（常にあてはまる）と捉えていることが多いため，帰属のさせ方を修正することが有効な場合がある。

自死：自死は10代の死因の1位であり，深刻な問題となっている。児童生徒の自死は，引き金となる直接的な動機のみならず，心の病，衝動性，生育歴や性格傾向などの潜在的要因が重なって生じる。絶望，孤立，希死念慮，うつ状態，視野狭窄といったサインをいち早く察知し，本人の生きづらさに真摯に耳を傾けることが大切である。学校では自殺予防のための取り組みとして，1）予防活動：自殺予防教育の実施や保護者・教職員への啓発，2）危機介入：ハイリスク児童生徒への支援，3）事後対応：遺族・周囲の児童生徒・教職員へのケア，情報収集・記録・発信などが行われている（→⑯5）。

（野村あすか）

4：スクールカウンセリング

スクールカウンセリングとは，学校において児童生徒の心理的な発達を援助する活動のことである。2017（平成 29）年には学校教育法施行規則が一部改正され，スクールカウンセラー（以下，SC）の職務は，「学校における児童の心理に関する支援に従事する」と記載された。

SC が行う心理教育的援助サービス

1）**アセスメント**：子どもが出会う問題や危機状況の情報収集と分析を通し，心理教育的援助サービスの方針や計画を立てるための資料を提供するプロセス（石隈，1999）。

2）**コンサルテーション**：異なった専門性や役割をもつ者同士が子どもの問題状況について検討し，今後の援助の在り方について話し合うプロセス（作成会議）（石隈，1999）。

3）**コラボレーション**：複数の職種や立場のメンバーから構成されたチームによるチームワークの一形態であり，その特徴は，メンバー関係の相互性と対等さ，目標の共有，リソースの共有，ともに見通しや計画を立てること，対話の発展による専門性の更新や向上，新たなサービスの創造などである（藤川，2017）。

4）**３段階の心理教育的援助サービス**（図⑱ 4-1）：

1）一次的援助サービス（開発的援助）：「すべての子ども」に共通する援助ニーズに応じる。

2）二次的援助サービス：学校生活で苦戦し始めている（登校しぶりなど）もしくは苦戦する可能性が高い（転校生など）「一部の子ども」の援助ニーズに応じる。

3）三次的援助サービス：不登校やいじめなど「特定の子ども」の特別な援助ニーズに応じる。

心理教育的援助サービスの３層のシステム

心理教育的援助サービスは，援助チーム，コーディネーション委員会，マネジメント委員会の３層から構成されている（図⑱ 4-2）。

４種類のヘルパー（援助者）

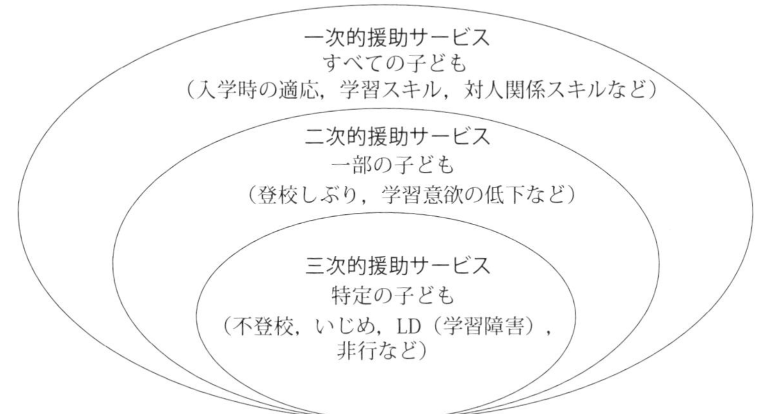

図⑱ 4-1　3段階の心理教育的援助サービス，その対象，および問題の例（石隈，1999）

1）専門的ヘルパー：心理教育的援助サービスを主たる仕事として専門的に行う者で，SC，相談員等を指す。

2）複合的ヘルパー：職業上の複数の役割に関連させながら，その一つあるいは一側面として心理教育的援助サービスを行う者で，教師等を指す。なお，教育相談担当，特別支援教育担当の教師，養護教諭等は内容的に専門的ヘルパーに近い働きをしていると言える。

3）役割的ヘルパー：役割の一つあるいは一側面として心理教育的援助サービスを行う者で，保護者等を指す。

4）ボランティア的ヘルパー：職業上や家族としての役割とは直接的に関係なく，子どもや教師，保護者にとって援助的なかかわりを自発的に行う者で，友人，地域の住民等を指す。

<u>チームとしての学校（チーム学校）</u>

2015（平成27）年，文部科学省中央教育審議会に「チームとしての学校の在り方と今後の改善方策について（答申）」が提出された。主な内容は以下の通りである。

1）専門性に基づくチーム体制の構築：①教職員の指導体制の充実，②教員以外の専門スタッフの参画，③地域との連携体制の整備。

2）学校のマネジメント機能の強化：①管理職の適材確保，②主幹教諭

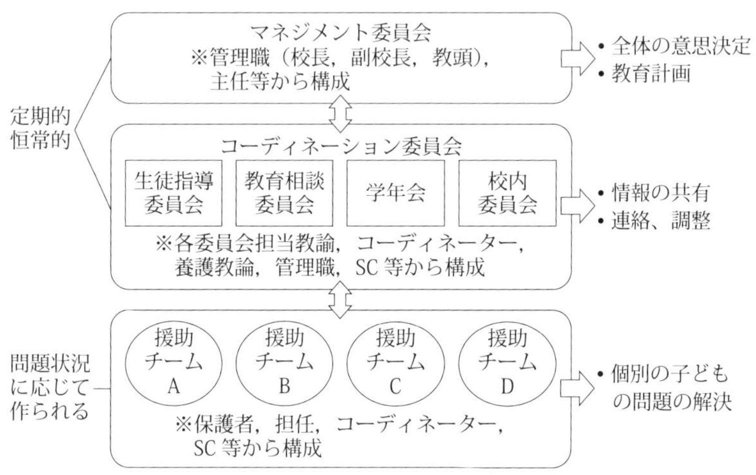

図⑱ 4-2　3 段階の援助チーム（日本学校心理学会，2016 を参考に作成）

制度の充実，③事務体制の強化。

３）教職員一人一人が力を発揮できる環境の整備：①人材育成の推進，②業務環境の改善，③教育委員会等による学校への支援の充実。

学校危機支援

学校コミュニティの機能回復を目指すものであり，教職員が中核となり，保護者との連携の下に児童・生徒の反応を受け止め，ケアする体制づくりを目指す（窪田，2015）。プログラム内容としては１）事実の共有（死亡の場合は詳細を話さない。とくに自死の場合は具体的な手段を伝えることは禁忌），２）ストレス反応と対処についての情報提供，３）各自の体験を表現する機会の提供：ａ．こころの健康調査票，ｂ．個別面談，ｃ．ディブリーフィングセッション（グループ）・面接（個別）：落ち着いた場所で，何を経験したか事実から尋ね，適切な対処方法について情報提供，継続的ケアの必要性を見立てる。

学生相談

学生相談とは「【前提】大学（高専なども含む）という教育機関であり，かつ１つのコミュニティでもあるという場の特徴と各大学ごとの個別性を念頭におき,【目的】学生個人個人に焦点を当てて，学内外への適応や心理的成長を促し，大学の教育目標にかなう形で,【機能】クリニック的な心理臨床，厚生補導的な個別性に応じた働きかけ，そして教育・発達援助的な働きかけを，対象者と環境を的確にアセスメントしたうえで行うものである」（日本学生相談学会50周年記念誌編集委員会，2010）とされている。学生相談の役割としては，個別の心理的援助，発達促進的・予防教育，教育環境整備，危機管理活動への貢献等も挙げられる。

ピア・サポート

教職員の指導･援助のもとに，児童生徒･学生相互の人間関係を豊かにするための場を各学校の実態に応じて設定し，そこで得た知識やスキル（技術）をもとに，仲間を思いやり支える実践活動（日本ピア・サポート学会，2010）である。

ピア・サポート・プログラムの目的（Cole, 2002）は以下の通りである。1）思いやりのある関係を築く機会の提供，2）傾聴，コミュニケーション，問題解決，対立解消法等の支援スキルのトレーニング，3）生徒による援助リソースを学校に提供，4）生徒のリーダーシップ，自尊感情，人間関係スキルの向上，5）思いやりを持ちそれを実践する雰囲気を学校に作りだす，6）校内のガイダンスカウンセリングの幅を広げる。

（鈴木美樹江）

1：刑事事件への支援

心理師の活動が行われている刑事事件への支援をまとめる。

裁判員裁判：裁判員裁判（→㉓ 14）とは，2009 年に開始された裁判員制度に基づき，市民が裁判員として参加して行われる裁判のことである。地方裁判所で行われる刑事裁判のうち，殺人・身代金目的誘拐など，重大な犯罪事件を扱うものが対象となる。通常は，裁判員６名と裁判官３名の組み合わせで審理が進められ，評決は双方を含む多数決によって行われる。なお，悲惨な事件の審理に参加する精神的負担などが課題としてあげられている。裁判員らの心のケアの充実が求められており，ここに心理的支援が要請されている。なお，公開の法廷で行われる民事事件・刑事事件は，**傍聴可能裁判**であり，誰でも傍聴することができる。少年事件は，少年法の趣旨から審判は原則非公開とされているが，近年では被害者の権利擁護の観点から重大事件については被害者等の傍聴が認められるようになった。

医療観察制度：医療観察制度とは，精神障害の影響のもと，刑事責任を問えない状態（心神喪失または心神耗弱）となり，重大な他害行為（未遂を含む，殺人・傷害・放火・強盗・強制性交・強制わいせつ）を行った者に対し，適切な医療を提供することで，社会復帰を促進することを目的とした制度のことである。医療観察法の処遇を受けることとなった者は，厚生労働大臣が指定した医療機関で専門的な医療の提供を受けるとともに，法務省保護観察所に配置されている社会復帰調整官により退院後の生活環境の調整などの支援を受けることとなる。こうした医療観察制度に関するアセスメントや支援に心理師が従事している。

犯罪被害者支援（→⑲ 3）：犯罪被害とその家族の多くは，適切な支援を受けられず，社会の中で孤立しているとの声の高まりを受けて，2005 年に犯罪被害者等基本法が施行され，国や地方自治体に総合的な施策が義務づけられた。この法律では，犯罪被害者支援の基本理念として，犯罪被害者は個人の尊厳が重んじられ，その尊厳にふさわしい処遇を受ける権利を有することや，被害を受けてから再び平穏な生活を営むことができるように必要な支援等が途切れることなく講じられるものとすることなどが示されている。この分野では多くの心理職が実践を重ねている。

犯罪予防：犯罪者の処遇は，施設内処遇と社会内処遇に分かれ，施設内処遇は「矯正」，社会内処遇は「更生保護」と呼ばれている。更生保護における犯罪予防活動とは，犯罪の発生を未然に防ぐため，国民の理解促進や犯罪の原因となる社会環境の改善等に努める活動のことをいう。その特色は，地域社会に対しての社会的連帯感や社会的規範に対する共感を強めるよう働きかけ，安全で安心な地域社会の構築を目指す点にある。具体的には，保護観察所，保護司会，更生保護女性会，BBS 会（非行防止活動を行う青年ボランティア団体）等が地域の関係機関等と連携して，講演会，非行防止教室，街頭補導活動などを行うことで，地域住民に対し，犯罪や非行のない社会づくりを呼びかけるとともに，犯罪をした者や非行のある少年の立ち直りに協力してもらえるよう働きかけていく。また，心理職には，地域の非行および犯罪の防止に貢献するため，心理相談に応じるなどして，関係機関と連携した非行防止や青少年の健全育成のための取り組みに積極的に関与していくことが求められている。

再犯予防：全国の刑法犯の認知件数は減少傾向にあるが，再犯者率（刑法犯検挙人員に占める再犯者の人員の比率）は増加傾向にあり，約 50%にも及ぶ。再犯予防の必要性が指摘される中，2016 年に再犯防止推進法が 2016 年に成立・施行された。この法律は，再犯の防止等に関する国および地方公共団体の責務を明らかにするとともに，再犯の防止等に関する施策を総合的かつ計画的に推進していく基本事項を示した。再犯防止は，国のみで実現可能なものではなく，国，地方公共団体，民間協力者団体等がそれぞれの強みを最大限に発揮して取り組む社会課題である。こうした中で，心理師は，犯罪被害者の心のケアのみならず，非行少年や犯罪加害者の再犯防止に向けた心理的支援を行うことが期待されている。

（千賀則史）

Ⓚ 裁判員裁判、傍聴可能裁判、医療観察制度、犯罪被害者支援、犯罪予防、再犯予防

2：少年事件・家事事件

Ⓚ 犯罪少年、触法少年、虞犯少年、特定少年、特定少年、少年非行、不良少年、面会交流

少年法（→㉓ 13）では，非行少年を以下のように区別している。なお，民法上の成人年齢が 20 歳から 18 歳に引き下げられたことに伴い，2022 年 4 月に改正少年法が施行されたが，改正少年法においても「少年」とは 20 歳に満たない者をいう。

犯罪少年：14 歳以上で罪を犯した少年をいう。成人犯罪の多くが警察で微罪処分や検察庁で不起訴になるのとは異なり，家庭裁判所へ原則全件送致される。犯行時 14 歳以上，特に 16 歳以上で殺人など重大な非行を犯せば，原則として検察官に送致（いわゆる逆送）され，刑事裁判の結果，実刑となれば，16 歳になるまでは少年院，その後は少年刑務所で受刑する。

触法少年：14 歳未満で刑罰法令に触れる行為をした少年をいう。児童福祉法上の措置が優先されるため，警察に補導され，児童相談所に通告される。その結果，児童自立支援施設などへの入所措置となることもある。重大事件などの場合，家庭裁判所へ送致されて審判が開かれ，おおむね 12 歳から少年院に送致されることもある。

虞犯少年：一定の事由があり，性格や環境から，将来，犯罪・触法行為に至るおそれのある少年をいう。14 歳未満であれば，児童福祉法の措置が優先されるが，14 歳以上なら児童相談所通告か家庭裁判所が選択される。なお，改正少年法では，18 歳以上の特定少年については虞犯を理由とする保護処分は行わないこととなった。

特定少年：民法上の成人年齢の引き下げにあわせ，18 歳と 19 歳が「特定少年」と位置付けられた。特定少年は，原則逆送とする対象事件が拡大され，起訴された後は実名報道が可能となるなど，18 歳と 19 歳は実質的に厳罰化となった。

なお，**不良少年**という言葉もあるが，少年警察活動規則では，非行少年には該当しないが，飲酒，喫煙徘徊などの不良行為を行っている者のことを不良行為少年と呼んでいる。つまり，厳密に言えば，不良少年の上位概念である虞犯少年は審判の対象となるのに対して，不良少年は補導の対象として取り扱われるという点で違いがある。

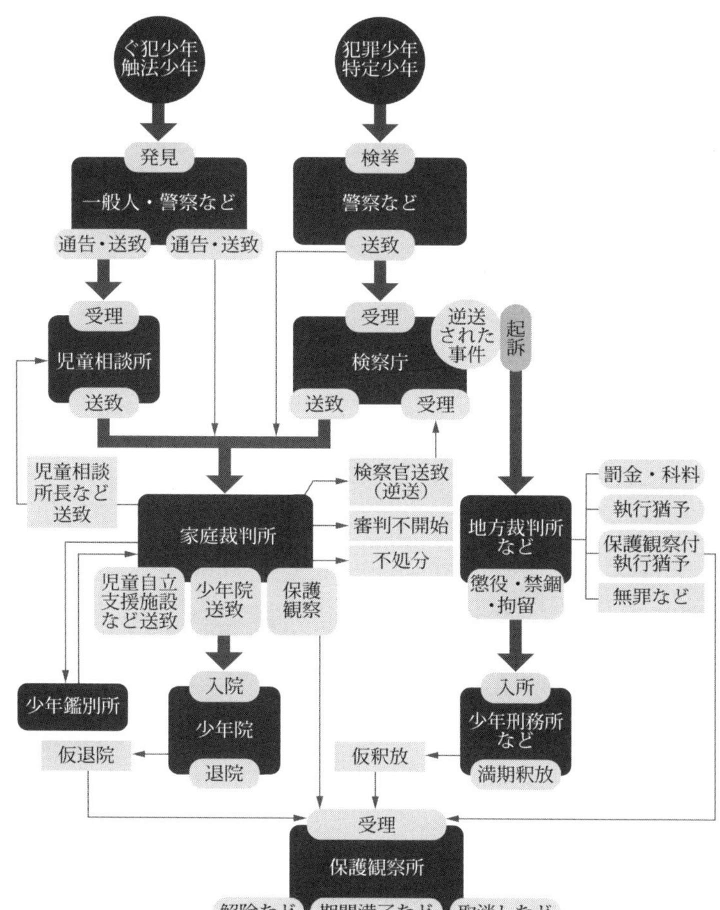

図⑲ 2-1　少年審判の手続きの流れ

出典：検察庁ホームページ（http://www.kensatsu.go.jp/gyoumu/shonen_jiken.htm）を元に筆者改変

少年審判の手続きは，図⑲ 2-1 の通りであり，非行少年の種類によって対応する専門機関が定められている。家庭裁判所に送致された少年を更生させるために行われる処分のことを保護処分と呼び，1）児童自立支援施設等送致，2）少年院送致，3）保護観察の３種類がある。

マスメディアの報道などにより**少年非行**が深刻化しているという印象が

あるが，実際の少年による刑法犯は減少傾向にあり，毎年のように戦後最少を更新している。12歳から19歳までの各年齢時における非行少年率は，どの世代も類似した曲線を描いており，おおむね14歳から16歳のときに高率となり，17歳，18歳，19歳と年齢が高くなるについて低くなっている。非行少年は男子の割合が多く，８割以上を占める。また，検挙された少年のうち，学生生徒が約３分の２を占めている。罪名別の少年比は，殺人，放火，強制性交はいずれも１％未満であり，凶悪事件の割合が多いわけではない。

離婚後の面会交流：面会交流とは，離婚後に子どもを養育・監護していない方の親によって行われる子どもとの面会および交流のことである。面会交流は子ども自身の権利であり，その背景には離婚後も子どもが親と交流し，これまでと変わらない愛情を父母双方から受けることが，子どもの人格形成に必要という考えがある。わが国では，2011年民法等一部改正の中で，民法第766条に協議離婚の際，考慮すべき事項として面会交流が明記されるに至った。面会交流をめぐる法的紛争については，家庭裁判所の家事事件として扱われ，面会交流調停・審判手続きにおける調査および面会交流の方法などの調整が行われる。

(千賀則史)

3：犯罪と心理支援

矯正施設では，非行少年や犯罪者の再犯防止や社会復帰の手助けになることを目指して，種々の心理支援を行っている。**施設内処遇**とは，犯罪をした者や非行のある少年を矯正施設に収容して処遇する矯正処遇である。刑罰や処分を適切に執行し，犯罪者・非行少年に対する処遇（リハビリテーション）の実施を通じ，再犯を抑止する。これらの処遇を実施する機関として，少年刑務所や刑務所，児童自立支援施設や少年院があり，RNR 原則やグッドライブスモデルを活用している。一方で，**社会内処遇**とは，社会の中で通常の生活をしながら，再犯・再非行を防止し，改善更生を図る更生保護である。保護観察官と保護司の民間協働態勢で行われていることがわが国の特徴である。保護司は，地域の中で対象者と日常的に接触を密にするボランティアである。そのため，重大事犯や処遇困難な事案等については，保護観察官のみで処遇することもある。再犯・再非行があった場合やその恐れがある場合には，仮釈放取消，戻し収容，刑の執行猶予取消，施設収容申請等の措置をとることにより，社会内から施設内への処遇の転換が速やかに行われる。

動機づけ面接法：動機づけ面接法（Miller, W. R. & Rollnick, S., 2002 → ⑮2）は，協調性，喚起性，自立性の３要素から構成される。動機づけ面接法の要諦は,「変化の責任はクライエントの中にある」と考えることであり，特に，性犯罪者の面接で用いられている。性犯罪者は，自分の起こした犯罪に関して，その際の自分自身の心理状態を直視することが難しいため,「治療を受けるという状況」を受け入れることに困難を示すことも少なくない。しかし，動機づけ面接法では，評価のフィードバックや，個人の選択権，治療参加の決定権があることなどから，性犯罪者が面接に参加しやすい要素を備えている。動機づけ面接法に基づく心理面接に参加したクライエントは，面接終了時には治療目標に到達していたという報告もあり，ある一定の治療効果が認められている。

被害者の視点を取り入れた教育：法務省（2011）は，被害者の視点を取り入れた教育を矯正教育の重要な柱の一つとしている。この教育は，被害

Ⓚ 施設内処遇，社会内処遇，動機づけ面接法，被害者の視点を取り入れた教育，犯罪被害者支援，DBDマーチ

者の命を奪い，被害者の身体に重大な被害をもたらした犯罪者に，自らの犯罪と向き合うことで，被害者やその遺族などの心情を認識させ，その遺族などに誠意をもって対応し，再び罪を犯さない決意を固めさせることを目標としている。法務教官や法務技官といった刑事施設の職員や民間協力者が指導者となり，ゲストスピーカー等による講話やグループワーク，集団指導と個別指導等が取り入れられている。ただし,「被害者の視点を取り入れた教育」検討会（法務省，2011）は，犯罪者が自分自身の被害体験にとらわれて，被害者の心情に着目しにくい場合や判決内容を十分に理解していない場合があるため，導入として，自他を大切にし，他者の痛みを感じ理解し尊重する指導を行うことが必要と指摘している。

犯罪被害者支援：警察庁および各都道府県警察は，犯罪被害者に対する精神的支援や経済的支援などのために情報提供やカウンセリング，給付金制度を設けている。このような被害者支援は，性犯罪被害者，暴力団犯罪被害者，交通事故被害者，ストーカー被害者など犯罪種別ごとに実施されている。また，公益財団法人犯罪被害救護基金は，犯罪被害者遺児に対する奨学金給与などを実施し，被害の軽減や回復のために，地域社会全体で犯罪被害者を支える取り組みをおこなっている（→⑲1）。

DBD マーチ：近年，齊藤ら（1999, 2000, 2008）によって，「DBD マーチ（反社会性の進行；Disruptive Behavior Disorde）」という概念が提唱されている。これは，注意欠如•多動症（ADHD）の二次障害という観点から，反抗挑発症／反抗挑戦性障害や素行症／素行障害，反社会性パーソナリティ障害（→㉒9，11）を位置づける概念である。学童期に著しく反抗的になる ADHD の一部の子どもたちに対して反抗挑発症の診断がなされ，その中の一部が学童期から思春期にかけて反社会的行動を反復的・持続的に示すようになって素行症と診断されるに至り，さらに，そのごく一部が青年期の段階で反社会性パーソナリティ障害を呈する。このように，ADHD を起点として加齢とともに診断名が変遷していくプロセスが DBD マーチの特徴である。DBD マーチを停止させるための重要な臨界点は，反抗挑発症である。そのため，このような障害の連鎖に着目する視点も重要である。

（山脇望美・河野荘子）

1：職場における問題と心理支援

職場のメンタルヘルスは職業性ストレスモデルで説明され，その代表的なものの1つがNIOSH（米国・国立労働安全衛生研究所）の職業性ストレスモデルである。仕事のストレス要因がストレス反応に影響を及ぼし，それを個人要因・仕事外要因・緩衝要因が調整する（図⑳ 1-1，1-2）。後述のストレスチェックの調査項目が依拠するモデルでもある。

このうち特に現在の労働環境では，仕事のストレス要因としての**ハラスメント**（表⑳ 1-1，1-2）や，ストレス反応や疾病の結果における**過労死**や**過労自殺**が問題視されている。前者のうちセクシュアルハラスメントとマタニティハラスメントは男女雇用機会均等法（1997年改正，2016年改正）において，パワーハラスメントは労働施策総合推進法（2019年改正）

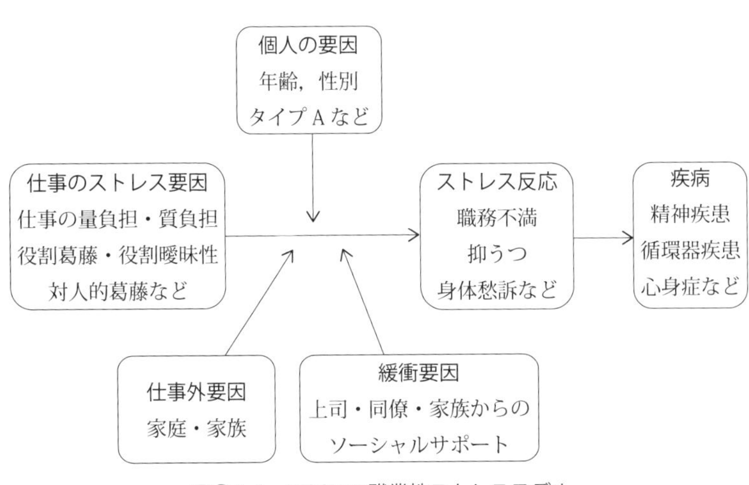

図⑳ 1-1　NIOSHの職業性ストレスモデル

表⑳ 1-1　セクシュアルハラスメントの種類と内容

種類	内容
対価型	職場での性的な言動に対して，それを受けた人がどのように対応するかによって，その人が働く条件において不利益が起こるもの
環境型	職場での性的な言動によって，働く人が不快な思いをするもの

表⑳ 1-2　パワーハラスメントの種類と内容

種類	内容
身体的な攻撃	暴行，傷害
精神的な攻撃	脅迫，名誉毀損，侮辱，ひどい暴言
人間関係からの切り離し	隔離，仲間外し，無視
過大な要求	業務上明らかに不要なことや遂行不可能なことの強制，仕事の妨害
過小な要求	業務上の合理性なく，能力や経験とかけ離れた程度の低い仕事を命じる，仕事を与えない
個の侵害	私的なことに過度に立ち入る

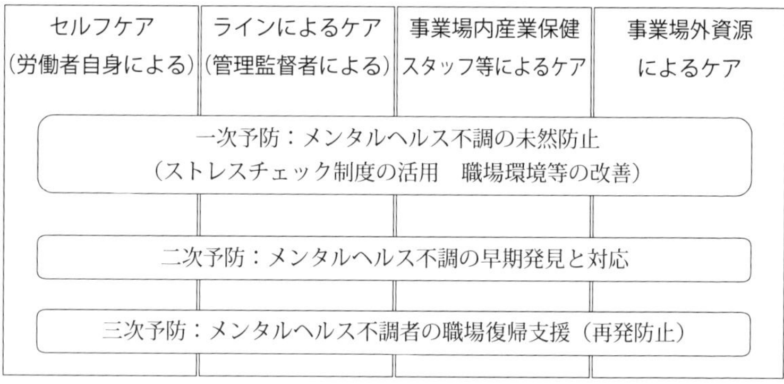

図⑳ 1-2　メンタルヘルス指針の概要（厚生労働省，2006, 2015 改正）

において，その防止や対策が義務付けられている。後者については，過労死等防止対策推進法（2014）によって，労働時間，休暇制度，メンタルヘルス対策等が進められている（→㉓ 16）。

また近年は，職場のメンタルヘルスをよりポジティブな側面からとらえようとする動向も高まってきている。代表的な概念の一つに**ワーク・エンゲイジメント**があり，「仕事に関連するポジティブで充実した心理状態であり，活力，熱意，没頭によって特徴づけられる」と定義されている（Schaufeli, W. B. & Bakker, A. B., 2004）。

メンタルヘルス指針（厚生労働省，2006，2015 改正）：職場のメンタ

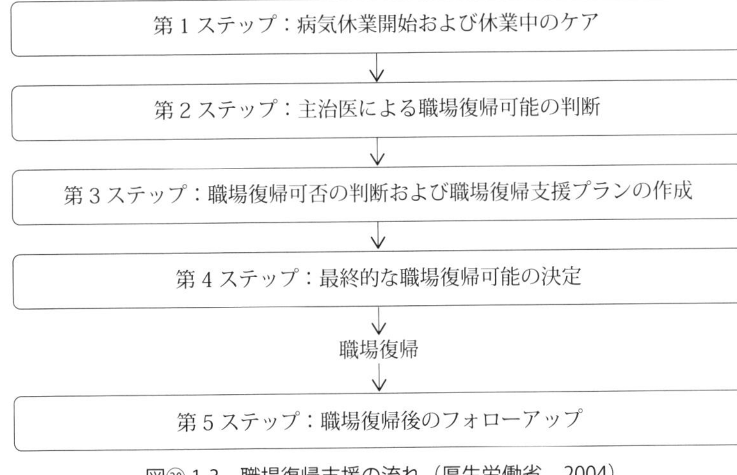

図⑳ 1-3　職場復帰支援の流れ（厚生労働省，2004）

ルヘルス不調への対策として，４つのケアと３つの予防による取り組みが推奨されている（図⑳ 1-2）。このうち一次予防を強化するために法制化されたものが，ストレスチェック制度（→㉓ 17）である。

職場復帰（復職）支援：厚生労働省（2004）は，メンタルヘルス不調による休職者の職場復帰支援の流れを図⑳ 1-3 のように提示している。治癒・回復という医療的な側面と，業務の量や質の配慮という就業的な側面の両方を総合的に検討して，労働者が主体的に復職できるように支援することが重要となる。復職支援はリワーク（return to work の略）とも呼ばれている。職場内や医療機関等による**リワーク支援**のプログラムとして，生活リズムの立て直し，心理療法，業務内容の訓練などが実施されている。

<u>職場での問題に対する心理的支援機関</u>

企業内の産業保健機関あるいは相談室，外部 EAP（Employee Assistance Program：従業員支援プログラム）会社，公共職業安定所（ハローワーク），産業保健総合支援センター，障害者職業センター，精神科医療機関などがある。

（加藤容子）

2：労働環境と支援

Ⓚ ダイバーシティ・マネジメント、ワーク・ライフ・バランス、キャリア形成、キャリアカウンセリング、キャリアコンサルティング、両立支援、ポジティブ心理学

労働環境がますます多様化する現在，さまざまな働き方が提案・実践され，それらの状況に応じた心理的支援や支援策が講じられている（表⑳ 2-1）。

ダイバーシティ・マネジメント：人種，国籍，性別，性的指向，年齢，障害など多様性を持ったあらゆる人材を，多様な方法で活用することである。

ワーク・ライフ・バランス（仕事と生活の調和）：生産性を求めすぎることで労働者の生活の質が悪化する問題を改善するために，ワーク・ライフ・バランスが重視されるようになった。個人を尊重するとともに組織や社会の発展にも寄与するものであり，多様な働き方やダイバーシティ・マネジメントのひとつでもある。「やりがいや充実感を感じながら働き，仕事上の責任を果たすとともに，家庭や地域生活などにおいても（略）人生の各段階に応じて多様な生き方が選択・実現できる社会」と定義されている（内閣府，2007）。

キャリア（Career）：語源を荷車（cart）やそのわだち（cararia）とし，個人の職業やその他の経験の積み重ねを意味する。ホール Hall, D. T.（1976）は，１）昇進，２）専門職，３）生涯を通じた職務の連続，４）生涯を通じた役割（職業以外の役割も含む）に関する経験の連続を示している。

キャリア形成に関連した理論には，発達的アプローチ，精神力動的アプローチ，特性論的アプローチなどがある。いずれも職業に特化した能力や知識のみでなく，自己概念やパーソナリティ，また職業以外の役割を示すライフキャリアを含めた側面について，知見が積まれている。それに基づき，労働環境における教育・研修のみならず，学校教育においても「一人一人の社会的・職業的自立に向け，必要な基盤となる能力や態度を育てることを通して，キャリア発達を促す（文部科学省，2010）」キャリア教育（→⑱１）が進められている。

キャリア支援：**キャリアカウンセリング**と**キャリアコンサルティング**がある。両者とも個人のキャリア上の問題解決やキャリア開発を支援するものである。キャリアカウンセリングが20世紀前半にアメリカで始まった理論と活動が広まったものであるのに対し，それを基礎として我が国で21

表⑳ 2-1　多様な働き方に対する支援の種類と制度・対策

種類	目的	制度・対策
仕事と家庭の**両立支援**	育児や介護に携わる労働者が仕事と家庭生活を両立できる	休業・休暇制度（育児休業，介護休暇，看護休暇，育児・保育・介護時間），勤務制度（短時間勤務制度，超過勤務の制限，フレックスタイム制）など
治療と仕事の**両立支援**	疾病を抱える労働者が治療を受けながら仕事を継続できる	就業上の措置（就業場所，作業，時間の変更），休暇制度（傷病休暇，病気休暇），勤務制度（短時間勤務制度，在宅勤務，試し出勤）など
障害者の就労支援・雇用対策	障害のある人が能力と適性に応じた雇用の場に就き，地域で自立した生活を送ることができる	障害者雇用義務制度（雇用率達成の義務），障害者差別禁止指針，合理的配慮指針，就労移行支援事業（一般事業所との雇用が可能な人を対象とした，職業訓練，求職活動支援，相談など），就労継続支援事業（一般事業所との雇用が困難な人を対象とした，就労・生産活動の提供，職業訓練など）
高齢者の就労支援・雇用対策	高齢者が健康で，意欲と能力がある限り年齢にかかわりなく働き続けることができる	高齢者就労総合支援事業（相談・援助，雇用情報の提供，技能講習など），生涯現役促進地域連携事業（雇用情報の提供，関係事業の紹介など）など

世紀型雇用対策の一環として開始されたものが，**キャリアコンサルティング**である（厚生労働省，2001）。

多様な労働環境での心理学的支援の方法：多様性をもつ労働者や労働環境への心理学的支援には以下のようなものがある。

・カウンセリング：労働者の個別状況に応じたメンタルヘルスやキャリアに関する支援。
・コンサルテーション：上司，同僚，家族，関係部署を対象とした支援。
・心理教育：メンタルヘルス不調の予防やキャリア発達の促進に関する教育・研修。
・組織開発：組織を対象とし，組織とそこで働く個人の生産性と健康を高めることを目的とした変革の実践。

多様な労働環境での心理学的支援が依拠する学問分野：

・産業・組織心理学：組織行動，人的資源管理，作業安全など，働く個人や集団・組織が関わる心理学的な諸課題についての実践と研究。
・産業精神保健：職場におけるメンタルヘルスを保持・増進するための実践と研究。
・**ポジティブ心理学：**人や社会の生産性や充実度を高めるための実践と研究（→⑮ 9）。

（加藤容子）

3：組織論

組織とは企業，大学，病院，政府，労働組合など複数の人間が何らかの目標を共有し，その達成に向けて協働するシステムであり，組織の変化や行動のメカニズムを解明する学問は組織論と呼ばれる。バーナード Barnard, C. L.（1938）は組織を「２人以上の人々の意識的に調整された活動や諸力の体系」と定義し，その構成要素として「コミュニケーション」「貢献意欲」「共通目的」を挙げている。

動機づけ理論：このうち「貢献意欲」は組織が維持存続し，目的を達成するために必要であるという視点から数多くの動機づけ理論（→⑱１）が発展してきた。それらの理論は，動機づけの要因に着目した内容理論（欲求段階説，ERG 理論，動機づけ－衛生理論など）と動機づけの心理的プロセスに着目した過程理論（目標設定理論，期待理論，職務特性理論など）に大別され，組織における人事制度や教育訓練といった実践に応用されている。

組織風土と文化：組織の全体像を理解する枠組みとしては，組織風土と文化がある。組織風土とは「組織の方針，取り組み，流儀，および組織において称賛，期待される行動に対する共有された認識」（Schneider, B. et al., 2011）であり，個人の知覚や主観的認識の集合体として捉えられている。一方，組織文化とは「外部への適応および内部の統合化に取り組む過程で組織によって学習された，共有される基本的前提，価値観，信念のパターン」（Schein, E. H., 1985）であり，学習を通じた創造物としてメンバーの行動規範となる点で風土とは区別される。シャイン Schein,E. H. によると組織文化は文化的現象が可視化可能な程度によって「人工の産物」「信奉された信条と価値観」「基本的な深いところに保たれている前提認識」の３つのレベルに分けることができ，儀式やシンボル，スローガンといったかたちで体現化されるといわれている。

安全文化：組織の安全性に関する文化は安全文化と呼ばれ，安全の重要性に対する組織メンバーの認識や事故等の危険防止策に対する取り組みおよび姿勢のことを意味する。安全文化は「報告する文化」「正義の文化」「学習する文化」「柔軟な文化」によって構成されており，こうした文化の醸成が組織事故の防止につながる。このように，組織風土と組織文化はともに組織内で共有された認識として組織メンバーの行動，ひいては組織が生み出す成果に影響を及ぼす。また，文化は創造されるものであるという知見をもとに，組織文化の形成にはリーダーシップが重大な影響を及ぼすことが論じられてきた。

リーダーシップ：リーダーシップについては数々の定義や見解があり，そのうちストッグディル Stogdill, R. M.（1974）は「集団目標の達成に向けてなされる集団の諸活動に影響を与える過程」と定めている。20 世紀前半にあたる初期のリーダーシップ研究においては，優れたリーダーの特性や資質を解明することに主眼が置かれていた。しかし特性理論の限界からリーダーの行動が着目されるようになる。リーダーの行動を，目標達成機能であるＰ（performance）機能と，集団維持機能であるＭ（maintenance）機能に分類した三隅二不二の **PM 理論**は行動理論の代表的なものである。このように，初めは組織の経営者や管理監督者といったリーダー自身が主な研究対象であった。しかしその後，研究の視点はリーダーシップ発揮時の状況要因へと移り，1970 年代以降はフォロワーの認知や意識変革が重視されるようになった。こうした研究を経て，今日のリーダーシップ研究における共通認識としては，リーダーシップとは，１）特定の能力や地位に依拠するものではなく，組織メンバーの誰しもが発揮しうる機能であること，２）リーダーの働きかけとフォロワーの受容と反応という対人関係のなかで展開する相互的な影響過程であることが挙げられる。

（前川由未子）

1：心身機能・症候

人間の身体は，約 60 兆個のさまざまな種類の細胞からなる多細胞生物である。そして，さまざまな機能と**身体構造**が階層構造で成り立っている。生命の単位である細胞から，同一の構造と機能を持つ細胞の集まりが組織である。一定の構造と機能を持つ組織の集まりが器官（臓器）であり，共通の機能を持つ器官の集まりが器官系（系統）と呼ばれ，人体は約 10 系統から構成される。

10 系統とは①運動器系，②呼吸器系，③循環器系･脈管系，④消化器系，⑤血液・造血器系，⑥泌尿器系，⑦生殖器系，⑧脳・神経系，⑨内分泌系，⑩皮膚・感覚器系がある（表㉑ 1-1）。また人体は，中軸部にあたる体幹と，体肢に区分される。体幹は，上方から①頭部，②頸部，③胸部，④腹部，⑤骨盤部に区分され，体肢は，一対の上肢と下肢からなる。

人体の構造と**心身機能**は年齢，性別，個体で異なり，特に性別による差は大きく，生殖器の構造や機能が異なる。**加齢**によっても構造と機能は変化する。小児期では細胞が急激に増加し，組織の機能が発達していくが，老化（生理機能の低下）は 20 ～ 30 歳以降に起こり，老年期ではさまざまな機能が著しく低下する。**加齢**に伴う心理・精神機能の変化は，青年期以降アイデンティティの確立と共に，精神的に成熟していくとされるが，環境や経験などによる個体差が大きい。知能に関しては，加齢によって言語理解などの結晶性知能は 60 歳まで緩やかに上昇するが，それ以外の流動性知能は 20 歳以降に徐々に低下する。その中で最も著明であるのが，記憶障害である。特に近時記憶の障害は目立つが，生理的加齢の場合はエピソードの再認は可能で記憶障害の自覚がある。

症候とは患者が示すさまざまな訴えや診察所見のことである。医師は症候学的な枠組みによって症候を記述することで，診断の重要な手がかりにする。1）**めまい**，2）**倦怠感**，3）**呼吸困難**などの一般症候はさまざまな疾患に起こりうるものであり，常に身体的疾患と心理・社会的病態を同時に想起しながら考える必要がある。なお，**心身症**（→⑯ 1）においては，背景に心理社会的要因がかかわっているが、食思不振，不定愁訴，頭痛，睡

表㉑ 1-1　人体の 10 系統別の機能と疾患

系統	構造	機能	疾患
①運動器系	骨，軟骨，関節，靱帯，筋肉	身体を支え，運動を行う	骨粗しょう症，骨軟化症（くる病），変形関節症など
②呼吸器系	肺，気道	エネルギーを産出するのに必要な酸素を取り入れ，二酸化炭素を排出する	肺炎，肺結核，気管支喘息，慢性閉塞性肺疾患，肺がんなど
③循環器系	心臓，動脈，静脈，毛細血管，リンパ管	血液やリンパ液を細胞に送る	動脈硬化，高血圧，虚血性心疾患（狭心症，心筋梗塞），不整脈，心不全，肺塞栓など
④消化器系	口腔，咽頭，食道，胃，小腸，大腸，肛門などの消化器，唾液腺，肝臓，胆のう，膵臓などの消化腺	食物の消化と栄養を吸収する	口内炎，胃・十二指腸潰瘍，クローン病，潰瘍性大腸炎，過敏性腸症候群，肝炎，肝硬変，脂肪肝，胆のう炎，膵炎など
⑤血液・造血器系	骨髄，血液	体中をくまなく巡り，酸素や栄養を運び，二酸化炭素や老廃物を運搬する	白血病，血友病，再生不良性貧血など
⑥泌尿器系	腎臓，膀胱	血液のろ過作用を担い，不必要な物質を排出し，尿を作る	慢性腎臓病，糖尿病性腎症，膀胱炎，腎盂腎炎など
⑦生殖器系	精巣や卵巣の生殖腺と副生殖器	生殖のために卵子と精子が受精し，受精卵を発育させる	前立腺がん，子宮体がん，子宮頸がんなど
⑧脳・神経系	脳，中枢神経系と末梢神経	各器官の機能を調節する	脳血管障害，脳腫瘍，頭部外傷，脳出血，クモ膜下出血，脳梗塞，認知症，パーキンソン病，ウェルニッケ脳症など

編者注：各疾患の症状については省略。各自で学習のこと。

表㉑ 1-1　人体の 10 系統別の機能と疾患つづき

系統	構造	機能	疾患
⑨内分泌系	内分泌腺(甲状腺,副腎など),生活活性物質（ホルモン）	神経系とともに生物活性物質によって，生体機能を調節する	甲状腺機能亢進症・低下症，原発性アルドステロン症，クッシング症候群,褐色細胞腫,副甲状腺機能亢進症，先端巨大症，尿崩症，糖尿病など
⑩皮膚・感覚器系	皮膚，感覚器（眼・耳・鼻）	外部の情報を取り入れ，脳に伝達する	アトピー性皮膚炎，白内障，緑内障，中耳炎，メニエール症候群，副鼻腔炎など

眠障害，微熱など多彩な身体症状がみられる。

1）**めまい**：回転性のめまい（vertigo）と，めまい感（diziness）の２つに分けられる。回転性のめまいは，メニエール症候群や前庭機能障害によるものが多く，眼振や難聴を伴って反復しやすいが，心因性では眼振を認めないことが多い。めまい感は，気の遠くなる感じやクラクラする感じとして訴えられる。起立性低血圧症や椎骨脳底動脈循環不全症などが多く，頭重，動悸，食欲不振などを伴うことが多く，過換気症候群，低血糖，うつ病などでもしばしば訴えられる。全体でめまいの頻度が最も高い疾患は、良性発作性頭位眩暈症である。

2）**倦怠感**：易疲労感や脱力感とほぼ同義であるが，自覚症状として個人差が大きく，多くの疾患の初期または慢性期に出現する。日本で最も頻度が高い疾患は，感冒，上気道感染症である。慢性発症で最も頻度が高いのが，仮面うつ病，不安障害，身体表現性障害などの心因性の疾患である。

3）**呼吸困難**：心臓・呼吸器系の疾患に多い症状であるが，健常者でも過重な労作によって感じる息切れの程度の強いものである。正常な呼吸運動は，１分間に約 15 回であり，その過程に困難を感じる状態である。また心理的な問題によっても，過呼吸などの症状から引き起こされることがある。

（古井由美子）

2：疾病

身体疾患に罹患することは，部分的に身体機能を喪失したり，機能に障害が及ぶことであり，二次的に心理社会的問題が起こることは多い。特に**脳卒中後遺症**では，脳のどの場所に障害が起きたかによって，全身にさまざまな症候が起こる。最も多いのは麻痺症状であるが，それらの症候によって二次的にうつ症状を併発することも多い。

表㉑ 1-1 に挙げた**10 系統の機能**と代表的な疾患については，心理師としても理解しておく必要があり，その疾患の方に関わる時には，症状などを事前に調べてから関わりたい。近年，①運動器系においては，サルコペニア（加齢に伴って筋肉量が減って，筋力・身体機能が低下した状態），ロコモティブ・シンドローム（骨，関節，筋肉・神経の障害のために移動機能が低下した状態），フレイル（サルコペニア，ロコモティブ・シンドロームだけでなく，精神・心理的問題も含んだ身体機能障害を起こしやすい状態）が加齢に伴い問題となっている。また 10 系統のさまざまな器官に発生し，告知された時に非常に精神的に影響受ける疾患にがんがある。細胞が不規則・過剰に増殖して組織の固まりを形成するものが腫瘍であり，生命を脅かさない良性腫瘍と，際限なく増殖して他の臓器にも転移し，その機能を破壊してしまう悪性腫瘍があり，悪性腫瘍のことを**がん**と言う。悪性腫瘍には，上皮組織から生じるがん腫と，筋肉・骨・結合組織に生じる肉腫と血液の腫瘍（白血病，悪性リンパ腫，多発性骨髄腫）がある。また，特異的な疾患として，後天性免疫不全症候群（AIDS）がある。**AIDS**（Acquired Immunodeficiency Syndrome）とは，ヒト免疫不全ウィルス（HIV）が免疫細胞に感染し，免疫細胞を破壊して後天的に免疫不全を起こす疾患であり，性感染症の一つである。この疾患が発見された初期には死に至る病とされたが，近年では抗 HIV 薬が開発され，完治は困難であるが，投薬が継続されれば，平均余命は非感染者とそれほど変わらないとされている。その他，遺伝子の異常が原因となって起きる**遺伝性疾患**として，染色体異常症（ダウン症候群など），単一遺伝子疾患（ミトコンドリア病など），多因子遺伝疾患（ヒルシュスプルング病など）があり，心理支援が含まれる遺伝カウンセリング（→⑯ 4）も重要である。（古井由美子）

3：依存症

K 物質使用障害、薬物依存症、アルコール依存症、ギャンブル障害（ギャンブル依存症）、ゲーム障害（ゲーム依存症）、乱用、耐性、離脱症状

物質使用障害（精神作用物質への依存症）

物質への依存症は**薬物依存症**や**アルコール依存症**が代表的である。以下に国際的な診断基準であるDSM-5の診断基準を挙げる。DSM-5の11項目の診断基準は，制御障害，社会的障害，危険な使用，薬理学的基準の4つの群に分けられる（表㉑ 3-1）。アルコールや覚せい剤，LSD（幻覚薬），オピオイド（ヘロインやモルヒネ）などの依存物質は，自殺のリスクを高める。

ギャンブル障害（ギャンブル依存症）・ゲーム依存（ゲーム障害）

1）**ギャンブル障害（ギャンブル依存症）**：精神疾患としてのギャンブルへの嗜癖は，ICD-10では「病的賭博」，DSM-5では「ギャンブル障害」と呼称される。ギャンブルに対するブレーキがきかないコントロールの障害であり，ストレスや抑うつの時期，物質の使用または中断の時期にギャンブル行為が増加する。

2）**ゲーム障害（ゲーム依存症）**：近年，スマートフォン（以下スマホ）の普及とともに，スマホ上でのゲームに依存するユーザーが問題視されるようになった。2018年に改訂されたICD-11では「ゲーム障害」の診断名が国際的に認定された。診断基準に対する正式な翻訳作業は現在進行中である。樋口（2018）によれば，ゲームに依存した人間は，前頭前野の機能の低下がみられるだけでなく，線条体のドーパミン受容体が健常者に比べて減少しており，他の依存と同様の反応が脳の中で確認できるとしている。

依存（身体依存・精神依存）・乱用・中毒・耐性・離脱症状

以下に依存症に関連する主な用語をまとめる（表㉑ 3-2）。離脱症状はアルコールの場合，血中アルコール濃度の低下した際（断酒または減量後の4～12時間以内）に生じ，断酒後2日目に最も強く認められる。症状は，発汗，頻脈，不眠，嘔気（嘔吐），手指振戦の増加，（意識障害を伴わない）幻覚などがある。また，激しい離脱症状として，意識障害や興奮状態・錯乱状態に加え，視覚性，触覚性，聴覚性の幻聴がまれに生じることがある（振戦せん妄）。

（松井一裕）

表㉑ 3-1 「物質使用障害」の診断基準

項目	内容	診断項目
1	制御障害	当初の意図よりも，多量あるいは長期間物質を使用するようになる
2	制御障害	物質の使用量を減量，中断しようとする試みの失敗
3	制御障害	物質の入手や使用，作用からの回復に多くの時間を費やす
4	制御障害	物質に対する渇望や強い欲求，衝動がある
5	社会的障害	物質使用の結果，（仕事，学校，家庭での）社会的役割や責任を果たせなくなる
6	社会的障害	社会・対人関係の問題が生じ，持続しているにもかかわらず，物質の使用を続ける
7	社会的障害	物質使用の結果，重要な社会的活動や娯楽活動を放棄，縮小する
8	危険な使用	身体的に危険な状況下で物質の使用を続ける
9	危険な使用	身体的・精神的な問題が生じているとわかっていても，物質の使用を続ける
10	薬理学的基準	望むような効果を得るために使用量が増加するか，通常量では効果が減弱する（耐性）
11	薬理学的基準	物質の使用中止や減量によって離脱症状が出現し，その症状の回避のために再使用する（離脱）

1年以内に11項目中2項目以上が存在した場合に診断される

表㉑ 3-2 依存症に関連する主な用語

用語	意味
依存	やめようと思っても簡単にはやめられない生物学的状態
身体依存	ある精神作用物質が身体に入っている時にはさほど問題を生じないが，精神作用物質が切れてくると色々な症状（離脱症状）が出現する状態
精神依存	本質的には，薬物が欲しいという気持ちが強くなる状態。精神依存では，身体的な不調は原則的には出現しない
乱用	社会規範から逸脱した目的や方法で，薬物を自己摂取する行為
中毒	乱用や依存の結果生じる身体への影響
耐性	精神作用物質を反復作用しているうちに，身体が慣れ，その効果が次第に低下する状態
離脱症状	物質を長期にわたって大量に摂取していた人において，血中あるいは組織内の物質の濃度が減少したときに生じる症候。精神作用物質の種類により，出現する症状は大きく異なる

※ American Psychiatric Association（2013），和田（2000）をもとに作成

4：医療の進歩と心のケア

近年の医療の進歩に伴い，より高度な医療の提供が可能となった。そのなかで，患者の心理面や社会面も含めたより質の高い医療を実現するために，多職種によるチーム医療が重視されるようになってきた。

移植医療と再生医療：移植医療は，患者に他者の健康な臓器や組織を移植して身体機能を回復させる医療である。脳死下臓器提供，心停止下臓器提供，生体臓器提供がある。1997 年の臓器の移植に関する法律では，脳死下または心停止下の臓器提供者から心臓，肺，肝臓，腎臓，膵臓，小腸，眼球の移植が可能となった。2009 年改正法では，生前の本人の意思表示が不明確な場合の家族の同意による臓器提供，15 歳未満の小児からの脳死下臓器提供が可能となった。

再生医療は，患者または他者の細胞や組織を培養などで加工したものを用いる医療である。ES 細胞，iPS 細胞，体性幹細胞などを用いた研究が進められている。2014 年の再生医療等の安全性の確保等に関する法律では，再生医療の安全性の確保に関する手続きなどが定められた。

サイコオンコロジー：1980 年代に心理学（psychology）と腫瘍学（oncology）を組み合わせたサイコオンコロジー（精神腫瘍学）が確立した。がん患者と家族の心理的，社会的，行動的側面など幅広い領域にわたった研究，実践，教育を行なっている。

緩和ケア：緩和ケアは，生命を脅かす疾患による問題に直面している患者と家族に対し，痛みやその他の身体的問題，心理社会的問題，スピリチュアルな問題を早期に発見し，的確なアセスメントと対処を行なうことによって，苦しみを予防し和らげることで生活の質（QOL）を改善するアプローチである（WHO，2002）。2012 年のがん対策推進基本計画で「がんと診断された時からの緩和ケアの推進」が重点的な課題となり，がん診療連携拠点病院を中心に心理職が緩和ケアチームや緩和ケア病棟で心理支援に携わっている。

終末期ケアと**グリーフケア**：生命予後がおおむね 6 カ月の時期が終末期とされる（内富，2012）。キューブラー・ロス Kübler-Ross（1969）は，終末期の患者が否認，怒り，取り引き，抑うつ，受容の５つの段階を経ると述べた。終末期の患者は，身体機能や自律性の喪失，愛する人との関係の喪失など多くの喪失体験を重ねている（内富，2012）。喪失体験に対するさまざまな身体的・心理的な反応を**悲嘆**という。心理職は患者とともに人生を振り返り，人生や自分の存在を意味づけていくプロセスを支えることが大切である。また，患者の家族などは，患者との別れを予期して悲しんだり，患者の死後に喪の仕事（グリーフワーク）が生じる。死別後数週間から数カ月の大きな危機の時期を越えると，多くの人は悲嘆を自分なりの解決方向へと導いていく（小池，2013）。悲嘆は正常なストレス反応だが，悲嘆が強く遷延して不眠や食思不振，興味や気力の低下，不適切な罪責感といった抑うつがみられるような困難な喪の過程を**複雑性悲嘆**と呼ぶ（山本，2014）。DSM-5 では持続性複雑死別障害（Persistent Complex Bereavement Disorder）という名称で今後検討すべき課題とされ，ICD-11 では遷延性悲嘆症（障害）（Prolonged Grief Disorder）という診断名が提唱された（→⑰９）。グリーフケアでは悲嘆反応の多様性や喪の過程の個別性を重視し，心の安心・安全を感じられる場を保障しながら相手の気持ちをありのままに受けとめる共感的な傾聴が基本となる。そして，遺された人が喪失の現実を受け入れ，悲嘆の痛みを受けとめ消化しながら，喪失体験に自分なりの意味を見出して故人のいない新しい世界に適応していく過程を支えていくことが大切だと考えられている（小池，2013；山本，2014）。

（前原沙織）

1：精神症状

「病感あれども病識無し」といわれ，患者は疾病状態による苦痛から他者に相談することはあるが，それが精神疾患の症状であることは認めようとしない（病識欠如）。例えば，統合失調症で，自分を批判する声が聞こえることに対して，「悪口を言われて辛い」（病感）とは訴えるものの，それを幻聴と（病識）は認めない。同様に双極性感情障害（躁うつ病）や大うつ病の場合も，病相期にあるときには，病識が欠如するか乏しいため，自ら医療機関を受診することは稀である。

妄想は思考の障害で，病的に発生する不合理で誤った考えであるが，本人はそのことに対して確信を持っており訂正不能なものをいう。同様に，実際には存在しないものを存在するかのように知覚する，知覚の異常を**幻覚**という。これに対して，不合理であるとの認識（病識）はあるものの意に反して台頭し，ぬぐい去ることができないものを**強迫観念**という。力動精神医学では，強迫観念を魔術的思考に基づくものとしている。特定の対象が存在する場合を**恐怖**（不潔恐怖，閉所恐怖，高所恐怖，赤面恐怖など）といい，対象が存在しない漠然とした不快な感情を**不安**という。前者を主とする病態を恐怖症，後者を主とする病態を不安症といい自律神経症状を伴うことが多い。強迫行為を伴う場合を強迫症という。また，実際に存在するものを誤って知覚することを**錯覚**という。

統合失調症（→㉒４）：**思考障害**が主な症状で，被害を受けるという被害妄想，食べ物や飲み物に毒を入れられているという被毒妄想（拒食症状に繋がる），追われている，監視されているといった追跡妄想，注察妄想などさまざまな妄想を抱き，考えが外から入ってくると感じる思考吹入，外からの圧力で考えさせられると感じる作為思考，自分の考えが外に漏れ伝わってしまうと感じる考想伝播などの異常体験が認められる。また，会話が途中で途切れる思考途絶，会話（思考）のまとまりが失われる連合弛緩，滅裂思考がある。加えて，自分に対する悪口が聞こえる批判性幻聴や複数の人物が会話する対話性幻聴，考えたことが声となって聞こえる考想化声といった幻聴や，幻臭，幻触，体感幻覚などの知覚の異常を認める。幻視も幻覚の一つであるが，統合失調症で認めることは少なく，後頭葉てんかんなどの器質性疾患で認められることが多い。

双極性障害（躁うつ病）（→㉒5）：双極性感情障害での妄想は，躁病相では自分の地位や財産，学力などを事実よりも過大に認識する誇大妄想が，うつ病相（大うつ病においても同様）では自分自身が罪を犯したとする罪業妄想や自分自身の財産が失われ貧しくなるという貧困妄想が認められる。重篤になると，自殺企図に至るため，注意が必要である。双極性感情障害（躁うつ病）の病態は，**精神運動性の障害**が主であり，統合失調症のような多岐にわたる妄想体験は認められず，幻聴体験を認めることはほとんどない。躁病相では，精神運動活動が亢進するため，気分が高揚し，多弁，多動となり，睡眠を取ろうとせず動き回るようになる。さまざまな考えが頭に浮かび，会話の目的が次々と変わる観念奔逸状態に至る。うつ病相（大うつ病においても同様）では，精神運動活動が抑制されるため，思考の抑制（思考制止）が生じ，会話の速度が遅くなり，判断力の低下，興味関心の喪失，意欲低下，体重減少を伴う食思不振，脱力感，全身倦怠感，失望感や悲しみの感情などを認める。これらのうつ病相（major depressive episode）でみられる症状を**抑うつ**という（→㉒6）。

精神症状：このほか，意識の清明度が損なわれる状態を意識混濁といい，意識混濁に幻覚や錯覚，しばしば精神運動性興奮を伴い急性発症し一過性に経過する精神症状を**せん妄**という。これは脳器質性疾患，代謝性疾患，薬物中毒などでみられる。

（古井　景）

Ⓚ 妄想、幻覚、強迫観念、恐怖、不安、錯覚、思考障害、精神運動性の障害、抑うつ、せん妄

2：診断法

我が国では，ドイツ精神医学の流れをくみ，精神病を**内因性精神病**（統合失調症，躁うつ病，非定型精神病），器質性精神病（脳器質性疾患による精神障害）と症状性精神病（脳以外の身体疾患による精神障害），中毒性精神病（中毒性物質による精神障害）の３つをあわせた**外因性精神病**，**心因性精神病**（心理的要因による精神障害）の３つに分類し，神経症は精神病と区別して位置づけられてきた。

DSM：米国では，人格に目を向けた力動精神医学が中心であったが，1980年に米国精神医学会が改訂した診断基準DSM-III以降，精神障害を脳神経学的障害との視点から区分された診断基準に従い診断する**操作的診断**が主流となった。この考えは，世界保健機関（WHO）の疾病分類ICD-10「第Ｖ章　精神及び行動の障害（F0-F9）」にも取り入れられることとなった。その後，DSMは改定を重ね，現在はDSM-5が公表されている。

ICD：正式な名称を「疾病及び関連保健問題の国際統計分類（International Statistical Classification of Diseases and Related Health Problems）」といい，疾病，傷害および死因の統計を国際比較するためWHOから勧告された統計分類であり，国際的に統一基準を定めたものである。このため，米国精神医学領域に限った疾病分類であるDSMよりもより広い範囲で疾病が取り上げられ，分類がなされている。ICD-11が2018年に発表され，今後，日本語版が公表される予定である。我が国においては，学術的にはDSM-5が用いられることが多いが，厚生労働省はICDに準拠した分類で日本語版を作成し，一般診療においてもICD分類を用いるよう推奨している。

（古井　景）

3：神経発達症

Ⓚ 知的能力障害、自閉スペクトラム症、注意欠如・多動症、コミュニケーション症群、素行症、社会的（語用論的）コミュニケーション症、レット障害、小児期崩壊性障害、精神刺激薬、発達障害者支援法

この項目はDSM-ⅣからDSM-5への改訂で変更が大きかったため，最新の分類を最初に挙げる。改訂内容はDSM-Ⅳの「通常，幼児期，小児期，または青年期に初めて診断される障害」の再構成で変更点は以下のとおりである。

1）精神遅滞が**知的能力障害**（知的発達症）に用語が変更され，知的能力障害の診断基準はIQに依拠しておらず，適応能力に基づいて，軽度，中等度，重度，最重度という重症度で分類される。

2）DSM-Ⅳの自閉性障害，レット障害，小児期崩壊性障害，アスペルガー障害，特定不能の広汎性発達障害が**自閉スペクトラム症**（Autism Spectrum Disorder; ASD）という総括的なカテゴリーに統合された。診断基準の領域も，「社会的相互作用」「コミュニケーション」「反復的／常同行動」の３つの領域から，「社会的コミュニケーションと対人的相互反応の欠陥」と「限定された反復的な行動，興味，および活動」の２つになった。

3）**注意欠如・多動症**（Attention-Deficit/Hyperactivity Disorder; ADHD）は発症年齢が７歳前から12歳前に変更された。また17歳以上の成人の診断に求められる症状数は，不注意と多動性－衝動性ともに，17歳未満の場合の６項目から５項目となった。

4）**コミュニケーション症群**は，DSM-Ⅳの音韻障害と吃音症とを合わせたもので，限局性学習症は，DSM-Ⅳの学習障害の病型である読字障害，算数障害，書字表出障害，特定不能の学習障害を統合した。

5）**素行症**は秩序破壊的・衝動制御・素行症群に含められ，排泄症群は独立した章になった。食行動障害は摂食障害群と共に食行動障害および摂食障害群という章になった。分離不安症と選択性緘黙は不安症群の章に移された。反応性アタッチメント障害は心的外傷およびストレス因関連障害群に移された。

6）**社会的（語用論的）コミュニケーション症**が新たに加えられた。この診断では，自閉症スペクトラム症にみられる反復的な行動や限定された興味は示さない。チック症では，基準Aから「常同的」という表現が削除

され，チックのない最大間隔（DSM-IV での基準 B）も削除された。ICD-11 の日本語版は近く発表される予定である。

K 知的能力障害、自閉スペクトラム症、注意欠如・多動症、コミュニケーション症群、素行症、社会的（語用論的）コミュニケーション症、レット障害、小児期崩壊性障害、精神刺激薬、発達障害者支援法

神経発達症に関する重要語句：1943 年，カナー Kanner. L. は後に「早期自閉症（early infantile autism）」と呼ばれる 11 例の症例報告を行い，1944 年，アスペルガー Asperger. H. は論文「小児期の自閉的精神病質」を発表した。**レット障害**は，女児の 1 万人に 1 人の割合で発症する（男子は極めてまれ），小児慢性進行性神経疾患である。生後 6 ～ 18 カ月までは正常な発達経過を示し，その後知的および運動発達が遅れ，退行，手の有目的運動の喪失と常同運動の出現，中枢性呼吸異常，てんかんなど，年齢依存性の多彩な症候を示しつつ，最終的に重度の精神遅滞と運動障害を示す。**小児期崩壊性障害**は，正常な精神発達をした幼児が，2 ～ 5 歳までの間に有意味語消失を中心とする退行が生じて，自閉的な行動を示し，精神発達の低下した状態になる障害である。DSM- IVにおける広汎性発達障害の男女比は 4 ： 1 程度で男児に多かった。

治療は，学校や家庭での環境調整，認知行動療法，アンガーマネージメント，症状によっては非定型抗精神病薬（アリピプラゾールなど）などが用いられる（→㉓ 8 ）。ADHD に対しては，**精神刺激薬**の塩酸メチルフェニデート徐放剤と選択的ノルアドレナリン再取り込み阻害薬であるアトモキセチンが承認されている。塩酸メチルフェニデート徐放剤に関しては，適正流通管理委員会があり，登録医師，登録調剤責任者のみが購入，処方，調剤できるという制限が設けられている。法的には，2005 年に**発達障害者支援法**が施行された（→㉓ 8 ）。

（玉井康之）

4：統合失調スペクトラム

この項目の代表的疾患は**統合失調症**である。発症率は約100人に1人である。原因は，多くの抗精神病薬がドーパミン D_2 受容体遮断作用を有することからドーパミン仮説が提唱された。その後の研究方法の発展によりこの疾患の生物学的理解は進展しているが，まだ解明には至っていない。

統合失調症が1つの疾患単位としてまとめられたのは，1893年のクレペリン Kraepelin, E. の教科書において，若年者に持続する心的衰弱状態が急激に生じる一群を早発性痴呆と呼んでからである。1911年にはブロイラー Bleuler, E. は連合心理学の影響下に基本障害を連合機能の弛緩とし，4Aといわれる，自閉（Autism），両価性（Ambivalence），感情の平板化（Affect disturbance），連合弛緩（Association loosening）を基本症状とした精神分裂病（schizophrenia）の概念を提出した。それぞれ，自己と外界との，意志の，感情の，思考の統合失調と捉えることができ，いわゆる陰性症状（欠落していることが異常と考えられる症状）に属するものである。これに対し，1950（1959という文献もあり）年，シュナイダー Schneider, K. は統合失調症の診断に際して重要視した8つの症状を1級症状と呼び，それ以外の症状を2級症状と呼んだ。1級症状は，思考化声，対話形式の幻聴，自分の行為を批判する幻聴，身体への被影響体験，思考奪取および思考の被影響体験，思考伝播，妄想知覚，感情・欲動・意志の分野における外からの作為体験で，いわゆる陽性症状（その症状が存在することが異常であると考えられる症状）に属するものである。2002年，日本では精神分裂病から統合失調症に呼称が改められた。

この項目における DSM- IVから DSM-5 への改訂での変更点は以下のとおりである。疾患は軽症から重症へと並べられ，妄想性障害の診断基準Aから「奇異でない」という語が削除された。また身体型の下位分類が「身体的欠損」に対して妄想的である者は，強迫症および関連症群の醜形恐怖症（DSM- IVでは身体醜形障害は身体表現性障害に含まれていた）に分類され，共有精神病性障害は削除された。

統合失調症：妄想型，解体型，緊張型といった統合失調症の下位分類はなくなり，特定の奇異な妄想や特別な型の幻覚の特別な扱いは削除された。

統合失調感情障害：気分エピソードが伴わずに精神病症状が２週間以上存在しなければならないのが，「疾患の同じ期間中に」から「疾病の生涯持続期間中に」に変更された。また気分症状に関して，DSM-Ⅳの「疾患の活動期および残遺期を含む全合計期間の大部分」続くことを必要とする，からDSM-5では「疾病の活動期と残遺期を合わせた期間のうちの半分以上」存在することを必要とするに変更された。そして特定不能の緊張病はDSM-5で新たに登場した。

統合失調型パーソナリティ障害：統合失調症スペクトラムの一部として考えられているため，この章に入れられたが，基準と考察はパーソナリティ障害群の章に残されている。ICD-11の日本語版は近く発表される予定である。

治療については歴史的に，ほぼ収容するだけの時代から，電気けいれん療法，ロボトミー（外科的に前頭葉と他部位との神経結合を遮断する手術）が行われるようになった。電気けいれん療法は修正型電気けいれん療法，パルス波による電気けいれん療法へと改良されてきているが，ロボトミーは人格変化などの後遺症があり行われなくなった。1952年にクロールプロマジンが発見されてから薬物療法が発展し，現在は非定型抗精神病薬が主流である。薬物療法以外には作業療法などがあり，精神科リハビリテーションが盛んになっている。中間施設としてデイケア，グループホームなどがあり，患者が社会復帰していくいわゆるノーマライゼーションが重視されている。

（玉井康之）

5：双極性障害

従来，躁うつ病と称され，古典的には循環病ともいわれていた。精神病理学的には，精神運動性亢進による躁状態（多動・多弁，観念奔逸，注意散漫，気分高揚など），精神運動性抑制によるうつ状態（思考抑制，罪業妄想，貧困妄想など）を併せ持つ病態と考えられ，単極性うつ病とは異なるものとして位置付けられてきた。必ずしも躁病期とうつ病期を交互に繰り返すとは限らない。また，春から夏にかけて躁状態を呈し，秋から冬にかけてうつ状態に至る季節性を示すことが多い。発症には，遺伝子的要因が関与しているとされる。

DSM-5 では，3「双極性障害および関連障害群」に位置付けられ，**双極Ⅰ型障害**，**双極Ⅱ型障害**，**気分循環性障害**，他に分類されている。双極性障害では，躁病エピソードと軽躁病エピソードが分けて示されている。双極Ⅰ型障害では，躁病エピソードの診断基準に該当することが必要であり，前後に，軽躁病エピソードや抑うつエピソードが存在することがあるとされる。これに対して，双極Ⅱ型障害の診断では，軽躁病エピソードの基準および抑うつエピソードの基準を満たすことが必要であり，過去に躁病エピソードがないとされている。気分循環性障害は，軽躁エピソードの基準を満たさない軽躁状態，および，抑うつエピソードの基準を満たさない抑うつ状態が少なくとも2年間（子どもおよび青年の場合は少なくとも1年間）みられ，症状がなかった期間が1度に2カ月を超えないものとされている。ICD-11 では，3「気分症群」の 3.1 双極症または関連症群に分類され，双極症Ⅰ型（3.1.1），双極症Ⅱ型（3.1.2），気分循環症（3.1.3）に分けられている。

治療としては，感情調整薬を中心とし，抗精神病薬により躁状態での興奮の沈静化，抗うつ薬によりうつ状態の改善を図ることになる。抗うつ薬の投与により，**躁状態への移行（躁転）**に注意が必要である。また，躁病相からうつ病相に移行する時点で自殺企図が生ずることが多く，注意が必要である。

（古井　景）

Ⓚ 双極Ⅰ型障害、双極Ⅱ型障害、気分循環性障害、躁状態への移行（躁転）

6：うつ病・抑うつ

Ⓚ 単一エピソードうつ病、反復性うつ病、気分変調症、混合性うつ不安症、自殺企図、罪業妄想、貧困妄想、希死念慮、自殺予防、マタニティーブルーズ、産後うつ病

古典的には，内因性（精神病性）うつ病と神経症性うつ病（抑うつ神経症）とに分けられてきたが，近年では大うつ病と気分変調症，混合性抑うつ不安症としてうつ病カテゴリーにまとめられている。DSM- Ⅳまでは双極性障害と同じ気分障害としてまとめられていたが，DSM-5 では，4「抑うつ障害群」として，3「双極性障害」とは別のカテゴリーに位置付けられ，大うつ病性障害，持続性抑うつ障害（気分変調症）はともに躁病エピソード，軽躁病エピソードが存在しないこととされている。また，DSM-5 の 4「抑うつ障害群」に，かんしゃく発作を主とする病態が重篤気分調節症として位置付けられている。ICD-11 では，3「気分症群」の中の 3.2 抑うつ症候群に分類され，さらに，**単一エピソードうつ病**（3.2.1），**反復性うつ病**（3.2.2），**気分変調症**（3.2.3），**混合性うつ不安症**（3.2.4）に分けられている。発症要因としては，遺伝子的要因よりも，心理・社会的な環境要因が影響してると考えられる。治療としては，抗うつ薬（選択的セロトニン再取り込み阻害薬（SSRI），セロトニン・ノルアドレナリン再取り込み阻害薬（SNRI）を第一選択とし，場合により，三環系抗うつ薬，四環系抗うつ薬を用いる）を中心とした薬物療法，薬剤抵抗性の混迷状態の場合に電気痙攣療法が行われる。過剰適応，完璧主義，自責的といった性格傾向に目を向けた精神・心理療法（認知行動療法など）も併用される。

全能的罪悪感，自責感により**自殺企図**が生じる可能性が高く，特に，**罪業妄想**，**貧困妄想**などの妄想体験を伴う場合は，**希死念慮**を抱いていても口にせず，完遂率が高い事を認識し，入院など積極的な**自殺予防**（→⑯ 5）に取り組む必要がある。**マタニティーブルーズ**は妊娠中・産後に見られる不安・抑うつ状態（minor depression）で，**産後うつ病**は双極性障害，大うつ病性障害（major depression）と関連する精神病性障害も含まれる。有病率は 10％～ 15％，産後抑うつエピソードの 50％は出産前から始まっているとされる。

（古井　景）

7：不安障害・強迫性障害

ICD-10のF4「神経症性障害，ストレス関連障害および身体表現性障害」が細分化され，DSM-5では5「不安症群／不安障害群」，6「強迫症／強迫性障害および関連障害群」に，ICD-11では4「不安または恐怖関連症群」，5「強迫症または関連症群」，に分類されている。

疾患項目は，DSM-5，ICD-11ともほぼ共通し，**分離不安症**，**パニック症**，**社交不安症**，**全般不安症**，**限局性恐怖症**，**選択性緘黙**であり，DSM-5では**広場恐怖**は多様な場で起こるものとして限局性恐怖症から区別され，多数の出来事に対する不安は全般不安症に分類される。**分離不安症**は愛着を持っている人からの分離に関する不安，**社交不安症**は社交場面（他者との交流）での不安をさす。パニック発作そのものは疾患単位ではなく，不安症群の他，抑うつ症（障害）群などさまざまな病態で併存することがあるとされているが，他の精神疾患に該当しない場合に，**パニック症**の疾患名が使用される。治療は，**パニック発作**に対して抗不安薬（アルプラゾラムなど）を用い，選択的セロトニン再取り込み阻害薬（SSRI）の継続投与を行う。また，認知行動療法の併用も効果があるとされている。

パニック発作が身体症状として表れる不安や恐怖が感覚的なものであることに対して，繰り返される持続的な思考・衝動・イメージを強迫観念，繰り返される行為を強迫行為と位置付けおり，DSM-5では，**強迫症**，**醜形恐怖症**，**ためこみ症**，**抜毛症**，**皮膚むしり症**が，ICD-11では，**強迫症**，**醜形恐怖症**，**自己臭症**，**心気症**，**ためこみ症**，**身体への反復行動**が分類されている。強迫症の治療は，SSRI，四環系抗うつ薬（クロミプラミン）を中心とした薬物療法と行動療法が推奨されている。

（古井　景）

Ⓚ 分離不安症、パニック症、社交不安症、全般不安症、限局性恐怖症、選択性緘黙、パニック発作、強迫症、醜形恐怖症、ためこみ症、抜毛症、皮膚むしり症、自己臭症、心気症、身体への反復行動

8：ストレス関連障害

DSM-5の7「心的外傷およびストレス因関連障害群」，ICD-11の6「ストレス関連症群」では，幼児が大人の養育者に対する抑制された行動を一貫して示す反応性アタッチメント症（愛着障害），幼児が見慣れない大人に積極的に近づく脱抑制型対人交流症（障害），死ぬ，重傷を負う，性的暴力を受ける等の出来事を直接体験する，あるいは目撃する，耳にするなどの心的外傷体験の後に侵入症状を呈する**心的外傷後ストレス症（障害；PTSD**（→⑯6），はっきりと確認できるストレス因に反応して3カ月以内に症状が出現する**適応反応症（障害）**が両者に位置付けられ，さらに，DSM-5では**急性ストレス障害（ASD**→⑯6）が，ICD-11では複雑性心的外傷後ストレス症，遷延性悲嘆症が加わっている（→⑰9，㉑4）。治療としては，ストレス原の除去，うつ症状に対してSSRIを中心とした薬物療法，精神・心理療法（認知行動療法）がなされる。反応性愛着障害，脱抑制型対人交流障害は情緒発達の障害に位置付けられ，自閉スペクトラム症，注意欠如・多動症などの神経発達の障害（神経発達症）との鑑別が求められており，発達障害の鑑別において注意が必要である。「解離症群」には，解離性同一症，離人感・現実感消失（喪失）症，解離性健忘が共通して存在し，ICD-11では運動・感覚または認知領域の解離症，トランス症，憑依トランス症，部分的解離性同一症が加わっている。薬物療法では，抑うつ症状に対してSSRIを投与する。精神療法として，精神分析的精神療法や催眠療法などが行われている。ICD-10の「身体表現性障害」に該当するものとして，DSM-5では，9「身体症状および関連症群」に身体症状症，病気不安症，変換症／転換性障害，作為症が，ICD-11では，10「身体的苦痛症群または身体的体験症群」に身体的苦痛症，身体完全性違和，および，16「**作為症群**」が分類されている。

（古井　景）

9：衝動制御

DSM-5の15「秩序破壊的・衝動制御・素行症群」では，怒りっぽく易怒的な気分，口論好きで挑発的な行動，執念深さを特徴とする**反抗挑発症**，攻撃的衝動の制御不能による行動爆発を反復する**間欠爆発症**，他者の基本的人権や年齢相応の社会規範，規則を反復して侵害する行動様式で，人および動物に対する攻撃性・所有物の破壊・虚偽性や窃盗・重大な規則違反を反復する**素行症（障害）**，放火行為前の感情的興奮や火災に対する興味，快感などを目的として2回以上意図的に放火行為を行う**放火症**，窃盗に及ぶ直前の緊張感や窃盗に及ぶときの快感・満足からものを盗もうとする衝動に抵抗せず窃盗が繰り返される**窃盗症**，反社会性パーソナリティ障害がこのカテゴリーに分類される。**反社会性パーソナリティ障害**は，パーソナリティ障害にも分類されている。

ICD-11では，12「衝動制御症群」に**放火症**，**窃盗症**，強い性的衝動から繰り返す性行動が日常生活の中心となる**強迫的性行動症**，間欠爆発症が分類され，13「秩序破壊的または非社会的行動症群」に，**反抗挑発症**，**素行・非社会的行動症**が分類されている。

これらは，知的障害，精神病勢障害，物質使用障害，抑うつ障害または双極性障害の経過によって起こるものは除外することとなっている。

DSM-5では，反社会性パーソナリティ障害が含まれてはいるものの，他の行為の障害，衝動制御の障害をパーソナリティの視点からの理解に結びつけてはいない。この点は，操作的診断の限界であろう。治療法としては，攻撃性・衝動性の沈静化を意図し薬物療法（抗精神薬，感情調整薬など）や背景要因，精神病理・パーソナリティに目を向けた理解のもとで精神・心理療法も試みられるが，本人の自覚が乏しいと継続した治療には至らない。

（古井　景）

10：食行動障害・摂食障害・摂食行動

この項目の代表的疾患は，**神経性無食欲症**と**神経性大食症**である。ともに10代から20代の若年女性に多く，自己評価が体重や体型の過剰な影響を受けるという心理的特徴が類似している。前者の特徴は極端な節食とそれに伴う体重減少，徐脈，低体重なのに太っていると感じるボディーイメージの障害で，死亡率は5～10％という報告が多い。後者のそれは過食衝動の際の失コントロール感と自己嫌悪，代償行動（自己誘発嘔吐，下剤乱用，利尿剤乱用，やせ薬乱用など）とそれに伴う低カリウム血症，心機能異常で，低体重とは限らない。DSM-5における食行動障害および摂食障害群は，DSM-Ⅳの「通常，幼児期，小児期，または青年期に初めて診断される障害」の食行動障害群と，摂食障害群を統合したものである。DSM-ⅣからDSM-5への改訂での変更点は以下のとおりである。**神経性やせ症**の基準から無月経の必要性が削除され，基準Bにおいて，体重増加や肥満に対する強い恐怖の表明だけでなく，体重増加を妨げる持続的行動も含めて拡大された。**神経性過食症**の基準は，過食および不適切な代償行動の必要最少平均頻度が週2回から週1回に変更された。また下位分類（排出型と非排出型）は廃止された。**過食性障害**が新しく加えられたが，これはDSM-Ⅳ付録Bに含まれていた。異食症と反芻症はDSM-Ⅳの「通常，幼児期，小児期，または青年期に初めて診断される障害」から移された。幼児期または小児期早期の**哺育障害**のカテゴリーは，回避・制限性食物摂取症と名称が変更され，基準は，食物摂取を制限しているが，摂食障害の基準を満たしていない成人にも適用できるよう拡大された。

中枢神経系における摂食行動を制御する機構が明らかになってきており，摂食関連ペプチドとして，レプチン（脂肪細胞から分泌され視床下部に作用）は食欲を抑制し，グレリン（主として胃から分泌され視床下部に作用），オレキシン（視床下部から分泌され大脳皮質，辺縁系等に作用）は食欲を促進する。モノアミンとしては，ヒスタミン，セロトニンは食欲を抑制し，ノルエピネフリンは食欲を促進する。

（玉井康之）

11：パーソナリティ障害

Ⓚ 統合失調症型パーソナリティ障害、反社会性パーソナリティ障害、境界性パーソナリティ障害、情緒不安定性パーソナリティ、衝動型人格障害、境界型人格障害

パーソナリティ障害とは，外界との交流において柔軟性がなく不適応な様式が長年にわたって持続している状態である。不適応な様式は，本人の思考，感情，行動，対人関係に現れる。以前は人格障害と訳出されていたが，否定的，差別的な意味合いを除く目的で，パーソナリティ障害に変更された。歴史的には，19 世紀半ば過ぎに，精神病や脳器質性疾患ではないが明らかに健常者とは違う人々がいることが気づかれ，その後，精神病質者，社会病質者と呼ばれるようになった。クレペリン Kraepelin, E. は病的な素因に起因する人格発達の著しい偏りとし，シュナイダー Schneider, K. は平均からの逸脱であり，その人格の異常ゆえに自ら悩むか社会を悩ませる異常人格者と定義した。DSM-5 のパーソナリティ障害群はＡ，Ｂ，Ｃ，３つの群に分けられている点は DSM- Ⅳを踏襲しているが，DSM- Ⅳの多軸評定は廃止され，パーソナリティ障害群はⅡ軸に表記されなくなった。**統合失調症型パーソナリティ障害**は統合失調症スペクトラム障害および他の精神病性障害群に組み込まれ（→㉒ 4），**反社会性パーソナリティ障害**は秩序破壊的・衝動制御・素行症群に組み込まれたが，その障害の記述と診断基準はパーソナリティ障害の章に残されている。他の医学的疾患によるパーソナリティ変化は，DSM- Ⅳの「一般身体疾患による精神疾患」からこの分類に移動された。パーソナリティ障害診断の代替案が，パーソナリティ障害群の代替 DSM-5 モデルとして第Ⅲ部に掲載されている。DSM-5 における**境界性パーソナリティ障害**は，ICD-10 では**情緒不安定性パーソナリティ**の下位分類の，**衝動型人格障害**と**境界型人格障害**が近似する。ICD-11 の日本語版は近く発表される予定。（玉井康之）

表㉒ 11-1　パーソナリティ障害（以下 PD）の分類

群	共通する特徴	名称
A 群	他人から奇妙で風変わりであると捉えられている	猜疑性（妄想性）PD，スキゾイド（シゾイド）PD，統合失調型 PD
B 群	他人から演技的で情緒的で気まぐれであると捉えられている	反社会性 PD，境界性 PD，演技性 PD，自己愛 PD
C 群	不安や恐怖を感じやすい	回避性 PD，依存性 PD，強迫性 PD

12：治療法

それぞれの現場において，抑うつや不眠，自殺念慮，強迫症状などの精神疾患による症状が出現した時には，まず精神科の医療機関にリファー（紹介）をしてもらう。そこで，精神科医による診断によって，以下の精神科医による治療やコメディカルによる治療が実施される。

精神科医による治療法：治療は**診断**に基づいて行うものであり，精神科医は問診やさまざまな検査を行って包括的に診断を行うが，成田（2007）は「診断をするときには，身体因→内因→心因の順に考えて診断していくべきである」と述べている。その要因にそって治療法を図㉒ 12-1 にまとめた。身体因の疾患は，原疾患の治療が第一優先であり，それに伴う不眠やせん妄などの**薬物療法**が主となる。内因の疾患である統合失調症は，薬物療法が主である。同じく気分症も薬物療法が主となるが，重症事例においては，1）ECT や，冬季にうつ状態に陥る季節性気分症には蛍光灯の光を浴びて過ごす 2）高照度光療法などの身体療法が用いられる。また思考方法の変化を目的とする，3）認知行動療法も有効とされている。心因が主であるストレス関連障害や PTSD においては，薬物を補助的に使用することはあるが，**精神療法（心理療法）**が主である。精神療法にも種類があ

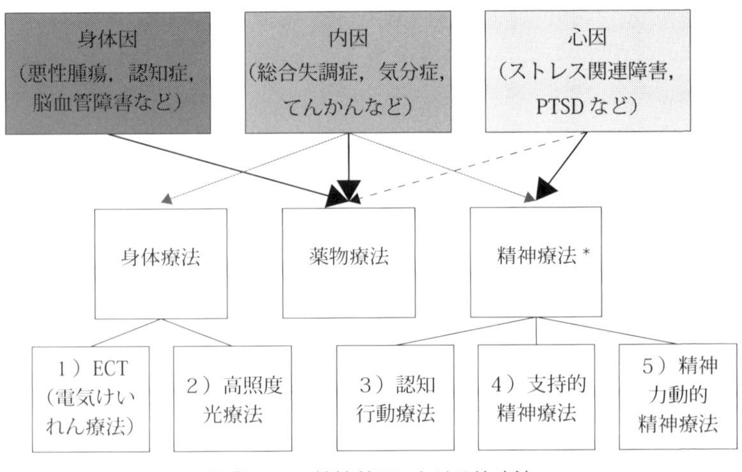

図㉒ 12-1　精神科医における治療法

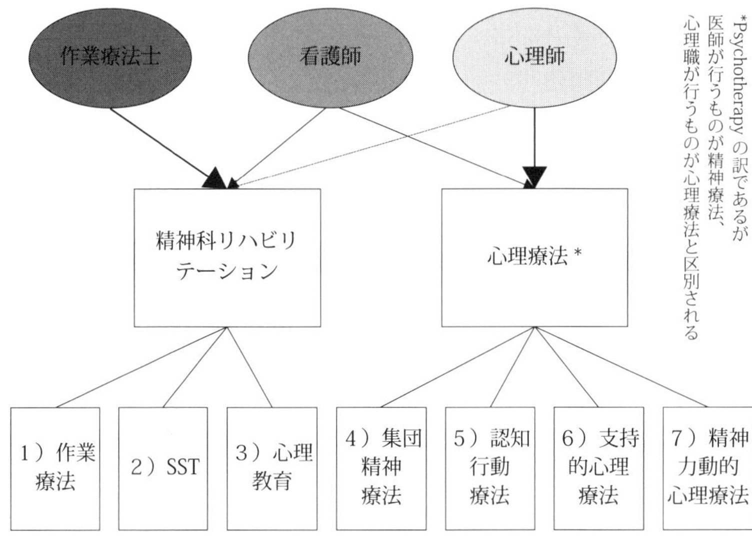

図㉒ 12-2　コメディカルが実施する治療法

り，3）認知行動療法（→⑮3）支持的精神療法，5）精神力動的精神療法（→⑮1）などを患者に合わせて選択する。さらに集団精神療法（→⑮4）を行ったり，コメディカルに次にあげるような治療を指示して，包括的に治療を組み立てる。

その他の治療法：コメディカルが精神疾患に行っている治療法を図㉒12-2 にまとめた。どの治療法を用いるかは，患者の自我機能などを**アセスメント**して提示し，同意した上で実施される。大きく分けると精神科リハビリテーションと心理療法があり，精神科リハビリテーションには**作業療法**や SST（social skills training →⑬4）や心理教育があり，主に統合失調症などの回復期に用いられる。

また，患者自身の行動としては，2003 年に WHO が「医療従事者からの推奨に同意し，服薬や食事，その他ライフサイクルの変容を実践すること」を提唱したため，それ以降医師に従うコンプライアンスよりも自己決定に基づく主体的な行動としての**アドヒアランス**が重要となっている。そのため，患者自身が治療法を医師と話し合って決定したり，自主的にアルコールや薬物依存などの**自助グループ**に参加することも増加している。（古井由美子）

13：薬理作用

向精神薬は，中枢神経系に作用して，精神機能に影響を与える。神経細胞間のシナプスに作用する神経伝達物質の働きを調整する。経口摂取された薬物は，腸管で吸収されて血液中に入る。血液中の薬物は，血液脳関門を通過して脳内に入り，中枢神経系への薬物作用を発揮する。一方で，血液中の薬物は肝臓で代謝され，腎臓より排泄される（ただし，炭酸リチウムは肝臓での代謝は受けず，腎臓から直接排泄される）。薬物の作用時間の長さは，血中濃度の半減期で表される。複数の薬物を服用している場合には，吸収や排泄の過程で相互に影響し合うことがあり，注意が必要である。

副作用

薬物の使用によって生じた好ましくない有害な反応が**有害事象**，その中で薬物との因果関係が否定されないものが副作用である。向精神薬に見られる主な**副作用**は以下の通りである。

錐体外路症状：抗精神病薬等のドパミン受容体遮断作用に起因する。急性ジストニア，アカシジア，パーキンソン様症状，遅発性ジスキネジアなどがある。

悪性症候群：抗精神病薬の開始，増量や抗うつ薬の中止等が契機となる。高熱と筋強剛・振戦，著明な脱水，意識障害等を呈し，死に至ることもある。

抗コリン作用:アセチルコリン作用の抑制により，口喝，鼻閉，便秘，排尿困難，眼圧の上昇等がみられる。

依存耐性：ベンゾジアゼピン系薬剤の急な中止で，不安，不眠，焦燥感等が出現する

賦活症候群：思春期への抗うつ薬投与による気分の賦活作用。不安，易刺激性，衝動性，アカシジア，軽躁状態等が含まれ，自殺のリスクが高まる。

（野邑健二）

14：向精神薬の種類

中枢神経系に作用して，精神機能に影響を与える薬物を総称して，**向精神薬**と呼ばれている。表㉒ 14-1 に，大まかな分類と効用，副作用について示す。なお，**薬剤性精神障害**とは，薬物の使用によって起こる精神障害のことである。インターフェロンによる抑うつ状態や，ステロイドによる抑うつ状態，躁状態，幻覚妄想状態などがよく知られている。しかし，それ以外でも多くの薬で，頻度はさまざまであるが精神症状の報告が見られ

表㉒ 14-1　向精神薬の種類

	効用	副作用
抗精神病薬	主たる適応は統合失調症である。抗幻覚・妄想作用と鎮静作用を呈する。他に，双極性障害の躁状態，せん妄，脳器質性疾患における精神病症状，自閉スペクトラム症や知的能力障害における興奮・易刺激性，トゥレット障害，その他の非特異的な不穏・興奮状態などで用いられている	錐体外路症状（→㉒ 13）などを呈する。従来からある定型抗精神病薬に代わって，近年非定型抗精神病薬が使用されてきている。錐体外路症状が軽度で使用しやすいが，肥満や糖尿病，高プロラクチン血症などのリスクがある
抗うつ薬	主たる適応はうつ病等の抑うつ障害である。他に，強迫症，パニック症，社交不安症，心的外傷後ストレス障害，夜尿症などでも用いられている。以前は三環系・四環系が主であったが，近年は副作用の少ない選択的セロトニン再取り込み阻害薬（SSRI）やセロトニン・ノルアドレナリン再取り込み阻害薬（SNRI）がよく用いられている	三環系，四環系では，抗コリン作用（→㉒ 13），眠気，口渇，便秘，等が見られる。SSRI や SNRI は口渇，悪心，嘔吐，食欲不振等が見られる。賦活症候群（→㉒ 13）に注意が必要である
気分安定薬	主たる適応は双極性障害である。抗躁作用だけでなく，うつ状態にも有効で，再発予防作用がある。炭酸リチウムの他に，カルバマゼピン，バルプロ酸等があるが，炭酸リチウム以外は抗てんかん薬としての側面を持つ	副作用は薬によりさまざまである。炭酸リチウムは，治療に有効な血中濃度と中毒濃度が近いため，注意が必要である

表㉒ 14-1　つづき

	効用	副作用
抗不安薬・睡眠薬	抗不安薬の多くはベンゾジアゼピン系薬物で，抗不安作用，鎮静催眠作用，筋弛緩作用，抗てんかん作用を有する。その中で，鎮静催眠作用が強いものが睡眠薬として使用されている。他に，セロトニン受容体作動性抗不安薬，メラトニン受容体作動性睡眠薬なども用いられている	眠気，ふらつきなどの他に，脱抑制や興奮などの逆説反応や依存耐性などの問題も見られる
抗認知症薬	アルツハイマー型認知症の進行を遅らせ，記憶障害や見当識障害を緩和する効果がある薬として，コリンエステラーゼ阻害薬の塩酸ドネペジルやガランタミン，NMDA 受容体阻害薬のメマンチン等が用いられている	吐き気，嘔吐，食欲不振など
抗ADHD薬	注意集中を高め，多動衝動性を軽減する。我が国で用いられている 4 剤の適応は，グアンファシンのみ 6 ～ 18 歳で，他は 6 歳以上である。①メチルフェニデート徐放薬と②リスデキサンフェタミンは中枢刺激薬で，持続時間は 12 ～ 13 時間で，朝 1 回の内服で夕方まで効果が持続する。服用早期から効果が見られる。②アトモキセチンは抗うつ薬（SSRI），③インチュニブは血圧降下剤の仲間（選択的 α 2A アドレナリン受容体作動薬）である。②③は，効果が出るのに数週間かかり，1 日 1 ～ 2 回の内服で効果は終日持続する	①メチルフェニデートとリスデキサンフェタミンは，食欲不振，不眠，体重減少。長期投与で成長抑制 ②アトモキセチンは，食欲減退，頭痛，眠気等 ③グアンファシンは，傾眠，血圧低下，徐脈，失神，頭痛等

ている。特に向精神薬は，不穏・興奮，不眠などの精神症状を来すこともある。使用されている薬剤についての情報を参照することが必要である。

（野邑健二）

1：医療法

医療法（昭和 23 年制定）は，医療を受ける者による**医療に関する適切な選択**を支援するために必要な事項，病院・診療所・助産所などの整備の方法などを定めている。医療機関を自由に選ぶことができる**フリーアクセス**もわが国の特徴である。

第 1 条 2 の中では，「**医療提供の理念**」について，「医療は，生命の尊重と個人の尊厳の保持を旨とし，医師，歯科医師，薬剤師，看護師その他の医療の担い手と医療を受ける者との信頼関係に基づき，及び医療を受ける者の心身の状況に応じて行われるとともに，その内容は，単に治療のみならず，疾病の予防のための措置及びリハビリテーションを含む良質かつ適切なものでなければならない」と定めている。

第 1 条の 5 では**病院**は「20 人以上の患者を入院させるための施設を有するもの」とされ，**診療所**はそれ以外のもの，としている。

平成 19（2007）年に改正された医療法では，医療安全の確保に関する法律上の規定が新設され，医療機関の管理者には医療安全の確保を義務付けるようになった。医療機関の管理者は医療機関の安全管理体制の充実と強化，院内感染制御体制の充実が規定されている。

医療計画は地域における病院の機能分化や医療圏による病床数管理，救急体制の確保などの医療整備を都道府県が行い，地域内での医療連携を促進するもので，昭和 60（1985）年の医療法改正で創設された（第 30 条）。平成 25（2013）年からの医療計画においては，5 疾病（がん，脳卒中，急性心筋梗塞，糖尿病，精神疾患），5 事業（救急医療，災害時における医療，へき地の医療，周産期医療，小児救急医療を含む小児医療）および在宅医療の医療連携の強化が記載された。

現在までに医療法は改定を繰り返し，その変遷を見ると，その時代が何を求め，医療において何が必要とされてきたかを知ることができる。

（花村温子）

2：精神保健福祉法

精神障害者を処遇する法律として，明治 33（1900）年の「精神病者監護法」，大正 8（1919）年の「精神病院法」があり，それらを廃法として昭和 25（1950）年に精神衛生法が成立した。そこから，昭和 62（1987）年に「精神保健法」となり，さらに平成 7（1995）年には福祉関連の条項が付け加えられた内容で大幅に改正され「精神保健及び精神障害者福祉に関する法律（精神保健福祉法)」となった。この法律では，1）精神障害者の医療および保護，2）精神障害者の社会復帰の促進と自立への援助，3）発生の予防その他国民の精神的健康の保持増進，4）「精神障害者の福祉の増進」および「国民の精神保健の向上」の目標の実現，を目的としている。

また，**入院制度**について任意入院，措置入院，緊急措置入院，医療保護入院，応急入院の 5 つを設けている（表㉓ 2-1)。「**精神保健指定医**」は，精神障害者の入院の必要性についての判定や処遇に関わることなど，医療上や人権上，きわめて重要な判断を求められる場合の重要な役割を担う。自殺企図や自傷行為切迫，他者に対する暴力や著しい迷惑行為，急性精神運動興奮等がある入院患者は，行動制限として**隔離**の対象となり，著しく切迫した場合は**身体拘束**の対象にもなり得るが，12 時間を超える隔離継続と，身体拘束の必要性については，指定医の判断が必要となる（表㉓ 2-1)。

この法のもと，精神障害者の自立社会復帰を促進するために設けられたのが**精神障害者福祉手帳**の制度であるが，この申請のための診断書作成にあたっても指定医を中心とする精神科医が行うことが原則となっている。

（花村温子）

表㉓ 2-1　精神科入院の種類

		同意	指定医の診察	入院の権限
任意入院（21条）	患者本人の同意に基づいての入院	本人	なし	
措置入院（29条）	精神障害者で医療及び保護のため入院させなければ自傷他害のおそれのある場合，2人以上の精神保健指定医の診察を経て知事の権限で入院させることができる	なし	2名以上の指定医の判断の一致	都道府県知事
緊急措置入院（29条2）	措置入院の該当者で緊急を要し措置入院に係る手続きを取ることができない場合には精神保健指定医1名の診察で72時間以内に限り入院させることができる	なし	1名	都道府県知事
医療保護入院（33条）	精神障害者で医療及び保護のため入院が必要だが本人が入院に同意していない場合，精神保健指定医1名の診察と保護者または家族のうちいずれかの同意によって入院させることができる	家族又は保護者	1名	病院管理者
応急入院（3条7）	精神障害があり，すぐ入院させなければその者の医療および保護をすることができない場合，患者本人および家族の同意なしで，応急入院の指定病院に72時間に限り入院させることができる	なし	1名	病院管理者

3：地域保健法

地域保健法は，平成6（1994）年に保健所法から改正された形で成立し，平成9（1997）年に全面施行された。地域保健対策を推進するための中核として設置された**保健所**（2019年4月現在，都道府県設置保健所本所359か所，支所58カ所，指定都市設置保健所本所26カ所，支所62カ所，中核市設置保健所58カ所，その他政令市設置保健所6カ所，東京都23区設置保健所23カ所），住民の健康相談，保健指導等を行う市町村**保健センター**（2017年4月の集計で市町村設置保健センター2,456カ所）等および地域保健関係者への研修を実施する**地方衛生研究所**を相互に機能させるとともに，地域の特性，社会福祉，介護保険等の関連施策との有機的な連携および科学的な根拠に基づく地域保健対策を推進し，地域住民の健康の保持および増進並びに地域住民が安心して暮らせる保健医療体制の確保を図ることを目的としている。

その他，地域保健に関連する法としては，平成12（2000）年に国民健康づくり運動「**健康日本21**」（表㉓3-1 →⑫8，⑯1）が策定され，それを推進するために「**健康増進法**」が制定されている。また**母子保健法**，**自殺対策基本法**などがある。母子保健法は，母性ならびに乳児および幼児の健康の保持および増進を目的としており，自殺対策基本法では，自殺対策を総合的に推進し，自殺の防止と自殺者の親族等の支援の充実を図り，国民が健康で生きがいを持って暮らすことのできる社会の実現に寄与することを目的としている。

（花村温子）

表㉓3-1　健康日本21の5つの柱

1）健康寿命の延伸・健康格差の縮小
2）生活習慣病の発症予防と重症化の予防の徹底
3）社会生活を営むために必要な機能の維持・向上
4）健康を支え・守るための社会循環の整備
5）栄養・食生活，身体活動・運動，休養，飲酒，喫煙及び歯・口腔の健康に関する生活習慣及び社会環境の改善

4：医療制度

日本国憲法 25 条に示された「健康で文化的な最低限度の生活」の実現にあたっては，国民に対して良質かつ適切な医療の提供が必要となる。すべての国民が必ず保険に加入し，保険料を支払い，それと同時に国民一人ひとりのための医療を社会全体で支える社会保険としての性質を持ちながらも，必要なときに望む医療サービスを受ける制度が**国民皆保険**制度である。国民皆年金とともに日本の社会保障制度の根幹をなす。

医療保険制度は，発生する医療費について，その一部または全部を保険者が負担するもので，それにより国民は一定の自己負担で医療を受けることができる。その医療保険は，労働形態により異なり，被用者保険と国民健康保険に大きく２つに分かれる。被用者保険は，一般企業などに雇われている被用者とその家族を被保険者とし，保険者は職場の規模などによって分類されている。また，国民健康保険は，一般の地域住民として自営業や農林業を営む者，企業を退職した者とその家族を被保険者とする。この２つの保険のほかに，国家公務員，地方公務員，私立学校教職員を被保険者とする共済保険や企業が加入する健康保険協会による健康保険，健康保険組合による健康保険がある。また 75 歳以上の高齢者とそれに準ずる者を対象にした後期高齢者医療保険の制度がある。

（花村温子）

5：医療安全

医療法（昭和23（1948）年）第3章において，**医療の安全の確保**（第6条の9～第6条の27）が定められている。病院等の管理者は，医療事故（医療に起因する，または起因すると疑われる，予期せぬ死亡，または死産）が発生した場合には，遅滞なく，当該医療事故の日時，場所および状況などを医療事故調査・支援センターに報告し，遺族に対し説明しなければならない。さらに，速やかに医療事故調査を行い，医療事故調査を終了したときは，あらかじめ，遺族に対し説明したうえで，遅滞なく，その結果を医療事故調査・支援センターに報告しなければならない。また，病院等の管理者は，医療の安全を確保するための指針の策定，従業者に対する研修の実施その他の当該病院等における医療の安全を確保するための措置を講じなければならないとされている。

具体的には，安全管理指針の作成，事故等の院内報告（**インシデントレポート**）制度や安全管理委員会の設立，**感染予防**など**医療事故防止**に関するマニュアルの作成と安全管理のための職員研修の実施などが挙げられる。感染標準予防策では，血液，体液，排泄物等に触れるときや感染性廃棄物を取り扱うときは手袋を着用し，取り扱い物が飛び散る可能性があら場合には手袋に加えて，マスク，エプロン，ゴーグルを着用することが必要である。いずれの場合も手袋等を外したときは必ず手指消毒をすることが重要である。

また，患者の安心を重視し，患者に対して医療内容を説明し理解を得るインフォームドコンセントを充分に行うなど，**医療倫理**に基づく医療の実施が求められる。リスボン宣言（1981年，第34回世界医師会総会）では，患者の人権や自己決定権を尊重することが求められており，医療法においても医療の担い手は医療を受ける者に対し，良質かつ適切な医療を行うよう努め，医療を提供するに当たり，適切な説明を行い，医療を受ける者の理解を得るよう努めなければならないとされている。Beauchamp, T. L. と Childress, J. F. は医療倫理の4原則として，自律尊重原則，善行原則，無危害原則，正義原則を提唱している。

（古井　景）

6：児童にかかわる条約・基本法

子どもの権利条約：1989年の第44回国連総会において「児童の権利に関する条約（子どもの権利条約）」が採択され，1990年に発効した。この条約は，児童の人権の尊重の観点から必要となる具体的な事項を規定している。日本は平成6（1994）年に批准した。この条約の締結国は，児童に関するすべての措置をとるに当たって「児童の最善の利益」を考慮することとなっている。この条約によって，**子どもの権利擁護**（**アドボカシー**）が重視されるようになった。アドボカシー（Advocacy）は「参加する権利」を保障するものであり，イギリスやカナダでは，子どもの権利条約第12条「子どもの意見表明権」に依拠して，子どもたちの声を聴き，意見表明を支援し代弁する活動を子どもアドボカシーと呼んでいる（堀，2020）。

児童福祉法：昭和22（1947）年に制定された児童の福祉を保障するための法律である。時代とともに改正がなされ平成28（2016）年改正では子どもの権利が強調された。第1条に児童の福祉を保証するための原理，第2条に児童育成の責任，第3条に原理の尊重が述べられている。第7条に**児童福祉施設**として以下のものが示されている。

- 助産施設（第36条）
- 乳児院（第37条）
- 母子生活支援施設（第38条）
- 保育所（第39条）
- 幼保連携型認定こども園（第39条の2）
- 児童厚生施設（第40条）
- 児童養護施設（第41条）
- 障害児入所施設（第42条）
- 児童発達支援センター（第43条）
- 児童心理治療施設（第43条の3）＝平成29（2017）年4月に「情緒障害児短期治療施設」から名称変更
- 児童自立支援施設（第44条）
- 児童家庭支援センター（第44条の2）

第12条では，都道府県は児童相談所を設置しなければならないとされている。平成 16（2008）年児童福祉法改正法により，平成 18（2010）年からは，中核市程度の人口規模（30 万人以上）を有する市を念頭に，政令で指定する市（児童相談所設置市，特別区を含む）も，児童相談所を設置することができることとなった（法第 59 条の 4 第 1 項）。この場合の設置数は，人口 50 万人に最低 1 カ所程度が必要であり，各都道府県等の実情（地理的条件，利用者の利便等）に対応して設置されることが適当であるとされている。

第 25 条に，要保護児童を発見したものは，市町村，都道府県の設置する福祉事務所もしくは児童相談所に直接または児童委員を介して通告しなければならないと定められている（要保護児童発見者の通告義務）。要保護児童とは，保護者のない児童や，保護者に監護させることが適当でない児童のことである。**社会的養護**とは，要保護児童を公的責任で社会的に養育し，保護するとともに，養育に大きな困難を抱える家庭への支援を行うことである（→⑰ 3）。

平成 19（2007）年の児童福祉法改正の際，児童虐待事案に対応するために親権を制限する必要が述べられ，平成 23（2011）年の民法改正によって親権停止制度が定められた。親権の行使が著しく困難または不適切な場合は家庭裁判所により親権喪失,「著しく」ないが不適切な場合には親権停止となることがある。親権停止の期間は 2 年を超えない範囲で裁判所が定めるとされている。親権喪失または停止により，親権を行使するものがいない場合は，未成年後見人を選任する。ただし一時保護中，里親委託中は，児童相談所長が，施設入所中は施設長が，親権代行することができる。

ハーグ条約「国際的な子の奪取の民事上の側面に関する条約」：国境を越えた子どもの不法な連れ去りや留置をめぐる紛争に対応するための国際的な枠組みとして，締約国間の協力等について定めた条約である。1980 年に作成されたもので，日本は 2014 年に締結している。日本人と外国人の間の国際結婚・離婚に伴う子どもの連れ去り等に限らず，日本人同士の場合も対象となる。

（坪井裕子）

7：児童虐待の防止等に関する法律

「児童虐待の防止等に関する法律」（児童虐待防止法）は平成 12（2000）年に制定された。第 2 条に**虐待の定義**が次のように示されている。「この法律において『児童虐待』とは，保護者（親権を行う者，未成年後見人その他の者で,児童を現に監護するものをいう）がその監護する児童（18 歳に満たない者）について行う次に掲げる行為をいう」として，身体的虐待，性的虐待，ネグレクト，心理的虐待が挙げられている。児童虐待の行為類型を表㉓ 7-1 に示す。

第 6 条では，虐待が疑われる場合の**通告の義務**（児童福祉法第 25 条と

表㉓ 7-1　児童虐待の行為類型

身体的虐待（第 1 号）	外傷としては打撲傷，あざ（内出血），骨折，頭部外傷，刺傷，タバコによるやけど，など 生命に危険のある暴行とは，首を絞める，殴る，蹴る，投げ落とす，熱湯をかける，布団蒸しにする，溺れさせる，など 意図的に子どもを病気にさせる，など
性的虐待（第 2 号）	子どもへの性交，性的暴力，性的行為の強要・教唆など 性器や性交を見せる ポルノグラフィーの被写体などに子どもを強要する
ネグレクト（第 3 号）	子どもの健康・安全への配慮を怠っているなど。例えば，1）重大な病気になっても病院に連れて行かない，2）乳幼児を家に残したまま外出する，など 子どもの意思に反して学校等へ登校させない・子どもにとって必要な情緒的欲求に応えていない（愛情遮断など） 食事，衣服，住居などが極端に不適切で，健康状態を損なうほどの無関心・怠慢など 子どもを遺棄，置き去りにする
心理的虐待（第 4 号）	同居人などが 1，2，4 号の行為をしているにもかかわらず放置すること ことばによる脅かし，脅迫など 子どもの自尊心を傷つけるような言動など 他のきょうだいとは著しく差別的な扱いをする 配偶者や他の家族に対する暴力や暴言（面前 DV など）・子どものきょうだいに 1 ～ 4 号の行為を行う，など

「子ども虐待対応の手引き」より一部抜粋して作成

同様の規定）が示されている。第５条では特に，学校，児童福祉施設，病院など，児童と職務上関わる機関等の職員に対し，「児童虐待を発見しやすい立場にあることを自覚し，児童虐待の早期発見に務めなければならない」と，努力義務が示されている。第９条では**立ち入り調査**について記されている。平成 20（2008）年の児童虐待防止法の改正で，児童相談所の権限が強化され，子どもの安全確認・安全確保のため，立ち入り調査に加え，出頭要求，再出頭要求に応じない場合には裁判所の許可状を受け**臨検・捜索**ができることになった。さらに平成 28（2016）年の児童虐待防止法の改正では，臨検・捜索手続きの簡素化が行われ，再出頭要求を経ずとも裁判所への許可状請求が可能となった。また児童相談所長は必要がある場合，児童の**一時保護**をすることができるとされている。一連の流れは図㉓ 7-1 の通りである。

（坪井裕子）

通告（第６条）	•（通報等により）虐待の疑い⇒児童相談所による家庭訪問 •（応じなかった場合）出頭要求
安全確認	• 児童相談所による立ち入り調査（第９条） ←警察の協力 •（応じなかった場合）再出頭要求（※簡素化により省略可）
臨検 捜索	• 児童相談所から許可状請求⇔許可状発付（裁判所） • 児童相談所による実力行使（臨検・捜索） ←警察の協力
安全確保	• 必要に応じて子どもの一時保護（児童相談所長）

図㉓ 7-1　立ち入り調査および臨検・捜索等の流れ

8：障害関係

障害者基本法：昭和 45（1970）年に制定された心身障害者対策基本法を平成 5（1993）年に改正して成立した。精神障害者を障害者として位置づけ，法の目的が障害者の自立とあらゆる分野の活動の参加の促進に変更された。平成 16（2004）年に改正され，障害者差別等の禁止が基本理念として規定され，平成 23（2011）年の再改正で，「社会的モデル」および「**合理的配慮**」の概念が取り入れられた。この法律では，障害者は，「身体障害，知的障害，精神障害（発達障害を含む）その他の心身の機能の障害（以下「障害」と総称する）がある者であって，障害及び社会的障壁により継続的に日常生活又は社会生活に相当な制限を受ける状態にあるもの」とされている。

障害者総合支援法：平成 17（2005）年に制定された障害者自立支援法により，自己負担が導入されたが，障害者の範囲が限定されているなどの非難をあび，2012 年に障害者の日常生活および社会生活を総合的に支援するための法律（障害者総合支援法）と名称変更して平成 24（2012）年に成立し平成 25（2013）年に施行された。法に基づく日常生活・社会生活の支援がインクルーシブ社会を実現するため，社会参加の機会の確保および地域社会における共生，社会的障壁の除去に資するよう，総合的かつ計画的に行われることを基本理念としている（厚生労働省，2012）。支援の対象に難病等の疾病が含まれ，障害程度区分から，標準的な支援の度合いを総合的に示す「障害支援区分」が導入された。この法律により重度訪問介護の対象拡大，共同生活援助への一元化，地域移行支援の対象拡大，地域生活支援事業の追加などが行われた。なお，88，89 条および児童福祉法 33 条により，障害福祉サービス等の提供体制および自立支援給付等の円滑な実施を確保することを目的とした障害福祉計画を，市町村および都道府県が作成することが求められるようになった。

障害者虐待防止法：平成 23（2011）年に障害者虐待の防止，障害者の擁護者に対する支援等に関する法律（障害者虐待防止法）として成立し，平成 24（2012）年から施行された。虐待が発生する場所を家庭内だけではなく施設や職場も想定し，虐待の主体によって障害者虐待を，養護者によるもの，障害者福祉施設従事者等によるもの，使用者によるものの３つに区分している。また，虐待の類型として身体的虐待，放棄・放置（ネグレクト），心理的虐待，性的虐待，経済的虐待の５つに分類している。障害者虐待を社会全体で防止していくことに重きが置かれており，虐待の発見者には通報義務が課せられた（→⑰ 1）。

障害者差別解消法：障害者権利条約の批准に向けて平成 25（2013）年に成立し，平成 28（2016）年に施行された。この法律により，不当な差別的取り扱いの禁止，合理的配慮の義務化が行われた。令和３（2021）年に改正され，民間事業者に対しても配慮提供が義務化された。

障害者雇用促進法：障害を理由とする差別の解消の推進に関する法律（障害者雇用促進法）が改正され，「雇用の分野における障害者と障害者でない者との均等な機会及び待遇の確保並びに障害者がその有する能力を発揮することができるための措置」についての文言が追加された（永野ら, 2016）。これにより，雇用の分野における障害を理由とする差別的取り扱いを禁止し，事業主に障害者が職場で働くに当たっての支障を改善するための措置を講ずることが義務付けられた。また，障害者基本法改正で発達障害等が障害者の定義に含まれたことを受け，障害者雇用促進法でも障害者の範囲を身体障害・知的障害に加え発達障害も含めることとなり，法定雇用率の算定基礎にも加えられることとなった（→㉓ 16）。

発達障害者支援法：平成 17（2005）年に成立し，法律で初めて発達障害が位置付けられた。第２条で，「自閉症，アスペルガー症候群その他の広汎性発達障害，学習障害，注意欠陥多動性障害，その他これに類する脳機能の障害であって，その症状が通常低年齢で発現するもの」とされている。平成 28（2016）年に改正され，早期の発達支援と，教育的支援やいじめ防止対策が盛り込まれた。

障害者権利条約：障害者の人権および基本的自由の享有を確保し，障害者の固有の尊厳の尊重を促進進することを目的として，障害者の権利の実現のための措置等について定める条約。2006 年に国連で採択され 2007 年に日本は署名し，障害者基本法，障害者総合支援法，障害者差別解消法，障害者雇用促進法等の整備が行われ，2014 年に批准した。　（永田雅子）

9：高齢者

老人福祉法：昭和 38（1963）年施行。高齢者福祉全般に関する基本的法律であり，老人の福祉の原理を明らかにしたものである。高齢者の心身の健康や，安定した生活を送れるよう老人福祉を図る目的で制定され，特別養護老人ホームなどの老人福祉施設は老人福祉法で規定されている。

介護保険法：平成 12（2000）年施行。核家族化などによる家族の介護機能の低下を受け，介護を必要とする人が適切なサービスを受けられるように社会全体で支えることを目的としている。介護保険は，自立支援，利用者本位, 社会保険方式（40 歳以上の国民から保険料を徴収）の３つの柱を基本に成り立っている。

高齢者虐待の防止，高齢者の養護者に対する支援等に関する法律（高齢者虐待防止法）：平成 18（2006）年施行。高齢者の権利擁護を目的としている。身体的虐待，ネグレクト，心理的虐待，性的虐待，経済的虐待の５つを規定している。児童虐待防止法と大きく異なる点は，経済的虐待が規定されている点，家庭内だけでなく，施設・事業所の従事者などによる虐待も対象としている点,「養護者に対する支援」が法律名に明記されている点である。

認知症施策推進総合戦略（新オレンジプラン）：平成 27（2015）年策定。認知症高齢者の増加が見込まれる中,「認知症の人の意思が尊重され，できる限り住み慣れた地域のよい環境で自分らしく暮らし続けることができる社会を実現する」ことを目的としている。これまでの「オレンジプラン」（平成 27（2013）年策定）を踏襲しつつ，認知症の方自身の視点や，地域コミュニティの機能強化を重要視している。

成年後見制度：認知症，知的障害その他の精神上の障害などにより，物事を判断する能力が十分でない場合に, 本人の権利を守る援助者（「成年後見人」等）を選ぶことで, 本人を法律的に支援する制度であり, 平成 12 年（2000）年に介護保険制度とともに始まった。しかし，その利用が十分でないことから，平成 28（2016）年に成年後見制度の利用の促進に関する法律が施行された。

（鈴木亮子）

10：福祉分野のその他の重要な制度・法律

配偶者からの暴力の防止及び被害者の保護等に関する法律（DV防止法）： 平成13（2001）年制定。平成25（2013）年に3回目の改正。配偶者等（事実婚や離婚後の相手を含む，また生活の本拠を共にする交際相手にも準用）からの暴力に係る通報，相談，保護，自立支援等の体制を整備し，配偶者等からの暴力の防止および被害者の保護を図ることが目的。配偶者等からの暴力による被害者を発見した人は，警察か配偶者暴力相談支援センターに通報する努力義務が課されている。これは守秘義務違反には当たらない。

配偶者暴力相談支援センター： DV防止法により設置が定められている。DV被害者およびその家族の相談，緊急時の安全確保や一時保護，被害者の自立支援，保護施設に関する情報提供，関係機関との連絡調整等が行われる。

生活保護法： 昭和25（1950）年制定。生活に困窮するすべての国民に対して必要な保護と最低限度の生活を保障し，自立を助長することが目的。

生活困窮者自立支援法： 平成25（2013）年制定。生活保護に至る前，あるいは保護脱却の段階における自立支援策の強化を図ることが目的。経済的に困窮し，最低限度の生活を維持できなくなる恐れのある人に対して，自立支援相談事業，住宅確保給付金の支給，就労準備支援等が行われる。

福祉事務所： 福祉に関する事務所。都道府県および市に設置義務がある。生活保護法，児童福祉法等の福祉6法に定める援護，育成または更生の措置に関する事務を司る。生活困窮者自立支援法における自立支援相談事業の主体でもある。

地域包括支援センター： 地域住民の心身の健康の保持および生活の安定のために必要な援助を行うことにより，地域住民の保健医療の向上および福祉の増進を包括的に支援する施設（介護保険法第115条の45）。主に，介護予防ケアマネジメント業務，総合相談支援業務，権利擁護業務，包括的・継続的ケアマネジメント支援業務の4つを担う。設置者は市町村，または市町村から委託を受けた法人である。

（佐野さやか）

11：特別支援教育

特別支援教育は，障害のある幼児児童生徒の自立や社会参加に向けた主体的な取り組みを支援するという視点に立ち，幼児児童生徒一人一人の教育的ニーズを把握し，その持てる力を高め，生活や学習上の困難を改善または克服するため，適切な指導および支援を行うものである（文部科学省，2007)。平成 18（2006）年の学校教育法改正に伴い，平成 19（2007）年より，従来の「特殊教育」から「**特別支援教育**」へ転換され，それまで盲・聾・養護学校と障害種別に分けられていたものが，複数の障害種別を受け入れることのできる**特別支援学校**へ一本化された。また，小・中学校においても，学習障害（LD)，注意欠如・多動症（ADHD)，自閉症などの発達障害を含む障害をもつ児童生徒に対しての特別支援教育を推進することが提言され，現在では，**特別支援学級**や**通級による指導**，**通常の学級での指導**など，それぞれの能力に合わせた学びの場の整備が行われている（→㉒3)。

特別支援学校は，視覚障害者，聴覚障害者，知的障害者，肢体不自由者および病弱者（身体虚弱者を含む）を対象としており，幼稚部，小学部，中学部，高等部が置かれている。**特別支援学級**は，小・中学校に置かれる学級であり，視覚障害，聴覚障害，知的障害，肢体不自由，病弱・身体虚弱，言語障害，自閉症・情緒障害をもつ児童生徒が対象となる。**通級による指導**は，小・中学校において，通常の学級に在籍している児童生徒を対象に，障害の状態に応じた特別な指導を特別な場で受けるものであり，言語障害，自閉症，情緒障害，LD，ADHD 等の障害をもつ児童生徒が対象となっている。就学先の決定については，障害の状態，教育上必要な支援の内容，地域における教育体制の整備の状況や，本人・保護者の意見，教育学・医学・心理学等の専門家の意見等を踏まえた総合的な観点から市町村教育委員会が決定する仕組みとなっている。いずれの場合においても，少人数の学級編成や，特別な教育課程等により，障害のある子ども一人ひとりの障害の状態や教育的ニーズに応じた指導および支援の提供が行われている。

このような多様なニーズに対応する仕組みとして，児童生徒に対する個別の教育支援計画の作成，教育的支援を行う人・機関を連絡調整する役割としての**特別支援教育コーディネーター**の配置，質の高い教育支援を支えるネットワークとしての広域特別支援連携協議会等の設置が行われている。このうち，特別支援教育コーディネーターの小・中学校での役割として，1）校内の関係者や関係機関との連絡調整，2）保護者に対する相談窓口，3）担任への支援，4）巡回相談や専門家チームとの連携，5）校内委員会での推進役があげられている。

また，平成28（2016）年に施行された「障害を理由とする差別の解消の推進に関する法律（障害者差別解消法）」において，障害者への不当な差別的取り扱いの禁止と，合理的配慮の実施が明記された。これに伴い，障害のある子どもと障害のない子どもが共に学ぶ仕組みである**インクルーシブ教育**システムの理念の実現に向け，合理的配慮の基盤となる基礎的環境整備をもとに，高等教育機関や私立学校を含む各学校が合理的配慮を提供することが求められた。基礎的環境整備にもとづいた合理的配慮の提供の観点として，1）ネットワークの形成・連続性のある多様な学びの場の活用，2）専門性のある指導体制の確保，3）個別の教育支援計画や個別の指導計画の作成等による指導，4）教育の確保，5）施設・設備の整備，6）専門性のある教員・支援員等の人的配置，7）個に応じた指導や学びの場の設定等による指導，8）交流および共同学習の推進があげられている（文部科学省，2012）。

（横山佳奈）

12：教育分野の重要な制度・法律

教育基本法：昭和22（1947）年公布・施行，平成18（2006）年改正。

1）教育の目的：教育は，人格の完成を目指し，平和で民主的な国家及び社会の形成者として必要な資質を備えた心身ともに健康な国民の育成を期して行わなければならない（1条）。
2）教育の目標：「学問の自由」を尊重し，目標を達成するよう行われる（2条）。目標には，豊かな情操と道徳心を培う，健やかな身体を養う，勤労を重んじる態度等が含まれている。

学校教育法：昭和22（1947）年公布・施行，平成19（2007）年改正。

1）学校とは：幼稚園，小学校，中学校，義務教育学校，高等学校，中等教育学校，特別支援学校，大学及び高等専門学校とする（1条）。
2）義務教育：保護者は，子に9年の普通教育を受けさせる義務を負う（16条）。

いじめ防止対策推進法：平成25（2013）年公布・施行。

1）定義：「いじめ」とは，児童等に対して，当該児童等が在籍する学校に在籍している等当該児童等と一定の人的関係にある他の児童等が行う心理的又は物理的な影響を与える行為（インターネットを通じて行われるものを含む）であって，当該行為の対象となった児童等が心身の苦痛を感じているものをいう（2条）。
2）いじめの禁止：児童等は，いじめを行ってはならない（4条）。
3）基本的施策：①いじめの防止（15条），②早期発見のための措置（16条），③関係機関等との連携（17条），④いじめ対策に従事する人材の確保及び資質向上（18条），⑤インターネットに関するいじめへの対策の推進（19条）インターネットによるいじめ被害児童またはその保護者は，いじめに係る情報の削除，又は発信者情報の開示を請求する際に，必要に応じ，法務局又は地方法務局の協力を求めることができる（3項）。
4）措置：①いじめの事実確認，②いじめ被害児童生徒又はその保護者に対する支援，③いじめ加害児童生徒への指導またはその保護者への助言，④いじめが犯罪行為として取り扱われるべきものであると認めるときの所轄警察署との連携（23条）
5）懲戒等：市町村の教育委員会は，いじめを行った児童等の保護者に対して学校教育法の規定に基づき当該児童等の出席停止を命ずる等，被害児童等が安心して教育を受けられるよう必要な措置を速やかに講ずる（26条）。

義務教育の段階における普通教育に相当する教育の機会の確保等に関する法律（教育の機会確保の法律）：平成28（2016）年公布，平成29（2017）年施行。

不登校児童生徒等に対する教育機会の確保等：1）全児童生徒に対する学校における取組への支援（8条），2）不登校児童の状況等を教職員，心理・福祉等の専門家等関係者間で情報共有の促進等（9条），3）特別の教育課程に基づく教育を行う学校及び学習支援を行う教育施設の整備等（10・11条），4）学校以外の場における不登校児童生徒の学習活動，その心身の状況等の継続的な把握（12条），5）学校以外の場での多様で適切な学習活動の重要性に鑑み，個々の休養の必要性を踏まえ，不登校児童生徒等に対する情報の提供等の支援（13条）。

学校保健安全法：平成27年（2015）改正。

1）保健指導：養護教諭その他の職員は相互に連携し，健康相談又は児童生徒等の健康状態の日常的な観察により，児童生徒等の心身の状況を把握し，健康上の問題があると認めるときは，遅滞なく，当該児童生徒等に対して必要な指導を行うとともに，必要に応じ，その保護者に対して必要な助言を行う（9条）。

2）危険等発生時対処要領：事故等により児童生徒等に危害が生じた場合，当該児童生徒等及び当該事故等により心理的外傷その他の心身の健康に対する影響を受けた児童生徒等その他の関係者の心身の健康を回復させるためこれらの者に対して必要な支援を行う（第29条）。

教育センター・教育研究所：教員研修，専門的研究，教育相談等の活動を行う総合的機関。

教育相談所・相談室：主として教育相談を行う機関。教育委員会や地方教育事務所の建物の中に設置されている相談室や相談コーナーを含む。

教育支援センター（適応指導教室）：不登校児童生徒の集団生活への適応，情緒の安定，基礎学力の補充，基本的生活習慣の改善等のための相談・指導を行うことで，学校復帰を支援し，不登校児童生徒の社会的自立に資することを基本とする。

（鈴木美樹江）

13：少年法

刑罰法令に違反した行為をした者には刑罰が与えられる。しかし成人と未成年者に対し，同一の基準で刑罰を与えることには問題がある。そのため未成年者の健全な育成をめざして，刑法とは異なった法律が作られた。それが少年法である（旧少年法は 1922 年に制定，2000 年刑事処分可能年齢を 14 歳に引き下げた）。

警察から検察庁に事件が送致されると，成人事件では，酌むべき事情があれば，起訴猶予にして検察庁は地方裁判所に事件を送致せず，事件は終了する。しかし少年事件では，検察官はすべての事件を家庭裁判所に送致しなければならない（**全件送致主義**）。その理由は，家庭裁判所には，心理学や教育学などの専門家である家庭裁判所調査官が配置されており，少年の健全な育成の観点から適切な措置を判断することが可能であるからである。したがって，すべての少年事件は家庭裁判所で処分が出される。

家庭裁判所が決定する処分のひとつに**保護観察**がある。保護観察とは，少年院などの施設に収容するのではなく，社会の中で保護観察所の指導監督を受けながら非行少年が更生することを目的とする処分である。保護観察を担当する者は，保護観察所に配置されている保護観察官と非常勤の国家公務員である保護司である。保護観察が開始されると，非行少年に守るべき約束事が提示される。その約束事は２種類あり，すべての非行少年に課される一般遵守事項と，事件の内容に応じて個人ごとに課される特別遵守事項がある。保護観察で行われる指導は２種類に分けられ，職業を持つなど自立した生活を送ることをサポートする補導援護と，性犯罪・覚せい剤依存・暴力防止などを改善するための専門的プログラムが行われる指導監督である。

なお保護観察は少年事件だけでなく成人事件でも行われ，家庭裁判所から保護観察の処分を受けた少年（１号観察），少年院仮退院者（２号観察），刑務所からの仮釈放者（３号観察），保護観察付執行猶予者（４号観察）の４種類がある。

（笹竹英穂）

14：司法制度

Ⓚ 刑法、裁判員制度、心身鑑別、保護観察制度、更生保護、医療観察法、精神鑑定、犯罪被害者等基本法

成人が刑罰法令に違反する行為をした場合は，**刑法**が適用され刑罰が与えられる。14 歳以上 20 歳未満の未成年者が刑罰法令に違反する行為をした場合は，少年法（→㉓ 13）が適用される。

刑罰法令に違反する行為をした場合は，警察に検挙され，その後に検察庁を経て，成人事件の場合は地方裁判所に，少年事件の場合は家庭裁判所に事件が送致される。地方裁判所や家庭裁判所では裁判が行われ処分が決定する。

裁判では**裁判員制度**が用いられることもある(→⑲ 1)。裁判員制度とは，一般市民の中から抽選で選ばれた者が裁判員として，被告人が有罪か無罪か,あるいはその量刑について,裁判官と評議し法廷に立ち会うことによって，刑事裁判に参加する制度である。この制度が導入されたのは，裁判に一般市民の意見や感覚を反映させるためなどである。裁判員の選出は，20 歳以上で衆議院議員の選挙権がある者の中から裁判員候補者名簿が作成されたのち，事件ごとに無作為抽出によって行われる。裁判員裁判は，刑事事件の中でも殺人や強盗致死傷などの重大事件に適用され，３人の裁判官と６人の裁判員がチームとなって行われる。裁判員には守秘義務が課せられるが，法廷で明らかにされた事情や裁判員を経験した感想などについては，守秘義務の対象とはならない。

また特に少年事件の裁判の場合は，家庭裁判所は単に刑罰を与えるのではなく，少年の健全な育成の観点から，非行少年の資質や家庭環境などを調査し，保護処分を決定する。さらに必要に応じて少年を少年鑑別所に収容して心理検査などの**心身鑑別**を行うこともある。

家庭裁判所の決定する保護処分は以下のとおりである。事件が軽微である場合は，審判不開始決定（裁判を行わずに処分を決定すること）や不処分決定（裁判を行うが保護処分を出さないこと）が出される。重大事件を起こしていない場合は，少年院などの施設収容をせずに，保護観察所による保護観察が行われる(**保護観察制度**)。また重大事件を起こしたが教育的な処遇も必要であると考えられる場合には児童自立支援施設に，重大事件

を起こし非行性も進んでいる場合には少年院に送致される。なお少年事件の司法制度を図1に示す。

犯罪や非行の加害者を社会の中で適切に処遇することによって立ち直りを援助し，再犯を防ぎ，社会の安全を守ることを**更生保護**と呼ぶ。更生保護には，保護観察の他，施設から仮に釈放して更生の機会を与えることを目的とした仮釈放（少年院の場合は仮退院という），就業先などを確保する生活環境の調整などがある。更生保護を行う組織としては，地方更生保護委員会や保護観察所があり，福祉および社会学等の更生保護に関する専門的知識を有する保護観察官や，精神保健福祉士等の資格を有する社会復帰調整官が配置されている。

また精神障害のために善悪の区別のつかない者（心神喪失または心身耗弱の状態）が犯罪事件を起こすと，刑事責任を問えない場合があるため，刑法とは別に**医療観察法**が適用される。この法律は，これらの者に対して適切な医療を提供し，犯罪を起こさず社会復帰をすることを促進するために定められたものである。なお責任能力があるかどうかを判断するために，精神科医などによって**精神鑑定**が行われる。

犯罪被害者等基本法とは，犯罪被害者の権利や利益を守る目的で2004年に成立した法律である。これにより被害者や遺族が刑事裁判に参加できるという被害者参加，裁判所が有罪の判決を出した後，引き続き損害賠償請求についての審理も行うことができるという損害賠償請求，犯罪被害者等のカウンセリング費用の公費負担などの制度が実現した。

（笹竹英穂）

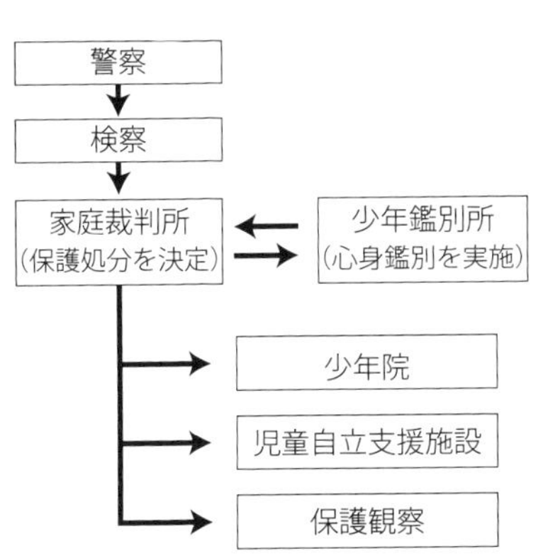

図㉓ 14-1　少年事件における主な手続きの流れ

15：司法・犯罪分野に関連する施設

Ⓚ 保護観察所、少年鑑別所、少年院、児童自立支援施設、更生保護施設、地域生活定着支援センター、自立援助ホーム、自立更生促進センター、法務少年支援センター

司法・犯罪領域における主な施設は以下の通りである。

保護観察所：法務省設置法および更生保護法に基づき設置される機関で，刑務所の仮釈放者や保護観察つきの執行猶予者，家庭裁判所で保護観察処分を受けた少年や少年院の仮退院者に対して，社会の中で更生するように指導（指導監督）と支援（補導援護）を行う。保護観察は，保護観察所に配置される保護観察官と地域で活動する保護司の協働によって行われる。

少年鑑別所：少年鑑別所法に基づき設置される施設で，家庭裁判所における審判を行うために，医学，心理学，社会学，教育学等の専門知識に基づいて少年の資質鑑別を行う。家庭裁判所の観護措置決定により送致された少年を最高８週間まで収容し，心理職である法務技官などが心理テストや面接によるアセスメント，法務教官が観護処遇を行う。

少年院：少年院法に基づき設置される施設で，１）保護処分の執行を受ける者，２）少年院において懲役または禁錮の刑の執行を受ける者に対して矯正教育その他の必要な処遇を行う。少年院の種類は，表㉓ 15-1 の５種別となっており，矯正教育の内容は，１）生活指導，２）職業指導，３）教科指導，４）体育指導，５）特別活動指導などがある。

児童自立支援施設：児童福祉法に基づき設置される施設で，不良行為など，生活指導等を要する児童を入所させて，個々の状況に応じて必要な指導を行い，自立を支援することを目的とする。家庭裁判所の審判や児童相談所の措置により入所となる。「共生共育」を理念とし，職員と児童が生活を共にし，開放的な雰囲気の中で生活指導や学科指導が行われる。かつては夫婦が親代わりとなる小舎夫婦制が多かったが，現在では交代制が多い。

更生保護施設：刑務所や少年院から退所後，帰る家のない者に宿泊場所や食事を提供するともに，就職指導や社会適応のために必要な生活指導を行う施設のこと。法務大臣の認可を受けた民間の更生保護法人等によって運営されている。対人関係を円滑にするための社会的スキル訓練やアルコールや薬物の問題を改善するための処遇を行っている施設もある。

地域生活定着支援センター：刑務所等から退所後，福祉の支援を必要と

表㉓ 15-1　少年院の種類

第一種少年院	保護処分の執行を受ける者であって，心身に著しい障害がないおおむね 12 歳以上 23 歳未満の者
第二種少年院	保護処分の執行を受ける者であって，心身に著しい障害がない犯罪的傾向が進んだおおむね 16 歳以上 23 歳未満の者
第三種少年院	保護処分の執行を受ける者であって，心身に著しい障害があるおおむね 12 歳以上 26 歳未満の者
第四種少年院	少年院において刑の執行を受ける者
第五種少年院	特定少年の保護観察処分について，重大な遵守事項違反があった場合に，１年以下の範囲内で，家庭裁判所の決定により収容する

する高齢や障害のある者の社会復帰および地域生活定着のため，保護観察所などと協働し，福祉サービス利用の橋渡しをする機関のこと。所轄は厚生労働省で，経費は国が負担している。

自立援助ホーム：児童福祉法に基づき設置される施設で，義務教育修了後15歳から20歳までの家庭がない児童や家庭にいることができない児童を入所させて自立を目指した支援を行う。保護者からの虐待による入所が多いが，児童自立支援施設の退園後や家庭裁判所の試験観察の補導委託先として入所する児童もいる。

自立更生促進センター：元受刑者等に国が設置した一時的な宿泊場所を提供し，保護観察官が直接，指導監督と就労支援を行う施設のこと。親族や民間の更生保護施設では円滑な社会復帰のために必要な環境を整えることが難しい刑務所等を退所した者が対象となる。

法務少年支援センター：少年鑑別所が地域援助業務を行う際に用いられる名称のこと。少年鑑別所法では，１）少年や保護者などの個人からの相談に応じ，情報の提供，助言などを行うこと，２）関係機関の求めに応じ，技術的助言その他の援助を行うことが，地域援助業務として位置づけられている。

（千賀則史）

16：労働三法，その他

Ⓚ 労働基準法、労働安全衛生法、労働契約法、安全配慮義務、障害者雇用促進法、男女雇用機会均等法、労働者派遣法、過労死等防止対策推進法、過労死ライン、労働政策総合推進法

労働基準法：昭和 22（1947）年に制定された労働条件に関する最低基準を定めた法律であり，賃金支払い，労働時間，時間外・休日労働，深夜労働，解雇，年次有給休暇，就業規則について規定している。本法では，労働時間は原則，1日8時間・1週 40 時間以内としており（法定労働時間），これを超えて時間外労働をさせる場合には，本法第 36 条に基づく労使協定（36（サブロク）協定）の締結，労働基準監督署（労働条件や安全衛生の改善・指導，労災保険の給付などの業務を行う機関）への届けが必要となる。この協定においては，時間外労働の上限時間は，原則として1カ月 45 時間・年間 360 時間までと上限が定められている。本法に，労働組合法，労働関係調整法を加えた労働三法において，労働者の権利が具体的に示されている。

労働安全衛生法：昭和 47（1972）年に，労働基準法から派生するかたちで制定された。労働安全衛生法は，①危険防止基準の確立，②責任体制の明確化，③自主的活動の促進などにより職種における労働者の安全と健康を確保するとともに，快適な職場環境の形成を促進することを目的としている。その後，労働者の生命や生活に関わる問題の深刻化が指摘され，平成 17（2005）年に，危険性・有害性の低減に向けた事業者の措置の充実，過重労働・メンタルヘルス対策の充実を図るよう一部が改正された。

労働契約法：就業形態の多様化によって労働条件が個別に決定されるようになったことにより増加した個別労働紛争を未然に防ぎ，労働者を保護することを目的に平成 20（2008）年に制定された。個別の労働者および使用者の労働関係が良好なものとなるよう，労働契約についての基本的なルールを規定している。この中で，使用者が労働者に対して負うべき健康管理上の義務を「**安全配慮義務**」（第5条）という。その後，パート労働や派遣労働などの，いわゆる正社員以外の労働形態に多くみられる有期労働契約に関連する問題に対処するため，平成 24（2012）年に法律の一部が改正された。この改正では，労働者が安心して働き続けることができる社会の実現を目的として，①無期労働契約への転換（第 18 条），②雇止め法理の法制化（第 19 条），③不合理な労働条件の禁止（第 20 条）の3つの

ルールが規定されている。

障害者雇用促進法（障害者の雇用の促進等に関する法律）：昭和 35（1960）年に障害者の職業の安定を図ることを目的とし制定され，現在までに改正を重ねている。本法は，事業主に対して一定割合（法定雇用率）以上の障害者の雇用義務（障害者雇用率制度）や，障害者本人に対しては職業リハビリテーションの措置等を図ることを規定している。法定雇用率を満たしていない事業主からは納付金が徴収される一方，障害者を多く雇用している事業主に対しては各種助成金が支給される（障害者雇用納付金制度）。平成 28（2016）年の改正で障害者差別禁止規定や合理的配慮，平成 30（2018）年の改正で法定雇用率算定に精神障害者を加えることになった。令和３（2021）年時点での法定雇用率は，民間企業で 2.3%，国，地方公共団体等で 2.6%，都道府県等の教育委員会で 2.5% である。この制度の対象となる民間企業の事業主の範囲は，従業員 43.5 人以上とされている。さらに，事業主は毎年６月１日時点の障害者雇用状況をハローワークに報告しなければならず，障害者の雇用の促進と継続を図るための「障害者雇用推進者」を専任するよう努めなければならないと規定されている。

男女雇用機会均等法（雇用の分野における男女の均等な機会及び待遇の確保等に関する法律）：雇用において男女の均等な機会及び待遇の確保を図ることを目的とし，昭和 47（1972）年に制定された。本法では，募集・採用，配置・昇進等の雇用管理の各ステージにおける性別を理由とする差別の禁止や婚姻，妊娠・出産等を理由とする不利益取り扱いの禁止等が定められている。また，平成 29（2017）年の改正により，上司・同僚からの職場における妊娠・出産等に関するハラスメント防止対策の措置が義務づけられた。

労働者派遣法（労働者派遣事業の適正な運営の確保及び派遣労働者の保護等に関する法律）：昭和 60（1985）年，労働者派遣事業の適正な運営及び派遣労働者の保護を目的とし制定された。その後，平成 27（2015）年の改正において，それまで２つの形態のあった労働者派遣事業が許可制の一般労働者派遣事業に一本化され，派遣期間制限の見直し，キャリアアップ措置，均衡待遇の促進，労働契約申込みみなし制度が新たに規定された。

Ⓚ 労働基準法、労働安全衛生法、労働契約法、安全配慮義務、障害者雇用促進法、男女雇用機会均等法、労働者派遣法、過労死等防止対策推進法、過労死ライン、労働政策総合推進法

過労死等防止対策推進法：過労死等の防止のための対策を推進し，過労死等がなく，仕事と生活を調和させ，健康で充実して働き続けることのできる社会の実現に寄与することを目的として，平成 26（2014）年に施行された。「過労死等」とは，業務における過重な負荷による脳血管疾患・心臓疾患や業務における強い心理的負荷による精神障害を原因とする死亡やこれらの疾患のことをさす。厚生労働省は，脳や心疾患による過労死の労災認定基準として，発症前 1 カ月間に約 100 時間，または発症前 2 ～ 6 カ月間に 1 カ月あたり約 80 時間を超える時間外労働があった場合に，過労死の危険性が高まり，業務と発症との関連性が強いとしている（いわゆる，**過労死ライン**）。過労死等防止のための取り組みとして，長時間労働の削減，過重労働による健康障害の防止，働き方の見直し，職場におけるメンタルヘルス対策の促進，職場のハラスメントの予防・解決，相談体制の整備等が推奨されている。

労働政策総合推進法（労働政策の総合的な推進並びに労働者の雇用の安定及び職業生活の充実等に関する法律）：本法は，昭和 41（1966）年に制定された「雇用対策法」が平成 30（2018）年に改正，制定された法律である。労働者の多様な事情に応じた雇用の安定および労働生産性の向上の促進を通じ，労働者の経済的社会的地位の向上，経済および社会の発展ならびに完全雇用の達成に資することを目的としている。本法はその後改正され，職場におけるパワーハラスメント対策が大企業の場合は令和 2（2020）年 6 月から，中小企業の場合は令和 4（2022）年 4 月から義務とされた。

（石川佳奈）

17：職場ストレスと法

Ⓚ 労働者の心の健康の保持増進のための指針、ストレスチェック制度、仕事と生活の調和（ワーク・ライフ・バランス）憲章、トータルヘルス・プロモーション・プラン

労働者の心身の健康についての施策には，以下のものがある。

労働者の心の健康の保持増進のための指針：労働者のメンタルヘルス対策を推進するため，平成 18（2006）年に労働安全衛生法第 69 条 1 項の適切かつ有効な実施を図るための指針として本指針が示された。これは，事業場におけるメンタルヘルスケアの原則的な実施方法について定めたものである。その後，平成 27（2015）年の改正により，ストレスチェック制度が設けられた。

ストレスチェック制度：労働者の心理的な負担の程度を適切に把握し，労働者自身のストレスへの気づきを促すとともに，職場改善につなげ，働きやすい職場づくりを進めることによって，労働者のメンタルヘルス不調を防止する（一次予防→⑯ 3）ことを目的として策定された。ストレスチェックは，常時 50 人以上の労働者を使用する事業場で 1 年ごとに 1 回の頻度での実施が義務づけられている（50 人未満の場合は努力義務）。医師，保健師または厚生労働大臣が定めた研修を修了した看護師，精神保健福祉士，歯科医師及び公認心理師が実施者となり行われる。ストレスチェック結果の通知を受けた労働者のうち，高ストレス者として選定され，面接指導を受ける必要があると実施者が認めた労働者から申し出があった場合は，事業者は，当該労働者に対して，医師による面接指導を実施する。面接後，事業者は医師から，就業上の措置に関する意見を聴取し，必要に応じて，適切な措置を講じることが規定されている（図㉓ 17-1）。

仕事と生活の調和（ワーク・ライフ・バランス）憲章：平成 19（2007）年に仕事と生活の調和を推進するための大きな方向性を示すために策定された。同様に策定された「仕事と生活の調和推進のための行動指針」とともに，長時間労働の抑制や年次有給休暇の取得と促進，仕事と家庭の両立支援の取り組みが社会全体として促進される契機となったものである。

トータルヘルス・プロモーション・プラン（THP）：昭和 63（1988）年に安全衛生法第 70 条の 2 第 1 項の規定による「事業場における労働者の健康保持増進のための指針（健康づくり指針）」に沿って，働く人の心とか

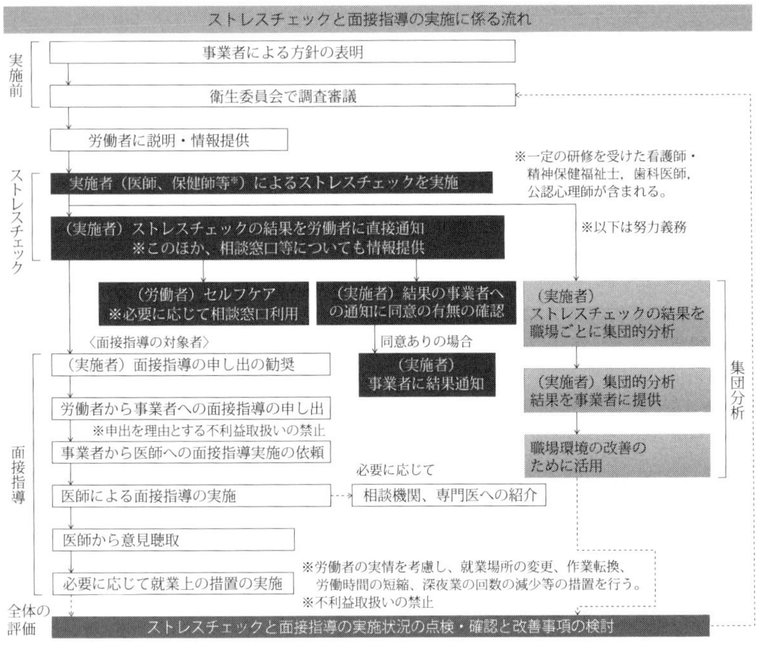

図㉓ 17-1　ストレスチエック制度

出典：改正労働安全衛生法に基づくストレスチェック制度に関する説明会資料（平成 27（2015）年 4 月 22 日公表）を一部修正

らだの健康づくりを推進するために策定された。THP 指針では，各職場で健康保持増進措置の実施について計画を立て，それに基づいた健康測定や運動指導，メンタルヘルスケアなどに取り組むことが望ましいとされている。

（石川佳奈）

文　献

①2：法的義務・倫理

公認心理師法（2015）官報（2015年9月16日）.

一般社団法人日本臨床心理士会（2009）一般社団法人日本臨床心理士会倫理綱領. http://www.jsccp.jp/about/pdf/sta_5_rinrikouryo20170515.pdf

①3：情報の適切な扱い

個人情報保護委員会（2017）個人情報保護法ハンドブック. https://www.ppc.go.jp/files/pdf/kojinjouhou_handbook.pdf

日本心理研修センター（2018）公認心理師現任者講習会テキスト. 金剛出版.

①4：多職種連携・地域連携

厚生労働省：地域包括ケアシステム. https://www.mhlw.go.jp/stf/seisakunitsuite/bunya/hukushi_kaigo/kaigo_koureisha/chiiki-houkatsu/（2019年2月11日閲覧）

②1：公認心理師の資質向上

Hochschild, A. R.（1983）The Managed Heart: Commercialization of Human Feeling. University of California Press.（石川准・室伏亜希訳（2000）管理される心―感情が商品になるとき. 世界思想社.）

Rønnestad, M. H., & Skovholt, T. M.（2003）The journey of the counselor and therapist: Research findings and perspectives on professional development. Journal of Career Development, 30; 5-44.

Stoltenberg, C. D., & Delworth, U.（1987）Supervising Counselors and Therapists: A Developmental Approach. San Francisco: Jossey-Bass.

Zapf, D.（2002）Emotion work and psychological well-being: A review of the literature and some conceptual considerations. Human Resource Management Review, 12; 237-268.

③1：心理学・臨床理学の歴史

大芦治（2016）心理学史. ナカニシヤ出版.

サトウタツヤ（2018）臨床心理学史. 東京大学出版会.（印刷中）

サトウタツヤ・高砂美樹（2003）流れを読む心理学史―世界と日本の心理学. 有斐閣アルマ.

植村勝彦（2012）現代コミュニティ心理学―理論と展開. 東京大学出版会.

④1：臨床心理学のアプローチ

熊野宏昭（2011）マインドフルネスそしてACTへ. 星和書店.

斎藤清二（2018）総合臨床心理学原論. 北大路書房.

④2：支援モデル

Engel, G. L.（1977）The need for a new medical model: A challenge for biomedicine. Science, New Series, 196(4286); 129-136.

斎藤清二（2018）総合臨床心理学原論. 北大路書房.

⑤1：研究倫理

Nagy, T. F.（2005）Ethics in Plain English an Illustrative Casebook for Psychologists. APA.（村本詔司監訳, 浦谷恵子訳（2007）APA倫理基準による心理学倫理問題事例集. 創元社.）

⑤2：量的研究

南風原朝和（2011）量的調査―尺度の作成と相関分析. In：南風原朝和・市川伸一・下山晴彦編：心理学研究法入門―調査・実験から実践まで, 第14版. 東京大学出版会, pp.63-91.

高野陽太郎・岡隆（2017）心理学研究法―心を見つめる科学のまなざし〔補訂版〕. 有斐閣.

⑤3：質的研究

澤田英三・南博文（2011）質的調査―観察・面接・フィールドワーク. In：南風原朝和・市川伸一・下山晴彦編：心理学研究法入門―調査・実験から実践まで, 第14版. 東京大学出版会, pp.19-62.

下山晴彦（2011）臨床における実践研究. In：南風原朝和・市川伸一・下山晴彦編：心理学研究法入門―調査・実験から実践

まで，第 14 版．東京大学出版会，pp.91-218.

⑤4：観察法

中澤潤（2005）人間行動の理解と観察法．In：中澤潤・大野木裕明・南博文編：心理学マニュアル―観察法．北大路書房，pp.1-12.

⑤5：統計法

柳井晴夫（1986）多変量解析の基本概念．In：柳井晴夫・高木廣文編：多変量解析ハンドブック．現代数学社，pp.1-17.

⑤6：統計基礎知識

石井秀宗（2014）人間科学のための統計分析―こころに関心があるすべての人のために．医歯薬出版，pp.28-30.

⑥1：計画の立案

南風原朝和（2001）準実験と単一事例実験．In：南風原朝和ら編：心理学研究法入門．東京大学出版会，pp.123-152.

⑥2：研究の手続き

日本心理学会（2011）研究と発表における倫理．In：倫理規定．日本心理学会，pp.10-28.

⑥3：報告書の作成

American Psychological Association（2019）Publication Manual of the American Psychological Association, 7th Edition. American Psychological Association.（前田樹海ら訳（2011）APA 論文作成マニュアル，第２版．医学書院．［ただし原著 6th Edition の翻訳］）

⑦1：感覚

Nolen-Hoeksema, S., Fredrickson, B. L., Loftus, G. R., & Loftus, C. G. R.（2014）Atkinson & Hilgard's Introduction to Psychology, 16th Ed. Engage Learning EMEA.（内田一成監訳，2015）４章 感覚過程．In：ヒルガードの心理学（第 16 版）．金剛出版．）

⑦2：知覚

Nolen-Hoeksema, S., Fredrickson, B. L., Loftus, G. R., & Loftus, C. G. R.（2014）Atkinson & Hilgard's Introduction to Psychology, 16th Ed. Engage Learning EMEA.（内田一成監訳，2015）５章 知覚．In：ヒルガードの心理学（第 16 版）．金剛出版．）

⑦3：乳児を対象とした実験

伊村知子・白井述（2018）感覚・運動の発達．In：開一夫・齋藤滋子編：ベーシック発達心理学．東京大学出版会，pp.77-97.

Nolen-Hoeksema, S., Fredrickson, B. L., Loftus, G. R., & Loftus, C. G. R.（2014）Atkinson & Hilgard's Introduction to Psychology, 16th Ed. Engage Learning EMEA.（内田一成監訳，2015）５章 知覚．In：ヒルガードの心理学（第 16 版）．金剛出版．）

Fantz, R. L.（1964）Visual Experience in Infants: Decreased attention to familiar patterns relative to novel ones. Science, 146(3644); 668-670.

⑦4：記憶

Atkinson, R. C. & Shiffrin, R. M.（1968）Human memory. In: Spence, K. W. & Spence, J. T. (Eds.): The Psychology of Learning and Motivation: Advances in Research and Theory, Vol. 2. Academic Press.

Baddeley, A. D.（1986）Working Memory. Oxford University Press.

Squire, L. R.（1992）Memory and Hippocampus: A synthesis from findings with rats, monkeys and humans. Psychological Review, 99, 195-231.

高野陽太郎（1995）認知心理学２―記憶．東京大学出版会．

⑦5：思考／推論

市川伸一・伊東裕司（1987）認知心理学を知る．ブレーン出版．

市川伸一（1996）認知心理学４―思考．東京大学出版会．

Wason, P. C.（1960）On the failure to eliminate hypotheses in a conceptual task. The Quarterly Journal of Experimental Psychology, 12; 129-140.

⑦5：思考／問題解決

市川伸一・伊東裕司（1987）認知心理学を知る．ブレーン出版．

市川伸一（1996）認知心理学４―思考．東京大学出版会．

Wason, P. C.（1960）On the failure to eliminate hypotheses in a conceptual task. The Quarterly Journal of Experimental Psychology, 12; 129-140.

⑧1：条件づけ

山内光哉・春木豊（2001）グラフィック学習心理学―行動と認知．サイエンス社．

⑧2：学習

坂野雄二・前田基成編（2002）セルフ・エフィカシーの臨床心理学．北大路書房．

澤幸祐（2021）私たちは学習している―行動と環境の統一的理解に向けて．ちとせプレス．

⑧3：言語理論

佐久間淳一・加藤重広・町田健（2004）言語学入門．研究社．

⑧4：言語発達

大森孝一・永井知代子・深浦順一ほか（2018）言語聴覚士テキスト．医歯薬出版．

⑨1：感情喚起

Damasio, A. R.（1994）Descartes' Error: Emotion, Reason, and the Human Brain. Ink Well Management.（田中三彦訳（2010）デカルトの誤り：情動，理性，人間の脳．筑摩書房．）

LeDoux, J.（1996）The Emotional Brain: The Mysterious Underpinnings of Emotional Life. Brockman.（松本元・川村光毅・小幡邦彦・石塚典生・湯浅茂樹訳（2003）エモーショナル・ブレイン―情動の脳科学．東京大学出版会．）

大平英樹編（2010）感情心理学・入門．有斐閣．

⑨2：感情が行動に及ぼす影響

濱治世・鈴木直人・濱保久（2001）新心理学ライブラリー 17 感情心理学への招待：感情・情緒へのアプローチ．サイエンス社．

野島一彦・繁桝算男監修，杉浦義典編（2020）公認心理師の基礎と実践⑨感情・人格心理学．遠見書房．

大平英樹編（2010）感情心理学・入門．有斐閣．

鈴木直人編（2007）朝倉心理学講座 10 感情心理学．朝倉書店．

⑨3：感情理論

濱治世・鈴木直人・濱保久（2001）新心理学ライブラリー 17 感情心理学への招待：感情・情緒へのアプローチ．サイエンス社．

野島一彦・繁桝算男監修，杉浦義典編（2020）公認心理師の基礎と実践⑨感情・人格心理学．遠見書房．

大平英樹編（2010）感情心理学・入門．有斐閣．

島義弘編（2017）ライブラリ 心理学を学ぶ 6 パーソナリティと感情の心理学．サイエンス社．

鈴木直人編（2007）朝倉心理学講座 10 感情心理学．朝倉書店．

⑨4：人格の概念・形成過程

安藤寿康（2014）遺伝と環境の心理学：人間行動遺伝学入門．培風館．

Cervone, D. & Pervin, L.A.（2016）Personality: Theory and Research, 13th Edition. Wiley.

Mischel, W., Shoda, Y., & Ayduk, O.（2007）Introduction to Personality: Toward an Integrative Science of the Person, 8th Edition. John Wiley & Sons.（黒沢香・原島雅之監訳（2010）パーソナリティ心理学：全体としての人間の理解．培風館．）

⑨5：人格の類型・特性

若林明雄（2009）パーソナリティとは何か：その概念と理論．培風館．

パーソナリティ心理学会企画，二宮克美・浮谷秀一・堀毛一也・安藤寿康・藤田主一・小塩真司・渡邊芳之編（2013）パーソナリティ心理学ハンドブック．福村出版．

⑩1：神経細胞の構造・神経伝達物質・末梢神経系

貴邑冨久子・根来英雄（2016）シンプル生理学，改訂第 7 版．南江堂．

松田修・飯干紀代子・小海宏之編（2019）公認心理師のための基礎から学ぶ神経心理学：理論からアセスメント・介入の実践例まで．ミネルヴァ書房．

真島英信（1989）生理学，改訂第 18 版．文光堂．

清水勘治（1983）小解剖学書，改訂第 3 版．金芳堂．

⑩2：脳神経系の機能

小海宏之（2019）神経心理学的アセスメント・ハンドブック，第 2 版．金剛出版．

真島英信（1989）生理学，改訂第 18 版．文光堂．

山鳥重（1985）神経心理学入門．医学書院．

⑩3：高次脳機能の生理学的反応機序と脳機能の測定

一般社団法人日本心理研修センター監修

（2018）公認心理師現任者講習会テキスト 2018 年版．金剛出版．
加藤伸勝（1978）小精神医学書，第 2 版．金芳堂．
小海宏之（2019）神経心理学的アセスメント・ハンドブック，第 2 版．金剛出版．
真島英信（1989）生理学，改訂第 18 版．文光堂．
山鳥重（1985）神経心理学入門．医学書院．

⑩ 4：高次脳機能障害と必要な支援

小海宏之（2019）神経心理学的アセスメント・ハンドブック，第 2 版．金剛出版．
緑川晶・山口加代子・三村將編（2018）公認心理師カリキュラム準拠［神経・生理心理学］臨床神経心理学．医歯薬出版．
山鳥重（1985）神経心理学入門．医学書院．

⑪ 1：集団意識・集団行動

Tajfel, H. & Turner, J. C.（1979）An integrative theory of intergroup conflict. The Social Psychology of Intergroup Relations, 33; 74.
Zajonc, R. B.（1965）Social facilitation. Science, 149; 269-274.

⑪ 2：対人関係

Caplan, G.（1974）Support Systems and Community Mental Health: Lectures on Concept Development. Behavioral Publications.
Festinger, L.（1957）A Theory of Cognitive Dissonance (Vol. 2). Stanford University Press.

⑪ 4：家族とは

日本家族心理学会編（2019）家族心理学ハンドブック．金子書房．
若島孔文・野口修司編著（2021）テキスト家族心理学．金剛出版．

⑪ 5：集団・文化

Bateson, G.（1979）Mind and Nature: A Necessary Unity. Cresskill, NJ: Hampton Press.（佐藤良明訳（2001）精神と自然―生きた世界の認識論（改訂版）．新思索社．）
Berry, J. W., Kim, U., Minde, T., & Mok, D.（1987）Comparative studies of acculturative stress. International Migration Review 21(3); 491-511.
Berry, J. W.（1997）Immigration, acculturation, and adaptation. Applied Psychology: An International Review, 46; 5-68.
Bronfenbrenner, U.（1979）The Ecology of Human Development: Experiments by Nature and Design. Harvard University Press.（磯貝芳郎・福富讓訳（1996）人間発達の生態学―発達心理学への挑戦．川島書店．）
柏木恵子・北山忍・東洋編（1997）文化心理学―理論と実証．東京大学出版会．
Triandis, H. C. (1995). Individualism and Collectivism, New York: Westview Press.

⑫ 2：知能の構造

子安增生編（2005）よくわかる認知発達とその支援．ミネルヴァ書房．
子安增生（2016）知能．In：田島信元・岩立志津夫・長崎勤編：新・発達心理学ハンドブック．福村出版，pp.377-386.
三好一英・服部環（2010）海外における知能研究と CHC 理論．筑波大学心理学研究，40, 1-7.
Piaget, J.（1970 ／滝沢武久訳，1972）発生的認識論．白水社．
Vygotsky, L. S.（1934 ／柴田義松訳，2001）新訳版・思考と言語．新読書社．

⑫ 3：社会性の発達

Eisenberg, N. & Mussen, P. H.（1989）The Roots of Prosocial Behavior in Children. New York; Cambridge University Press.（菊池章夫・二宮克美訳（1991）思いやり行動の発達心理．金子書房．）
子安增生・郷式徹編（2016）心の理論―第 2 世代の研究へ．新曜社．
日本心理学会監修，箱田裕司・遠藤利彦編（2015）本当のかしこさとは何か―感情知性（EI）を育む心理学．誠信書房．
渡辺弥生・杉村伸一郎・伊藤順子編（2008）原著で学ぶ社会性の発達．ナカニシヤ出版．

⑫ 4：他者との関係

Bowlby, J.（1969）Attachment and Loss, vol.1 Attachment. New York; Basic Books.
堂野恵子（1989）人間発達とその特徴：発達可能性にみちた存在―人間．In：堂野恵子・加知ひろ子・中川伸子：保育のための個性化と社会化の発達心理学．北大路書房，pp.2-8.

Sameroff, A. J., & Chandler, M. J.（1975）Reproductive risk and the continuum of caretaking casually. In: Horowitz, F. D., Hetherington, M. et al. (Eds.): Review of Child Development Research Vol. 4. University of Chicago Press, pp.187-244.

⑫5：自己

Erikson, E. H.（1959）Identity and the life cycle. New York: W. W. Norton & Company.

金川智恵（2012）社会心理学における自己論の流れ．In：梶田叡一・溝上慎一編．自己の心理学を学ぶ人のために．世界思想社．

⑫6：ライフサイクル論

Bjorklund, D. F. & Pellegrini, A. D.(2002)The Origins of Human Nature: Evolutionary Developmental Psychology. APA.（無藤隆監訳，松井愛奈・松井由佳訳（2008）進化発達心理学―人の本性の起源．新曜社．)

Erikson, E. H. & Erikson, J. M.（1997）The Lifecycle Completed: Extended Version. Norton.（村瀬孝雄・近藤邦夫訳（2001）ライフサイクル―その完結　増補版．みすず書房．）

岡本祐子・深瀬裕子編（2013）エピソードでつかむ生涯発達心理学．ミネルヴァ書房．

鈴木忠・西平直（2014）生涯発達とライフサイクル．東京大学出版会．

⑫7：非定型発達

安藤寿康（2017）「心は遺伝する」とどうして言えるのか―ふたご研究のロジックとその先へ．創元社．

開一夫・斎藤慈子編（2018）ベーシック発達心理学．東京大学出版会．

⑫8：加齢

権藤恭之（2008）生物学的加齢と心理的加齢．In：権藤恭之編：高齢者心理学．朝倉書店，pp.23-40.

樋口恵子・秋山弘子・柴田博ほか（2013）日本型 Productive Aging を考える．長寿社会グローバル・インフォメーションジャーナル，19; 2-9.

石井直明（2006）人はなぜ老いるのか―個体老化・寿命のメカニズム．日本消化器病学会雑，103,:143-148

松井康素（2016）サルコペニアとフレイルの概念と予防．リハビリテーション医学，53(12); 894-899.

⑫9：高齢者の生活の質

Rowe, J. W. & Kahn, R. L.（1987）Human aging: Usual and successful. Science, 237; 143-149.

⑬1：障害のとらえ方

厚生労働省（2006）第1回社会保障審議会統計分科会生活機能分類専門委員会資料．https://www.mhlw.go.jp/shingi/2006/07/s0726-7.html（2021年12月17日閲覧）

徳永亜希雄ら（2010）特別支援教育におけるICF及びICF-CY活用について考える．特別支援教育におけるICF-CYの活用に関する実際的研究，平成20～21年度研究成果報告書．国立特別支援教育総合研究所，pp.47-58.（http://www.nise.go.jp/cms/resources/content/407/01.pdf）(2019年2月10日閲覧）

上田敏（2002）国際障害分類初版（ICIDH）から国際生活機能分類(ICF)へ．ノーマライゼーション―障害者の福祉，22.(http://www.dinf.ne.jp/doc/japanese/prdl/jsrd/norma/n251/n251_01-01.html)（2018年4月23日閲覧）

⑬2：障害とは

佐々木正美（2008）自閉症児のためのTEACCHハンドブック：改訂新版自閉症療育ハンドブック．学研．

清水栄司監修（2010）認知行動療法のすべてがわかる本．講談社．

⑭1：情報の把握と手法

松本真理子(2010)子どもの臨床心理アセスメント．In：松本真理子・金子一史編：子どもの臨床心理アセスメント―子ども・家族・学校支援のために．金剛出版，pp.9-17.

仲真紀子（2016）子どもへの司法面接―考え方・進め方とトレーニング．有斐閣．

下山晴彦（2008）臨床心理アセスメント入門―臨床心理学は，どのように問題を把握するのか．金剛出版．

⑭2：アセスメントの手続き

城月健太郎（2018）心理検査の適用および

実施，解釈．In：福島哲夫編：公認心理師必携テキスト．学研プラス，pp.313-320.
金子一史（2010）検査法によるアセスメント．In：松本真理子・金子一史編：子どもの臨床心理アセスメント―子ども・家族・学校支援のために．金剛出版，pp.32-39.

⑭3：観察

下山晴彦編（2000）臨床心理学研究の技法シリーズ・心理学の技法．福村出版.
Sullivan, H. S.（1954）The Psychiatric Interview. W. W. Norton.（中井久夫・松川周悟・秋山剛ほか訳（1986）精神医学的面接．みすず書房.）
氏原寛・亀口憲治・成田善弘ほか編（2004）心理臨床大辞典（改訂版）．培風館.

⑭4：人格検査（質問紙法）

松本真理子・森田美弥子（2018）心の専門家養成講座 第3巻 心理アセスメント心理検査のミニマム・エッセンス．ナカニシヤ出版.
上里一郎監修（2001）心理アセスメントハンドブック 第2版．西村書店.
氏原寛・岡堂哲雄・亀口憲治・西村州衛男ほか編（2006）心理査定実践ハンドブック．創元社.

⑭5：人格検査（投映法）

松本真理子・森田美弥子編（2018）心の専門家養成講座 第3巻 心理アセスメント―心理検査のミニマム・エッセンス．ナカニシヤ出版.
沼初枝（2009）臨床心理アセスメントの基礎．ナカニシヤ出版.
氏原寛・岡堂哲雄・亀口憲治ほか編（2006）心理査定実践ハンドブック．創元社.

⑭6：状態・不安検査，適正検査

Bullinger, M.（1994）KINDL R.（詳しくは https://www.kindl.org）
松本真理子・森田美弥子編（2018）心の専門家養成講座 第3巻 心理アセスメント―心理検査のミニマム・エッセンス．ナカニシヤ出版.
沼初枝（2009）臨床心理アセスメントの基礎．ナカニシヤ出版.
氏原寛・岡堂哲雄・亀口憲治ほか編（2006）心理査定実践ハンドブック．創元社.

⑭7：描画法

皆藤章（1994）風景構成法―その基礎と実践．誠信書房.
三上直子（1995）S-HTP法―統合型HTP法の臨床的・発達的アプローチ．誠信書房.
日本描画テスト・描画療法学会編（1993）臨床描画研究Ⅷ．金剛出版.

⑭8：知能検査

文献は⑭3に同じ

⑭9：発達検査

文献は⑭3に同じ

⑭10：神経心理学検査・作業検査

小海宏之（2019）神経心理学的アセスメント・ハンドブック，第2版．金剛出版.
Spreen, O. & Strauss, E.（1998）A Compendium of Neuropsychological Tests: Administration, Norms, and Commentary. 2nd Edition. Oxford University Press.（秋元波留夫監修，滝川守国・前田久雄・三山吉夫・藤元登四郎監訳（2004）神経心理学検査法，第2版．創造出版.）
田川皓一編（2004）神経心理学評価ハンドブック．西村書店.

⑮1：力動論（精神力動理論）

加藤敏・神庭重信・中谷陽二ら編（2011）現代精神医学事典．弘文堂，pp.216-217, 602-603, 737, 1059-1060.
前田重治（2008）図説　精神分析を学ぶ．誠信書房.
小此木啓吾ら編（2002）精神分析事典．pp.212-213, 487-489.

⑮2：人間性アプローチ

倉戸ヨシヤ（2005）ゲシュタルト療法．In：松原達哉・楡木満生・澤田富雄・宮城まり子編：心のケアのためのカウンセリング大事典．培風館，pp.15-18.
Miller, W. R., Rollnick, S.（2013）Motivational Interviewing: Helping People Change, 3rd Ed. Guilford Publications.
村瀬孝雄（1989）フォーカシング．In：伊藤隆二編：心理治療法ハンドブック．福村出版，pp.137-154.
日本人間性心理学会編（2012）人間性心理学ハンドブック．創元社.

⑮3：認知行動論

伊藤絵美（2013）認知療法の基礎と応用，臨床心理学，13(2); 191-195.
岩本隆茂・大野裕・坂野雄二（1997）認知

行動療法の理論と実際．培風館．
熊野宏昭（2013）認知行動療法を使いこなすために．臨床心理学，13(2); 165-170.

⑮ 4：集団療法／コミュニティ・アプローチ

Bion, W. R. (1961) Experiences in groups and other papers New York: Basic Books.（池田数好訳（1973）集団精神療法の基礎(現代精神分析双書 17)．岩崎学術出版社.）
國分康孝・國分久子編（2004）構成的グループ・エンカウンター事典．図書文化．
窪田由紀（2009）臨床実践としてのコミュニティ・アプローチ．金剛出版．
増野肇（1990）サイコドラマのすすめ．金剛出版．
野島一彦編（1999）グループ・アプローチ．現代のエスプリ．No.385.
Yalom, I. D.（1995）The Theory and Practice of Group Psychotherapy, 4th Edition. Basic Books（中久喜雅文・川室優監訳（2012）ヤローム グループサイコセラピー理論と実践．西村書店.）

⑮ 5：システム論的アプローチ・家族療法

長谷川啓三・若島孔文編（2002）事例で学ぶ―家族療法・短期療法・物語療法．金子書房．
日本家族心理学会編（2019）家族心理学ハンドブック．金子書房．

⑮ 6：森田療法・内観療法

加藤敏・神庭重信・中谷陽二ら編（2011）現代精神医学事典．弘文堂，p.779, pp.1024-1025, p.1048.

⑮ 7：子どもの心理療法

Kalff, D. M.（1966）Sandspiel-Seine therapeutische Wirkung auf die Psyche, Ernst Reinhardt Verlag.（河合隼雄監修，大原貢・山中康裕訳（1972）カルフ箱庭療法．誠信書房.）

⑮ 8：身体へのアプローチ

鶴光代（2007）臨床動作法への招待．金剛出版．
佐々木雄二（1976）自律訓練法の実際―心身の健康のために．創元社．
van der Kolk, B.（2014）The Body Keeps the Score. Brain, Mind, and Body in the Healing of Trauma. Penguin Random House.（柴田裕之訳（2016）身体はトラウマを記録する―脳・心・体のつながりと回復のための手法．紀伊国屋書店.）

⑮ 9：その他の心理療法

Gable, S. L., & Haidt, J.（2005）What (and why) is positive psychology? Review of General Psychology, 9(2); 103-110.
Gethin, R.（2011）On some definitions of mindfulness. Contemporary Buddhism, 12(1); 263-279.
Kang, C., & Whittingham, K.（2010）Mindfulness, A dialogue between Buddhism and Clinical psychology. Mindfulness, 1; 161-173.
Peterson, C.（2006）A Primer in Positive Psychology. Oxford University Press.

⑮ 10：アウトリーチ

船越知行ら（2016）心理職による地域コンサルテーションとアウトリーチの実践―コミュニティと共に生きる．金子書房．
小澤康司・中垣真通・小俣和義編（2017）緊急支援のアウトリーチ―現場で求められる心理的支援の理論と実践．遠見書房．

⑮ 11：支援方法の選択・調整

Cooper, M., & McLeod, J.（2011）Pluralistic Counseling and Psychotherapy. SAGE.（松武康弘ほか監訳（2015）心理臨床への多元的アプローチ．岩崎学術出版社.）
斎藤清二（2018）総合臨床心理学原論．北大路書房．

⑮ 12：支援におけるコミュニケーション

Rogers, C. R.（1957）The necessary and sufficient conditions of therapeutic personality change. Journal of Consulting Psychology, 21; 95-103.

⑮ 13：心理療法およびカウンセリングの限界・支援の倫理

岩壁茂（2007）心理療法・失敗例の臨床研究―その予防と治療関係の立て直し方．金剛出版．
金沢吉展（2006）臨床心理学の倫理を学ぶ．東京大学出版会．

⑯ 1：ストレスと心身の疾病

国立がん研究センター：がん情報サービス．https://ganjoho.jp/public/index.html（2021 年 12 月 31 日閲覧）
公益財団法人 健康・体力づくり事業財団：健康日本 21．https://www.

kenkounippon21.gr.jp/（2021 年 12 月 31 日閲覧）

厚生省（1996）生活習慣に着目した疾病対策の基本的方向性について（意見具申）．http://www1.mhlw.go.jp/houdou/0812/1217-4.html（2021 年 12 月 31 日閲覧）

厚生労働省：e- ヘルスネット「脳血管障害・脳卒中」．https://www.e-healthnet.mhlw.go.jp/information/metabolic/m-05-006.html（2021 年 12 月 31 日閲覧）

⑯ 2：ストレス症状と心身症

Freudenberger, H. J.（1974）Staff burnout. Journal of Social Issues, 30; 159-165.

石川中・末松弘行（1985）信号と象徴よりみた心身相関．心身医学, 25(6); 481-484.

Maslach, C. & Jackson, S. E.（1982）The Maslach Burnout Inventory. Consulting Psychologists Press.

日本心身医学会教育研究委員会（1991）いわゆる心身症の定義．心身医学，31(7); 537-573.

⑯ 3：予防の考え方

Caplan, G.（1964）Principles of Preventive Psychiatry. Basic Books.（新福尚武監訳（1970）予防精神医学．朝倉書店.）

⑯ 4：先端医療の心理的課題と支援

日本医学会（2011）医療における遺伝学的検査・診断に関するガイドライン.

厚生労働省（2010）「チーム医療の推進について」チーム医療の推進に関する検討会報告書.

日本小児精神神経学会（2017）ガイダンス小児コンサルテーション・リエゾン．小児の精神と神経 57 巻増刊号.

木澤義之（2017）アドバンスド・ケア・プランニング（ACP）いのちの終わりについて話し合いを始める．神戸大学大学院医学研究科先端緩和医療学分野. https://www.mhlw.go.jp/file/05-Shingikai-10801000-Iseikyoku-Soumuka/0000173561.pdf（2022 年 1 月 16 日　閲覧）

⑯ 5：保健活動における心理支援

近藤直司・清田吉和・北端裕二ほか（2010）思春期ひきこもりにおける精神医学的障害の実態把握に関する研究。斎藤万比古（主任研究者）思春期のひきこもりをもたらす精神疾患の実態把握と精神医学的治療・援助システムの構築に関する研究　平成 21 年度総括・分担研究報告書（厚生労働科学研究　こころの健康科学研究事業).

山口晴保（2018）BPSD の定義、その症状と発症要因．認知症ケア研究誌，2; 1-16.

⑯ 6：災害時の心理的反応

American Psychiatric Association（2013）Diagnostic and Statistical Manual of Mental Disorders, the 5th Edition: DSM-5. Washington, DC: American Psychiatric Publishing.（日本精神神経学会監修，高橋三郎・大野裕・染矢俊幸ほか訳（2014）DSM-5：精神疾患の診断・統計マニュアル．医学書院.）

厚生労働省委託事業 DPAT 事務局（2018）DPAT 活動マニュアル Ver.2.0. http://www.dpat.jp/（2018 年 5 月 3 日閲覧）

中田敬司（2015）日本における災害医療の新たな課題とその対策について．現代社会研究，1; 20-42.

National Child Traumatic Stress Network and National Center for PTSD（2006）Psychological First Aid: Field Operations Guide, 2nd Edition. http://www.nctsn.org. andhttp://www.ncptsd.va.gov.（兵庫県こころのケアセンター訳（2009）サイコロジカル・ファーストエイド実施の手引き第 2 版．http://j-hits.org/psych

World Health Organization, War Trauma Foundation and World Vision International（2011）Psychological First Aid: Guide for Field Workers. Geneva; WHO.（国立精神・神経医療研究センターら訳（2012）心理的応急処置（サイコロジカル・ファーストエイド；PFA）フィールド・ガイド．国立精神・神経医療研究センター.）

⑰ 1：福祉現場の問題と背景

中島義明ら編（1999）心理学辞典．有斐閣.

⑰ 2：子育てと愛着の問題

American Psychiatric Association（2013）Diagnostic and Statistical Manual of Mental Disorders, the 5th Edition: DSM-5. Washington, DC: American Psychiatric Publishing.（日本精神神経学会監修，高橋三郎・大野裕・染矢俊幸ほか訳（2014）

DSM-5：精神疾患の診断・統計マニュアル．医学書院.）
数井みゆき（2007）子ども虐待とアタッチメント．In：数井みゆき・遠藤利彦：アタッチメントと臨床領域．ミネルヴァ書房，pp.79-101.
北川恵（2012）養育者支援―サークル・オブ・セキュリティ・プログラムの実践．In：数井みゆき：アタッチメントの実践と応用―医療・福祉・司法現場からの報告．誠信書房，pp.23-43.

⑰3：子育て支援と虐待

新たな社会的養育の在り方に関する検討会（2017）新しい社会的養育ビジョン．https://www.mhlw.go.jp/file/05-Shingikai-11901000-Koyoukintoujidoukateikyoku-Soumuka/0000173888.pdf（2021年11月27日アクセス）
社会保障審議会児童部会（2019）民法等の一部を改正する法律案（特別養子縁組制度の見直し）について．https://www.mhlw.go.jp/content/12601000/000484802.pdf（2021年12月20日アクセス）
厚生労働省（2019）児童虐待防止対策の強化を図るための児童福祉法等の一部を改正する法律（令和元年法律第46号）の概要．http://www.moj.go.jp/content/001301546.pdf（2021年11月27日アクセス）

⑰4：虐待のアセスメントと支援

日本子ども家庭総合研究所編（2014）子ども虐待対応の手引き―平成25年8月厚生労働省の改正通知．有斐閣.
厚生労働省子ども家庭局長（2020）「要保護児童対策地域協議会設置・運営指針」の一部改正について，【通知】要保護児童対策地域協議会設置・運営指針．https://www.mhlw.go.jp/content/000640876.pdf（2021年12月22日アクセス）

⑰5：高齢者福祉

吉澤浩志（2018）認知症と認知予備能．神経心理学，34; 142-154.
権藤恭介編（2008）高齢者心理学．朝倉書店.
澁谷泰秀（2020）国民生活研究，60(1); 29-51.
永岑光恵・原塑・信原幸弘（2009）振り込め詐欺への神経科学からのアプローチ．社会技術研究論文集，6; 177-186.
警視庁：令和2年における特殊詐欺の認知・検挙状況等について（確定値版）．https://www.npa.go.jp/bureau/criminal/souni/tokusyusagi/tokushusagi_toukei2020.pdf（2021年12月29日閲覧）
厚生労働省：「人生の最終段階における医療の決定プロセスに関するガイドライン」の改訂について．https://www.mhlw.go.jp/stf/houdou/0000197665.html（2021年12月29日閲覧）

⑰6：認知症

六角僚子・種市ひろみ・本間昭監修（2018）認知症のある患者さんのアセスメントとケア．ナツメ社.

⑰8：認知症の支援

黒川由紀子（2008）ライフサイクルからみた老年期と認知症．In：黒川由紀子：認知症と回想法．金剛出版，pp.27-47.
六角僚子・種市ひろみ・本間昭監修（2018）認知症のある患者さんのアセスメントとケア．ナツメ社.

⑰9：福祉現場のその他の心理的課題

American Psychiatric Association（2013）Diagnostic and Statistical Manual of Mental Disorders, the 5th Edition: DSM-5. Washington, DC: American Psychiatric Publishing.（日本精神神経学会監修，高橋三郎・大野裕・染矢俊幸ほか訳（2014）DSM-5：精神疾患の診断・統計マニュアル．医学書院.）
Friedman, M., Keane, TM., Resick, PA.（2001）Handbook of PTSD: Science and Practice. The Guilford Press.（金吉晴監訳（2014）PTSDハンドブック―科学と実践．金剛出版.）
WHO（2018）ICD-11 for Mortality and Morbidity Statics. WHO.

⑱1：教育現場での課題

川崎友嗣（2021）進路指導．子安増生・丹野義彦・箱田裕司監修：現代心理学辞典．有斐閣，p.411.
小泉令三（2021）学校風土．子安増生・丹野義彦・箱田裕司監修：現代心理学辞典．有斐閣，p.114
文部科学省（2021）生徒指導提要の改訂にあ

たっての基本的な考え方：生徒指導提要の改訂に関する協力者会議（第１回）配布資料２. https://www.mext.go.jp/content/20210705-mext_jidou01-000016584_002.pdf（2021年12月12日閲覧）

⑱２：教育心理学の基礎知識

Bandura, A.（1977）Self-efficacy: Toward a unifying theory of behavioral change. Psychological Review, 84; 191-215.

Cronbach, L. J.（1957）The two disciplines of scientific psychology. American Psychologist, 12; 671-684.

Snow, R. E., Tiffin, J., & Seibert, W. F.（1965）Individual differences and instructional film effects. Journal of Educational Psychology, 56; 315-326.

辰野千尋（1997）学習方略の心理学―賢い学習者の育て方．図書文化社.

Weiner, B.（1979）A theory of motivation for some classroom experiences. Journal of Educational Psychology, 71; 3-25.

⑱３：適応不全

文部科学省（2021）令和２年度 児童生徒の問題行動・不登校等生徒指導上の諸課題に関する調査結果について. https://www.mext.go.jp/content/20211007-mxt_jidou01-100002753_1.pdf（2021年12月25日閲覧）

森田洋司・清永賢二（1986）いじめ―教室の病．金子書房.

日本学校心理学会（2016）学校心理学ハンドブック第２版―「チーム」学校の充実をめざして．教育出版.

⑱４：スクールカウンセリング

Cole, T.（1999）Kids Helping Kids. Peer Resources.（バーンズ亀山静子・矢部文訳（2002）ピア・サポート実践マニュアル．川島書店.）

藤川麗（2017）学生相談におけるコラボレーション―実践と研究の発展に向けての課題と展望．教育心理学年報，57; 192-208.

石隈利紀（1999）学校心理学―教師・スクールカウンセラー・保護者のチームによる心理教育的援助サービス．誠信書房.

窪田由紀（2005）緊急支援とは．In：福岡県臨床心理士会編：学校コミュニティへの緊急支援の手引き．金剛出版，pp.45-76.

日本学校心理学会（2016）学校心理学ハンドブック　第２版―「チーム」学校の充実をめざして．教育出版.

日本学生相談学会50周年記念誌編集委員会（2010）学生相談ハンドブック．学苑社.

⑲３：犯罪と心理支援

Miller, W. R. & Rollnick, S.（2002）Motivational Interviewing, 2th Edition. The Guilford Press.（松島義博・後藤恵訳（2007）動機づけ面接法：基礎・実践編．／松島義博・後藤恵・猪野亜朗訳（2012）動機づけ面接法：応用編．星和書店.）

⑳１：職場における問題と心理支援

厚生労働省（2004）心の健康問題により休業した労働者の職場復帰支援の手引き.

厚生労働省（2006）労働者の心の健康の保持増進のための指針.

Schaufeli, W. B. & Bakker, A. B.（2004）Job demands, job resources and their relationship with burnout and engagement: A multi-sample study. Journal of Organizational Behavior, 25; 293-315.

⑳２：労働環境と支援

Hall, D. T.（1976）Careers in Organizations. Glenview, IL: Scott; Foresman.

厚生労働省（2001）職業能力開発基本計画.

文部科学省（2010）今後の学校におけるキャリア教育・職業教育の在り方について.

内閣府（2007）仕事と生活の調和（ワークライフ・バランス）憲章.

⑳３：組織論

Barnard, C. I.（1938）The Functions of the Executive. Harvard University Press.（山本安郎・田杉競・飯野春樹訳（1968）新訳経営者の役割．ダイヤモンド社.）

Schneider, B., Ehrhart, M. G., & Macey, W. H.（2011）Perspectives on organizational climate and culture. In: Zedeck, S. Ed. : APA Handbook of Industrial and Organizational Psychology: Vol.1. Building and Developing the Organization. Washington, DC; American

Shein, E. H.（1985）Organizational Culture

and Leadership. Jossey-Bass.（梅津祐良・横山哲夫訳（2012）組織文化とリーダーシップ．白桃書房.）

Stogdill, R. M.（1974）Handbook of Leadership: A Survey of Theory and Research. New York; Free Press.

㉑ 1：心身機能・症候

荒木英爾ら（2012）改訂 人体の構造と機能―解剖生理学．建帛社.

筒井末春・中野弘一（1996）新心身医学入門．南山堂.

㉑ 2：疾病

伊藤正男ら（2003）医学大辞典．医学書院.

㉑ 3：依存症

American Psychiatric Association（2013）Diagnostic and Statistical Manual of Mental Disorders, the 5th Edition: DSM-5. Washington, DC: American Psychiatric Publishing.（日本精神神経学会監修，高橋三郎・大野裕・染矢俊幸ほか訳（2014）DSM-5：精神疾患の診断・統計マニュアル．医学書院.）

樋口進（2018）スマホゲーム依存症．内外出版社.

和田清（2000）依存性薬物と乱用・依存・中毒―時代の狭間を見つめて．星和書店.

㉑ 4：医療の進歩と心のケア

小池眞規子（2013）がんの医療と心理臨床―がん医療における現状と患者・家族心理．In：矢永由里子・小池眞規子編：がんとエイズの心理臨床―医療にいかすこころのケア．創元社，pp.12-20.

Kübler-Ross, E.（1969）On Death and Dying. Simon & Shuster.（鈴木晶訳（2001）死ぬ瞬間―死とその過程について．中央公論新社.）

山本力（2014）喪失と悲嘆の心理臨床学―様態モデルとモーニングワーク．誠信書房.

内富庸介（2012）がんに対する通常の心理反応．In：小川朝生・内富庸介編：精神腫瘍学クリニカルエッセンス．創造出版，pp.45-58.

㉒ 1：精神症状

American Psychiatric Association（2013）Diagnostic and Statistical Manual of Mental Disorders, the 5th Edition: DSM-5. Washington, DC: American Psychiatric Publishing.（日本精神神経学会監修，高橋三郎・大野裕・染矢俊幸ほか訳（2014）DSM-5：精神疾患の診断・統計マニュアル。医学書院。）

Benjamin J. S. , Virginia A. S. & Pedro R.（2015）Kaplan & Sadock's Synopsis of Psychiatry: Behavioral Science ／ Clinical Psychiatry, 11th Edition. Wolters Kluwer Health.（井上令一監修，西宮滋子・田宮聡監訳（2016）カプラン臨床精神医学テキスト：DSM-5 診断基準の臨床への展開　第３版．メディカル・サイエンス・インターナショナル.）

小泉準三編（1985）臨床精神医学．丸善.

尾崎紀夫・三村將・水野雅文・村井俊哉編（2018）標準精神医学第７版．医学書院.

下山晴彦・中島義文編（2016）公認心理師必携―精神医療・臨床心理の知識と技法．医学書院.

World Health Organization（2018）The ICD-11 Classification of Mental and Behavioural Disorders: Clinical Descriptions and Diagnostic Guidelines. World Health Organization.（日本語病名：日本精神神経学会 HP：https://www.jspn.or.jp/uploads/uploads/files/activity/ICD-11Beta_Name_of_Mental_Disorders%20List(tentative)20180601.pdf）

㉒ 2：診断法

文献は㉒ 1 参照

㉒ 3：神経発達症

文献は㉒ 4 参照

㉒ 4：統合失調スペクトラム

Black, D.W. & Grant, J.E.（2014）DSM-5 Guidebook. American Psychiatric Association.（高橋三郎監訳（2016）DSM-5 ガイドブック―診断基準を使いこなすための指針．医学書院.）

加藤敏・神庭重信・中谷陽二ら編（2011）現代精神医学事典．弘文堂.

中井久夫・山口直彦（2004）看護のための精神医学，第２版．医学書院，pp.85-89.

小此木啓吾監修（2002）精神分析事典．岩崎学術出版社，pp.235-237.

㉒ 5：双極性障害

文献は㉒ 1 参照

㉒6：うつ病・抑うつ

文献は㉒1参照

㉒7：不安障害・強迫性障害

文献は㉒1参照

㉒8：ストレス関連障害

文献は㉒1参照

㉒9：衝動制御

文献は㉒1参照

㉒10：食行動障害・摂食障害・摂食行動

桜井武(2003)摂食関連ペプチドの生理．日薬理誌，122; 236-242.

岩佐武・松崎利也・苛原稔（2007）摂食と性機能，Hormone Frontier in Gynecology, 14(2); 131-136.

㉒11：パーソナリティ障害

文献は㉒4参照

㉒12：治療法

成田善弘（2007）精神科臨床の多面性．In：渡辺雄三・総田純次編：臨床心理学にとっての精神科臨床―臨床の現場から学ぶ．人文書院，pp.14-30.

尾崎紀夫ら（2018）標準精神医学，第7版．医学書院．

㉒13：薬理作用

上島国利・上別府圭子・平島奈津子編(2013)知っておきたい精神医学の基礎知識，第2版．誠信書房．

㉒14：向精神薬の種類

野村総一郎・樋口輝彦監修，尾崎紀夫・朝田隆・村井俊哉編（2015）標準 精神医学，第6版．医学書院．

㉓1：医療法

文献は㉓4参照

㉓2：精神保健福祉法

文献は㉓4参照

㉓3：地域保健法

文献は㉓4参照

㉓4：医療制度

電子政府の総合窓口「e-Gov法令検索　」http://elaws.e-gov.go.jp/search/elawsSearch/elaws_search/lsg0100/（2019年5月15日閲覧）

古屋龍太編（2017）精神保健福祉に関する制度とサービス［第3版］．弘文堂．

一般財団法人日本心理研修センター監修(2018)公認心理師現任者講習会テキスト［2018年版］．金剛出版．

㉓5：医療安全

福島哲夫責任編集（2018）公認心理師必携テキスト．学研メディカル秀潤社．

厚生労働省ホームページ：医療安全対策．https://www.mhlw.go.jp/stf/seisakunitsuite/bunya/kenkou_iryou/iryou/i-anzen/index.html(2022年2月16日閲覧)

㉓6：児童にかかわる条約・基本法

堀正嗣(2020)子どもアドボカシーとは．世界の児童と母性，88; 7-12.

外務省HP：国際的な子の奪取の民事上の側面に関する条約(ハーグ条約)http://www.mofa.go.jp/mofaj/gaiko/hague/index.html

児童福祉六法（令和3年版）(2020) 中央法規出版社．

㉓7：児童虐待の防止等に関する法律

児童福祉六法（令和3年版）(2020) 中央法規出版社．

日本子ども家庭総合研究所編（2014）子ども虐待対応の手引き―平成25年8月厚生労働省の改正通知．有斐閣．

㉓8：障害関係

厚生労働省（2011）障害者虐待の防止　障害者の養護者に対する支援等に関する法律について．https://www.mhlw.go.jp/stf/seisakunitsuite/bunya/hukushi_kaigo/shougaishahukushi/gyakutaiboushi/index.html（2019年2月17日閲覧）

永野仁美・長谷川珠子・富永晃一（2016）詳説　障害者雇用促進法―新たな平等社会実現に向けて．弘文堂．

内閣府（2013）障害者白書平成25年版．https://www8.cao.go.jp/shougai/whitepaper/h25hakusho/zenbun/h2_01_02_02.html(2019年2月17日閲覧)

内閣府(2013)障害を理由とする差別の解消の推進．https://www8.cao.go.jp/shougai/suishin/sabekai.html（2019年2月17日閲覧）

㉓10：福祉分野のその他の重要な制度・法律

文部科学省（2006）特別支援教育の推進のための学校教育法等の一部改正について（通知）．https://warp.ndl.go.jp/

info:ndljp/pid/11373293/www.mext.go.jp/b_menu/hakusho/nc/06072108.htm（2021 年 12 月 24 日閲覧）
文部科学省（2007）特別支援教育の推進について（通知）．https://warp.ndl.go.jp/info:ndljp/pid/11402417/www.mext.go.jp/b_menu/hakusho/nc/07050101.htm（2021 年 12 月 24 日閲覧）
文部科学省（2012）共生社会の形成に向けたインクルーシブ教育システム構築のための特別支援教育の推進（報告）．

㉓ 11：教特別支援教育

文部科学省（2006）特別支援教育の推進のための学校教育法等の一部改正について（通知）．https://warp.ndl.go.jp/info:ndljp/pid/11373293/www.mext.go.jp/b_menu/hakusho/nc/06072108.htm（2021 年 12 月 24 日閲覧）
文部科学省（2007）特別支援教育の推進について（通知）．https://warp.ndl.go.jp/info:ndljp/pid/11402417/www.mext.go.jp/b_menu/hakusho/nc/07050101.htm（2021 年 12 月 24 日閲覧）
文部科学省（2012）共生社会の形成に向けたインクルーシブ教育システム構築のための特別支援教育の推進（報告）．

㉓ 14：司法制度

村尾泰弘・廣井亮一編（2004）よくわかる司法福祉（やわらかアカデミズム・わかるシリーズ）．ミネルヴァ書房．

㉓ 16：労働三法，その他

厚生労働省：働き方改革のあらまし（改正労働基準法編）．https://www.mhlw.go.jp/stf/seisakunitsuite/bunya/0000148322_00001.html（2021 年 12 月 31 日閲覧）
厚生労働省：過労死等防止対策．https://www.mhlw.go.jp/stf/seisakunitsuite/bunya/0000053725.html（2021 年 12 月 25 日閲覧）
厚生労働省：労働基準に関する法制度．https://www.mhlw.go.jp/stf/seisakunitsuite/bunya/0000042451.html（2021 年 12 月 25 日閲覧）
厚生労働省：障害者雇用対策．https://www.mhlw.go.jp/stf/seisakunitsuite/bunya/koyou_roudou/koyou/shougaishakoyou/index.html（2021 年 12 月 25 日閲覧）
厚生労働省：確かめよう労働条件「36（サブロク）協定」．https://www.check-roudou.mhlw.go.jp/saburoku/（2021 年 12 月 25 日閲覧）

㉓ 17：職場ストレスと法

厚生労働省（2015）労働安全衛生法に基づくストレスチェック制度実施マニュアル．
厚生労働省・独立行政法人労働者安全機構（2017）職場における心の健康づくり―労働者の心の健康の保持増進のための指針．
厚生労働省：心とからだの健康づくり（THP）．http://anzeninfo.mhlw.go.jp/yougo/yougo03_1.html（2019 年 2 月 22 日閲覧）

1：公認心理師法概要

一　目的

公認心理師の資格を定めて，その業務の適正を図り，もって国民の心の健康の保持増進に寄与することを目的とする。

二　定義

「公認心理師」とは，公認心理師登録簿への登録を受け，公認心理師の名称を用いて，保健医療，福祉，教育その他の分野において，心理学に関する専門的知識及び技術をもって，次に掲げる行為を行うことを業とする者をいう。

①心理に関する支援を要する者の心理状態の観察，その結果の分析

②心理に関する支援を要する者に対する，その心理に関する相談及び助言，指導その他の援助

③心理に関する支援を要する者の関係者に対する相談及び助言，指導その他の援助

④心の健康に関する知識の普及を図るための教育及び情報の提供

三　試験

公認心理師として必要な知識及び技能について，主務大臣が公認心理師試験を実施する。受験資格は，以下の者に付与する。

①大学において主務大臣指定の心理学等に関する科目を修め，かつ，大学院において主務大臣指定の心理学等の科目を修めてその課程を修了した者等

② 大学で主務大臣指定の心理学等に関する科目を修め，卒業後一定期間の実務経験を積んだ者等

③ 主務大臣が①及び②に掲げる者と同等以上の知識及び技能を有すると認めた者

四　義務

1 信用失墜行為の禁止

2 秘密保持義務（違反者には罰則）

3 公認心理師は，業務を行うに当たっては，医師，教員その他の関係者との連携を保たねばならず，心理に関する支援を要する者に当該支援に係る主治医があるときは，その指示を受けなければならない。

五　名称使用制限

公認心理師でない者は，公認心理師の名称又は心理師という文字を用いた名称を使用してはならない。（違反者には罰則）

六　主務大臣

文部科学大臣及び厚生労働大臣

七　施行期日

一部の規定を除き，公布の日から起算して２年を超えない範囲内において政令で定める日から施行する。

八　経過措置

既存の心理職資格者等に係る受験資格等について，所要の経過措置を設ける。

2：公認心理師法（法律第六十八号：平二七・九・一六）

目次

第一章　総則

（目的）

第一条　この法律は，公認心理師の資格を定めて，その業務の適正を図り，もって国民の心の健康の保持増進に寄与することを目的とする。

（定義）

第二条　この法律において「公認心理師」とは，第二十八条の登録を受け，公認心理師の名称を用いて，保健医療，福祉，教育その他の分野において，心理学に関する専門的知識及び技術をもって，次に掲げる行為を行うことを業とする者をいう。

一　心理に関する支援を要する者の心理状態を観察し，その結果を分析すること。

二　心理に関する支援を要する者に対し，その心理に関する相談に応じ，助言，指導その他の援助を行うこと。

三　心理に関する支援を要する者の関係者に対し，その相談に応じ，助言，指導その他の援助を行うこと。

四　心の健康に関する知識の普及を図るための教育及び情報の提供を行うこと。

（欠格事由）

第三条　次の各号のいずれかに該当する者は，公認心理師となることができない。

一　心身の故障により公認心理師の業務を適正に行うことができない者として文部科学省令・厚生労働省令で定めるもの

二　禁錮以上の刑に処せられ，その執行を終わり，又は執行を受けることがなくなった日から起算して二年を経過しない者

三　この法律の規定その他保健医療，福祉又は教育に関する法律の規定であって政令で定めるものにより，罰金の刑に処せられ，その執行を終わり，又は執行を受けることがなくなった日から起算して二年を経過しない者

四　第三十二条第一項第二号又は第二項の規定により登録を取り消され，その取消しの日から起算して二年を経過しない者

第二章　試験

（資格）

第四条　公認心理師試験（以下「試験」という。）に合格した者は，公認心理師となる資格を有する。

（試験）

第五条　試験は，公認心理師として必要な知識及び技能について行う。

（試験の実施）

第六条　試験は，毎年一回以上，文部科学大臣及び厚生労働大臣が行う。
（受験資格）
第七条　試験は，次の各号のいずれかに該当する者でなければ，受けることができない。
一　学校教育法（昭和二十二年法律第二十六号）に基づく大学（短期大学を除く。以下同じ。）において心理学その他の公認心理師となるために必要な科目として文部科学省令・厚生労働省令で定めるものを修めて卒業し，かつ，同法に基づく大学院において心理学その他の公認心理師となるために必要な科目として文部科学省令・厚生労働省令で定めるものを修めてその課程を修了した者その他その者に準ずるものとして文部科学省令・厚生労働省令で定める者
二　学校教育法に基づく大学において心理学その他の公認心理師となるために必要な科目として文部科学省令・厚生労働省令で定めるものを修めて卒業した者その他その者に準ずるものとして文部科学省令・厚生労働省令で定める者であって，文部科学省令・厚生労働省令で定める施設において文部科学省令・厚生労働省令で定める期間以上第二条第一号から第三号までに掲げる行為の業務に従事したもの
三　文部科学大臣及び厚生労働大臣が前二号に掲げる者と同等以上の知識及び技能を有すると認定した者
（試験の無効等）
第八条　文部科学大臣及び厚生労働大臣は，試験に関して不正の行為があった場合には，その不正行為に関係のある者に対しては，その受験を停止させ，又はその試験を無効とすることができる。
2　文部科学大臣及び厚生労働大臣は，前項の規定による処分を受けた者に対し，期間を定めて試験を受けることができないものとすることができる。
（受験手数料）
第九条　試験を受けようとする者は，実費を勘案して政令で定める額の受験手数料を国に納付しなければならない。
2　前項の受験手数料は，これを納付した者が試験を受けない場合においても，返還しない。
（指定試験機関の指定）
第十条　文部科学大臣及び厚生労働大臣は，文部科学省令・厚生労働省令で定めるところにより，その指定する者（以下「指定試験機関」という。）に，試験の実施に関する事務（以下「試験事務」という。）を行わせることができる。
2　指定試験機関の指定は，文部科学省令・厚生労働省令で定めるところにより，試験事務を行おうとする者の申請により行う。
3　文部科学大臣及び厚生労働大臣は，前項の申請が次の要件を満たしていると認めるときでなければ，指定試験機関の指定をしてはならない。
一　職員，設備，試験事務の実施の方法その他の事項についての試験事務の実施に関する計画が，試験事務の適正かつ確実な実施のために適切なものであること。
二　前号の試験事務の実施に関する計画の適正かつ確実な実施に必要な経理的及び技術的な基礎を有するものであること。
4　文部科学大臣及び厚生労働大臣は，第二項の申請が次のいずれかに該当するときは，指定試験機関の指定をしてはならない。
一　申請者が，一般社団法人又は一般財団法人以外の者であること。
二　申請者がその行う試験事務以外の業務により試験事務を公正に実施することが

できないおそれがあること。
三　申請者が，第二十二条の規定により指定を取り消され，その取消しの日から起算して二年を経過しない者であること。
四　申請者の役員のうちに，次のいずれかに該当する者があること。
イ　この法律に違反して，刑に処せられ，その執行を終わり，又は執行を受けることがなくなった日から起算して二年を経過しない者
ロ　次条第二項の規定による命令により解任され，その解任の日から起算して二年を経過しない者
（指定試験機関の役員の選任及び解任）
第十一条　指定試験機関の役員の選任及び解任は，文部科学大臣及び厚生労働大臣の認可を受けなければ，その効力を生じない。
2　文部科学大臣及び厚生労働大臣は，指定試験機関の役員が，この法律（この法律に基づく命令又は処分を含む。）若しくは第十三条第一項に規定する試験事務規程に違反する行為をしたとき又は試験事務に関し著しく不適当な行為をしたときは，指定試験機関に対し，当該役員の解任を命ずることができる。
（事業計画の認可等）
第十二条　指定試験機関は，毎事業年度，事業計画及び収支予算を作成し，当該事業年度の開始前に（指定を受けた日の属する事業年度にあっては，その指定を受けた後遅滞なく），文部科学大臣及び厚生労働大臣の認可を受けなければならない。これを変更しようとするときも，同様とする。
2　指定試験機関は，毎事業年度の経過後三月以内に，その事業年度の事業報告書及び収支決算書を作成し，文部科学大臣及び厚生労働大臣に提出しなければならない。
（試験事務規程）
第十三条　指定試験機関は，試験事務の開始前に，試験事務の実施に関する規程（以下この章において「試験事務規程」という。）を定め，文部科学大臣及び厚生労働大臣の認可を受けなければならない。これを変更しようとするときも，同様とする。
2　試験事務規程で定めるべき事項は，文部科学省令・厚生労働省令で定める。
3　文部科学大臣及び厚生労働大臣は，第一項の認可をした試験事務規程が試験事務の適正かつ確実な実施上不適当となったと認めるときは，指定試験機関に対し，これを変更すべきことを命ずることができる。
（公認心理師試験委員）
第十四条　指定試験機関は，試験事務を行う場合において，公認心理師として必要な知識及び技能を有するかどうかの判定に関する事務については，公認心理師試験委員（以下この章において「試験委員」という。）に行わせなければならない。
2　指定試験機関は，試験委員を選任しようとするときは，文部科学省令・厚生労働省令で定める要件を備える者のうちから選任しなければならない。
3　指定試験機関は，試験委員を選任したときは，文部科学省令・厚生労働省令で定めるところにより，文部科学大臣及び厚生労働大臣にその旨を届け出なければならない。試験委員に変更があったときも，同様とする。
4　第十一条第二項の規定は，試験委員の解任について準用する。
（規定の適用等）
第十五条　指定試験機関が試験事務を行う場合における第八条第一項及び第九条第一項の規定の適用については，第八条第一項中「文部科学大臣及び厚生労働大臣」

とあり，及び第九条第一項中「国」とあるのは，「指定試験機関」とする。
2　前項の規定により読み替えて適用する第九条第一項の規定により指定試験機関に納められた受験手数料は，指定試験機関の収入とする。
（秘密保持義務等）
第十六条　指定試験機関の役員若しくは職員（試験委員を含む。次項において同じ。）又はこれらの職にあった者は，試験事務に関して知り得た秘密を漏らしてはならない。
2　試験事務に従事する指定試験機関の役員又は職員は，刑法（明治四十年法律第四十五号）その他の罰則の適用については，法令により公務に従事する職員とみなす。
（帳簿の備付け等）
第十七条　指定試験機関は，文部科学省令・厚生労働省令で定めるところにより，試験事務に関する事項で文部科学省令・厚生労働省令で定めるものを記載した帳簿を備え，これを保存しなければならない。
（監督命令）
第十八条　文部科学大臣及び厚生労働大臣は，この法律を施行するため必要があると認めるときは，指定試験機関に対し，試験事務に関し監督上必要な命令をすることができる。
（報告）
第十九条　文部科学大臣及び厚生労働大臣は，この法律を施行するため必要があると認めるときは，その必要な限度で，文部科学省令・厚生労働省令で定めるところにより，指定試験機関に対し，報告をさせることができる。
（立入検査）
第二十条　文部科学大臣及び厚生労働大臣は，この法律を施行するため必要があると認めるときは，その必要な限度で，その職員に，指定試験機関の事務所に立ち入り，指定試験機関の帳簿，書類その他必要な物件を検査させ，又は関係者に質問させることができる。
2　前項の規定により立入検査を行う職員は，その身分を示す証明書を携帯し，かつ，関係者の請求があるときは，これを提示しなければならない。
3　第一項に規定する権限は，犯罪捜査のために認められたものと解釈してはならない。
（試験事務の休廃止）
第二十一条　指定試験機関は，文部科学大臣及び厚生労働大臣の許可を受けなければ，試験事務の全部又は一部を休止し，又は廃止してはならない。
（指定の取消し等）
第二十二条　文部科学大臣及び厚生労働大臣は，指定試験機関が第十条第四項各号（第三号を除く。）のいずれかに該当するに至ったときは，その指定を取り消さなければならない。
2　文部科学大臣及び厚生労働大臣は，指定試験機関が次の各号のいずれかに該当するに至ったときは，その指定を取り消し，又は期間を定めて試験事務の全部若しくは一部の停止を命ずることができる。
一　第十条第三項各号の要件を満たさなくなったと認められるとき。
二　第十一条第二項（第十四条第四項において準用する場合を含む。），第十三条第三項又は第十八条の規定による命令に違反したとき。
三　第十二条，第十四条第一項から第三項まで又は前条の規定に違反したとき。

四　第十三条第一項の認可を受けた試験事務規程によらないで試験事務を行ったとき。
五　次条第一項の条件に違反したとき。
（指定等の条件）
第二十三条　第十条第一項，第十一条第一項，第十二条第一項，第十三条第一項又は第二十一条の規定による指定，認可又は許可には，条件を付し，及びこれを変更することができる。
2　前項の条件は，当該指定，認可又は許可に係る事項の確実な実施を図るため必要な最小限度のものに限り，かつ，当該指定，認可又は許可を受ける者に不当な義務を課することとなるものであってはならない。
（指定試験機関がした処分等に係る審査請求）
第二十四条　指定試験機関が行う試験事務に係る処分又はその不作為について不服がある者は，文部科学大臣及び厚生労働大臣に対し，審査請求をすることができる。この場合において，文部科学大臣及び厚生労働大臣は，行政不服審査法（平成二十六年法律第六十八号）第二十五条第二項及び第三項，第四十六条第一項及び第二項，第四十七条並びに第四十九条第三項の規定の適用については，指定試験機関の上級行政庁とみなす。
（文部科学大臣及び厚生労働大臣による試験事務の実施等）
第二十五条　文部科学大臣及び厚生労働大臣は，指定試験機関の指定をしたときは，試験事務を行わないものとする。
2　文部科学大臣及び厚生労働大臣は，指定試験機関が第二十一条の規定による許可を受けて試験事務の全部若しくは一部を休止したとき，第二十二条第二項の規定により指定試験機関に対し試験事務の全部若しくは一部の停止を命じたとき又は指定試験機関が天災その他の事由により試験事務の全部若しくは一部を実施することが困難となった場合において必要があると認めるときは，試験事務の全部又は一部を自ら行うものとする。
（公示）
第二十六条　文部科学大臣及び厚生労働大臣は，次の場合には，その旨を官報に公示しなければならない。
一　第十条第一項の規定による指定をしたとき。
二　第二十一条の規定による許可をしたとき。
三　第二十二条の規定により指定を取り消し，又は試験事務の全部若しくは一部の停止を命じたとき。
四　前条第二項の規定により試験事務の全部若しくは一部を自ら行うこととするとき又は自ら行っていた試験事務の全部若しくは一部を行わないこととするとき。
（試験の細目等）
第二十七条　この章に規定するもののほか，試験，指定試験機関その他この章の規定の施行に関し必要な事項は，文部科学省令・厚生労働省令で定める。

第三章　登録

（登録）
第二十八条　公認心理師となる資格を有する者が公認心理師となるには，公認心理師登録簿に，氏名，生年月日その他文部科学省令・厚生労働省令で定める事項の登録を受けなければならない。

（公認心理師登録簿）

第二十九条　公認心理師登録簿は，文部科学省及び厚生労働省に，それぞれ備える。

（公認心理師登録証）

第三十条　文部科学大臣及び厚生労働大臣は，公認心理師の登録をしたときは，申請者に第二十八条に規定する事項を記載した公認心理師登録証（以下この章において「登録証」という。）を交付する。

（登録事項の変更の届出等）

第三十一条　公認心理師は，登録を受けた事項に変更があったときは，遅滞なく，その旨を文部科学大臣及び厚生労働大臣に届け出なければならない。

2　公認心理師は，前項の規定による届出をするときは，当該届出に登録証を添えて提出し，その訂正を受けなければならない。

（登録の取消し等）

第三十二条　文部科学大臣及び厚生労働大臣は，公認心理師が次の各号のいずれかに該当する場合には，その登録を取り消さなければならない。

一　第三条各号（第四号を除く。）のいずれかに該当するに至った場合

二　虚偽又は不正の事実に基づいて登録を受けた場合

2　文部科学大臣及び厚生労働大臣は，公認心理師が第四十条，第四十一条又は第四十二条第二項の規定に違反したときは，その登録を取り消し，又は期間を定めて公認心理師の名称及びその名称中における心理師という文字の使用の停止を命ずることができる。

（登録の消除）

第三十三条　文部科学大臣及び厚生労働大臣は，公認心理師の登録がその効力を失ったときは，その登録を消除しなければならない。

（情報の提供）

第三十四条　文部科学大臣及び厚生労働大臣は，公認心理師の登録に関し，相互に必要な情報の提供を行うものとする。

（変更登録等の手数料）

第三十五条　登録証の記載事項の変更を受けようとする者及び登録証の再交付を受けようとする者は，実費を勘案して政令で定める額の手数料を国に納付しなければならない。

（指定登録機関の指定等）

第三十六条　文部科学大臣及び厚生労働大臣は，文部科学省令・厚生労働省令で定めるところにより，その指定する者（以下「指定登録機関」という。）に，公認心理師の登録の実施に関する事務（以下「登録事務」という。）を行わせることができる。

2　指定登録機関の指定は，文部科学省令・厚生労働省令で定めるところにより，登録事務を行おうとする者の申請により行う。

第三十七条　指定登録機関が登録事務を行う場合における第二十九条，第三十条，第三十一条第一項，第三十三条及び第三十五条の規定の適用については，第二十九条中「文部科学省及び厚生労働省に，それぞれ」とあるのは「指定登録機関に」と，第三十条，第三十一条第一項及び第三十三条中「文部科学大臣及び厚生労働大臣」とあり，並びに第三十五条中「国」とあるのは「指定登録機関」とする。

2　指定登録機関が登録を行う場合において，公認心理師の登録を受けようとする者は，実費を勘案して政令で定める額の手数料を指定登録機関に納付しなければならない。

3　第一項の規定により読み替えて適用する第三十五条及び前項の規定により指定登録機関に納められた手数料は，指定登録機関の収入とする。

（準用）

第三十八条　第十条第三項及び第四項，第十一条から第十三条まで並びに第十六条から第二十六条までの規定は，指定登録機関について準用する。この場合において，これらの規定中「試験事務」とあるのは「登録事務」と，「試験事務規程」とあるのは「登録事務規程」と，第十条第三項中「前項の申請」とあり，及び同条第四項中「第二項の申請」とあるのは「第三十六条第二項の申請」と，第十六条第一項中「職員（試験委員を含む。次項において同じ。）」とあるのは「職員」と，第二十二条第二項第二号中「第十一条第二項（第十四条第四項において準用する場合を含む。）」とあるのは「第十一条第二項」と，同項第三号中「，第十四条第一項から第三項まで又は前条」とあるのは「又は前条」と，第二十三条第一項及び第二十六条第一号中「第十条第一項」とあるのは「第三十六条第一項」と読み替えるものとする。

（文部科学省令・厚生労働省令への委任）

第三十九条　この章に規定するもののほか，公認心理師の登録，指定登録機関その他この章の規定の施行に関し必要な事項は，文部科学省令・厚生労働省令で定める。

第四章　義務等

（信用失墜行為の禁止）

第四十条　公認心理師は，公認心理師の信用を傷つけるような行為をしてはならない。

（秘密保持義務）

第四十一条　公認心理師は，正当な理由がなく，その業務に関して知り得た人の秘密を漏らしてはならない。公認心理師でなくなった後においても，同様とする。

（連携等）

第四十二条　公認心理師は，その業務を行うに当たっては，その担当する者に対し，保健医療，福祉，教育等が密接な連携の下で総合的かつ適切に提供されるよう，これらを提供する者その他の関係者等との連携を保たなければならない。

2　公認心理師は，その業務を行うに当たって心理に関する支援を要する者に当該支援に係る主治の医師があるときは，その指示を受けなければならない。

（資質向上の責務）

第四十三条　公認心理師は，国民の心の健康を取り巻く環境の変化による業務の内容の変化に適応するため，第二条各号に掲げる行為に関する知識及び技能の向上に努めなければならない。

（名称の使用制限）

第四十四条　公認心理師でない者は，公認心理師という名称を使用してはならない。

2　前項に規定するもののほか，公認心理師でない者は，その名称中に心理師という文字を用いてはならない。

（経過措置等）

第四十五条　この法律の規定に基づき命令を制定し，又は改廃する場合においては，その命令で，その制定又は改廃に伴い合理的に必要と判断される範囲内において，所要の経過措置（罰則に関する経過措置を含む。）を定めることができる。

2　この法律に規定するもののほか，この法律の施行に関し必要な事項は，文部科学省令・厚生労働省令で定める。

第五章　罰則

第四十六条　第四十一条の規定に違反した者は，一年以下の懲役又は三十万円以下の罰金に処する。

2　前項の罪は，告訴がなければ公訴を提起することができない。

第四十七条　第十六条第一項（第三十八条において準用する場合を含む。）の規定に違反した者は，一年以下の懲役又は三十万円以下の罰金に処する。

第四十八条　第二十二条第二項（第三十八条において準用する場合を含む。）の規定による試験事務又は登録事務の停止の命令に違反したときは，その違反行為をした指定試験機関又は指定登録機関の役員又は職員は，一年以下の懲役又は三十万円以下の罰金に処する。

第四十九条　次の各号のいずれかに該当する者は，三十万円以下の罰金に処する。

一　第三十二条第二項の規定により公認心理師の名称及びその名称中における心理師という文字の使用の停止を命ぜられた者で，当該停止を命ぜられた期間中に，公認心理師の名称を使用し，又はその名称中に心理師という文字を用いたもの

二　第四十四条第一項又は第二項の規定に違反した者

第五十条　次の各号のいずれかに該当するときは，その違反行為をした指定試験機関又は指定登録機関の役員又は職員は，二十万円以下の罰金に処する。

一　第十七条（第三十八条において準用する場合を含む。）の規定に違反して帳簿を備えず，帳簿に記載せず，若しくは帳簿に虚偽の記載をし，又は帳簿を保存しなかったとき。

二　第十九条（第三十八条において準用する場合を含む。）の規定による報告をせず，又は虚偽の報告をしたとき。

三　第二十条第一項（第三十八条において準用する場合を含む。）の規定による立入り若しくは検査を拒み，妨げ，若しくは忌避し，又は質問に対して陳述をせず，若しくは虚偽の陳述をしたとき。

四　第二十一条（第三十八条において準用する場合を含む。）の許可を受けないで試験事務又は登録事務の全部を廃止したとき。

附　則　抄

（施行期日）

第一条　この法律は，公布の日から起算して二年を超えない範囲内において政令で定める日から施行する。ただし，第十条から第十四条まで，第十六条，第十八条から第二十三条まで及び第二十五条から第二十七条までの規定並びに第四十七条，第四十八条及び第五十条（第一号を除く。）の規定（指定試験機関に係る部分に限る。）並びに附則第八条から第十一条までの規定は，公布の日から起算して六月を超えない範囲内において政令で定める日から施行する。

（受験資格の特例）

第二条　次の各号のいずれかに該当する者は，第七条の規定にかかわらず，試験を受けることができる。

一　この法律の施行の日（以下この項及び附則第六条において「施行日」という。）前に学校教育法に基づく大学院の課程を修了した者であって，当該大学院において心理学その他の公認心理師となるために必要な科目として文部科学省令・厚生

労働省令で定めるものを修めたもの
二　施行日前に学校教育法に基づく大学院に入学した者であって，施行日以後に心理学その他の公認心理師となるために必要な科目として文部科学省令・厚生労働省令で定めるものを修めて当該大学院の課程を修了したもの
三　施行日前に学校教育法に基づく大学に入学し，かつ，心理学その他の公認心理師となるために必要な科目として文部科学省令・厚生労働省令で定めるものを修めて卒業した者その他その者に準ずるものとして文部科学省令・厚生労働省令で定める者であって，施行日以後に同法に基づく大学院において第七条第一号の文部科学省令・厚生労働省令で定める科目を修めてその課程を修了したもの
四　施行日前に学校教育法に基づく大学に入学し，かつ，心理学その他の公認心理師となるために必要な科目として文部科学省令・厚生労働省令で定めるものを修めて卒業した者その他その者に準ずるものとして文部科学省令・厚生労働省令で定める者であって，第七条第二号の文部科学省令・厚生労働省令で定める施設において同号の文部科学省令・厚生労働省令で定める期間以上第二条第一号から第三号までに掲げる行為の業務に従事したもの
2　この法律の施行の際現に第二条第一号から第三号までに掲げる行為を業として行っている者その他その者に準ずるものとして文部科学省令・厚生労働省令で定める者であって，次の各号のいずれにも該当するに至ったものは，この法律の施行後五年間は，第七条の規定にかかわらず，試験を受けることができる。
一　文部科学大臣及び厚生労働大臣が指定した講習会の課程を修了した者
二　文部科学省令・厚生労働省令で定める施設において，第二条第一号から第三号までに掲げる行為を五年以上業として行った者
3　前項に規定する者に対する試験は，文部科学省令・厚生労働省令で定めるところにより，その科目の一部を免除することができる。
(受験資格に関する配慮)
第三条　文部科学大臣及び厚生労働大臣は，試験の受験資格に関する第七条第二号の文部科学省令・厚生労働省令を定め，及び同条第三号の認定を行うに当たっては，同条第二号又は第三号に掲げる者が同条第一号に掲げる者と同等以上に臨床心理学を含む心理学その他の科目に関する専門的な知識及び技能を有することとなるよう，同条第二号の文部科学省令・厚生労働省令で定める期間を相当の期間とすることその他の必要な配慮をしなければならない。
(名称の使用制限に関する経過措置)
第四条　この法律の施行の際現に公認心理師という名称を使用している者又はその名称中に心理師の文字を用いている者については，第四十四条第一項又は第二項の規定は，この法律の施行後六月間は，適用しない。
(検討)
第五条　政府は，この法律の施行後五年を経過した場合において，この法律の規定の施行の状況について検討を加え，その結果に基づいて必要な措置を講ずるものとする。
(試験の実施に関する特例)
第六条　第六条の規定にかかわらず，施行日の属する年においては，試験を行わないことができる。

附　則（令和元年六月一四日法律第三七号）　抄

（施行期日）

第一条　この法律は，公布の日から起算して三月を経過した日から施行する。ただし，次の各号に掲げる規定は，当該各号に定める日から施行する。

二　第三条，第四条，第五条（国家戦略特別区域法第十九条の二第一項の改正規定を除く。），第二章第二節及び第四節，第四十一条（地方自治法第二百五十二条の二十八の改正規定を除く。），第四十二条から第四十八条まで，第五十条，第五十四条，第五十七条，第六十条，第六十二条，第六十六条から第六十九条まで，第七十五条（児童福祉法第三十四条の二十の改正規定を除く。），第七十六条，第七十七条，第七十九条，第八十条，第八十二条，第八十四条，第八十七条，第八十八条，第九十条（職業能力開発促進法第三十条の十九第二項第一号の改正規定を除く。），第九十五条，第九十六条，第九十八条から第百条まで，第百四条，第百八条，第百九条，第百十二条，第百十三条，第百十五条，第百十六条，第百十九条，第百二十一条，第百二十三条，第百三十三条，第百三十五条，第百三十八条，第百三十九条，第百六十一条から第百六十三条まで，第百六十六条，第百六十九条，第百七十条，第百七十二条（フロン類の使用の合理化及び管理の適正化に関する法律第二十九条第一項第一号の改正規定に限る。）並びに第百七十三条並びに附則第十六条，第十七条，第二十条，第二十一条及び第二十三条から第二十九条までの規定　公布の日から起算して六月を経過した日

（行政庁の行為等に関する経過措置）

第二条　この法律（前条各号に掲げる規定にあっては，当該規定。以下この条及び次条において同じ。）の施行の日前に，この法律による改正前の法律又はこれに基づく命令の規定（欠格条項その他の権利の制限に係る措置を定めるものに限る。）に基づき行われた行政庁の処分その他の行為及び当該規定により生じた失職の効力については，なお従前の例による。

（罰則に関する経過措置）

第三条　この法律の施行前にした行為に対する罰則の適用については，なお従前の例による。

索　引

人名索引

事項索引

数字・アルファベット

索　引

あ行

か行

索　引

さ行

た行

ま行

や行

ら行

わ行

執筆者一覧（50 音順）

石川佳奈（愛知淑徳大学心理学部心理学科・講師）
板倉憲政（岐阜大学教育学部・准教授）
梅本貴豊（京都外国語大学外国語学部教養教育・准教授）
緒川和代（岐阜県総合医療センター）
葛　文綺（愛知学院大学心理学部・准教授）
加藤　仁（北陸学院大学人間総合学部・講師）
加藤容子（椙山女学園大学人間関係学部心理学科・教授）
川合明日香（大垣市民病院小児科）
川瀬正裕（金城学院大学人間科学部・教授）
清河幸子（東京大学大学院教育学研究科・准教授）
解良優基（南山大学人文学部心理人間学科・講師）
河野荘子（名古屋大学大学院教育発達科学研究科・教授）
小海宏之（花園大学社会福祉学部・教授）
狐塚貴博（名古屋大学大学院教育発達科学研究科・准教授）
齋藤　梓（目白大学心理学部・准教授）
笹竹英穂（至学館大学健康科学部・教授）
サトウタツヤ（立命館大学総合心理学部・教授）
佐野さやか（豊中市教育委員会児童生徒課教育相談係）
三後美紀（人間環境大学人間環境学部・教授）
清水麻莉子（長野県立こども病院）
杉岡正典（名古屋大学心の発達支援研究実践センター・准教授）
鈴木美樹江（愛知教育大学教育科学系心理講座・准教授）
鈴木亮子（椙山女学園大学人間関係学部心理学科・准教授）
千賀則史（同朋大学社会福祉学部・准教授）
田附紘平（名古屋大学大学院教育発達科学研究科・准教授）
田中あかり（世田谷区子どもの人権擁護機関）
玉井康之（弘前大学医学部心理支援科学科・教授・医師）
土屋美智子（日本聴能言語福祉学院聴能言語学科・教務主任／若宮ことばの支援室・言語聴覚士）
坪井裕子（名古屋市立大学大学院人間文化研究科・教授）
中田友貴（立命館大学立命館グローバル・イノベーション研究機構）
永田雅子（名古屋大学心の発達支援研究実践センター・教授）
二宮有輝（人間環境大学心理学部・助教）
丹羽早智子（日本赤十字社愛知医療センター名古屋第一病院）
野口修司（香川大学医学部臨床心理学科・准教授）
野村あすか（名古屋大学心の発達支援研究実践センター・准教授）
野邑健二（名古屋大学心の発達支援研究実践センター・特任教授・医師）
花村温子（埼玉メディカルセンター）
平井真洋（名古屋大学大学院情報学研究科・准教授）

福元理英（日本福祉大学大学院社会福祉学研究科・准教授）
古井　景（愛知淑徳大学クリニック精神科・医師）
古井由美子（愛知医科大学病院）
堀美和子（日本福祉大学子ども発達学部・准教授）
前川由未子（金城学院大学国際情報学部・講師）
前原沙織（日本赤十字社愛知医療センター名古屋第一病院）
町　岳（静岡大学大学院教育学研究科・准教授）
松井一裕（医療法人十全会聖明病院）
松本真理子（名古屋大学名誉教授）
溝川　藍（名古屋大学大学院教育発達科学研究科・准教授）
三谷真優（名古屋大学心の発達支援研究実践センター研究員）
光永悠彦（名古屋大学大学院教育発達科学研究科・准教授）
山内星子（中部大学人文学部心理学科・准教授）
山形伸二（名古屋大学大学院教育発達科学研究科・准教授）
山上史野（金沢工業大学基礎教育部・准教授）
山脇望美（人間環境大学心理学部・講師）
兪　幜蘭（宮城学院女子大学教育学部・准教授）
横山佳奈（名古屋大学心の発達支援研究実践センター・特任助教）
若林紀乃（静岡大学教育学部・講師）

編者略歴

松本真理子（まつもと・まりこ）

静岡県生まれ。名古屋大学名誉教授，博士（心理学）。公認心理師・臨床心理士・学校心理士

主な著書　「心とかかわる臨床心理　第３版—基礎・実際・方法」（共著，ナカニシヤ出版），「心の発達支援シリーズ４　小学生・中学生　情緒と自己理解の育ちを支える」（編著，明石書店），「災害に備える心理教育—今日からはじめる心の減災」（編著，ミネルヴァ書房），「日本とフィンランドにおける子どものウェルビーイングへの多面的アプローチ—子どもの幸福を考える」（編著，明石書店），「心理アセスメント—心理検査のミニマム・エッセンス」（編著，ナカニシヤ出版）ほか多数

永田雅子（ながた・まさこ）

山口県生まれ。名古屋大学心の発達支援研究実践センター教授，博士（心理学）。公認心理師・臨床心理士

主な著書　「心理臨床における多職種の連携と協働—つなぎ手としての心理士をめざして」（編著，岩崎学術出版社），「周産期のこころのケア［新版］—親と子の出会いとメンタルヘルス」（単著，遠見書房），「心理的アセスメント」（編著，放送大学出版），「心の専門家養成講座⑨福祉心理臨床実践」（編著，ナカニシヤ出版），ほか多数

公認心理師基礎用語集（こうにんしんりしきそようごしゅう）　改訂第３版

よくわかる国試対策キーワード

2018 年 8 月 10 日　第 1 版　第 1 刷
2019 年 7 月 10 日　増補改訂版　第 1 刷
2022 年 5 月 20 日　改訂第３版　第 1 刷

編　者　松本真理子（まつもとまりこ）・永田雅子（ながたまさこ）

発行人　山内俊介

発行所　遠見書房

遠見書房

〒 181-0002 東京都三鷹市牟礼 6-24-12
三鷹ナショナルコート 004
株式会社　遠見書房
TEL 0422-26-6711　FAX 050-3488-3894
tomi@tomishobo.com　http://tomishobo.com
遠見書房の書店　https://tomishobo.stores.jp

印刷　モリモト印刷

ISBN978-4-86616-141-9　C3011